村上宏昭

「感染」の社会史

科学と呪術のヨーロッパ近代

中公選書

まえがき

二〇二〇年四月、広島県は事前に協力の意思を示していた広島市内のホテル事業者と、ホテルの一棟を借り上げる契約を結んだ。契約期間は一ヵ月で、賃料は三九六〇万円。この棟にある二〇〇室を県が使用する予定だった。しかし結局、借り上げられたこれらの部屋は未使用のまま契約期間が満了し、ただ賃料だけが公金で支払われることになった。

借り上げの目的は、新型コロナウイルス感染症（COVID-19）に罹患した県内の軽症者や無症状者を収容するスペースを確保するためだった。その前年に中国・武漢市で初めて発見されたこのウイルスは、数ヵ月のうちに世界中へと拡散していき、人間社会を文字どおりパニック状態に陥れていた。

当時はウイルスの生態が未知であることへの不安も大きく、また一連の報道がそうした不安感情をさらに増幅させていたこともあって、周辺の近隣住民からホテルを感染者収容の目的で利用することに強い反発が起こった。県側は説明会を開いて住民の理解を得ようとしたが叶わず、最終的には確保した棟を一度も活用できないまま、期間満了後の契約更新を断念するに至ったのである。

その後も同様の事例は各地で繰り返された。六月には長崎県長崎市で、七月には静岡県浜松市で、軽症者向けの宿泊施設の借り上げ計画が住民の反対で白紙撤回を余儀なくされている。住民側の言い分はこうだった。「窓を開けたり、洗濯物を干したりしても安全なのか、きちんと説明してほしかった」[1]。「新型コロナで客が減った上に、宿泊施設の影響でさらに来なくなったら閉店をしないといけない店舗も出てくるかもしれない」[2]。感染のリスクがごくわずかでもあれば、日常生活や地域経済に多大な影響が出かねないというわけだ。

もちろんこれらは過剰反応である。特に洗濯物を心配する声には、屋外での空気感染はありえないと反論もしたくなるだろう。けれどもここでの問題は、そのような住民の反発の「事々《ことごと》しさ」より、その反発を呼び起こした不安の内容のほうだ。

万が一感染者の収容施設からウイルスが漏れ出てしまうと、そこからクラスターが発生して連鎖的に感染が広がり、生活に支障をきたすばかりか自分の命すら脅かされかねない。地域住民の反応は、明らかにこうした感染不安に駆られて出てきたものだった。

しかし翻って考えてみると、そのような不安感情はある特殊な病気観を前提にしている。つまり病気の原因は、ひとえに目に見えず、無味無臭で触ることもできない微生物であり、それが人体の外から体内に侵入してくることで健康が損なわれるという観念である。いいかえれば病気とは、人間の五感では知覚不可能な極微小の生き物に具現化され、この生き物とともに空間を移動する、一種の「実体」に近い現象ということになる。

このような実体論的病気観は、今日の私たちの目にどれほど常識的に映ろうとも、歴史的に見れば決して自明のものではない。それどころか人類史全体のなかではかなり特異なものであり、せいぜい一世紀半程度の歴史を有するにすぎない。

西洋医学で最も長く支持されたのはいわゆる「体液説」で、こちらは古代から十九世紀まで実に二千年にわたって受け継がれてきたものだった。すなわち病気は四つの基本体液（血液・粘液・黄胆汁《おうたんじゅう》・黒胆汁《こくたんじゅう》）のバランスが崩れて生じるという考えであり、いわば病気を有機体の外部から到来する実体ではなく、有機体内部の諸要素の不均衡状態と捉える観念である。

この体液説の歴史の古さと知の蓄積の分厚さは、西洋の歴史上でほかに例を見ない。にもかかわらず体液説は近代になって急速に衰退していき、現代の私たちにはもうそれを真剣に受け止めることができなくなっている。それは一つには、十九世紀末の細菌学の興隆とともに形作られた（正確には復活した）「病原体」概念、またそれが社会に及ぼした衝撃が、旧来の病気観を根底から覆してしまったからだ。

このとき以来、疫病は「感染症」というかたちで思考されるようになった。すべてではないにしても、実に多くの疫病が細菌やウイルスなどの病原微生物に体現され、身体から身体へと渡り歩きながら自己増殖を繰り返す、見えざる実体となった。

本書で私は、この病原微生物の侵入としての「感染」という観念が、西洋近代の社会のなかでどのように受容され定着していったのか、そのプロセスの一端をつまびらかにしたいと考えている。そのためルイ・パストゥールやロベルト・コッホなど、近代細菌学を樹立した巨頭たちの功罪についても論じることは避けられない。けれどもあらかじめ強調しておくと、叙述の重点はあくまで医学理論の内的発展の歴史にではなく、そうした理論の「外」で見られた過去の社会の所作や反応に置かれることになる。

その意味で本書は医学史の本ではない。ましてや過去の病気（疫病）観が現代医学の観点から見て正しいか否かを本書で評定するつもりもない。もとより医学の門外漢である私には、理論の真偽について判断を下す能力も、その資格もないのだから。

それよりも私が関心を惹かれるのは、過去の人びとが疫病をいかに捉え、そこにどんな意義や不安を感じていたか、また日々の生活のなかで彼らが疫病の脅威とどう向き合い、どのような対処や妥協を重ねながら生きていたのかという点にある。歴史のそうした側面にこそ、現代の私たちが疫病に関して持つ常識や臆見《ドクサ》を揺るがし、批判的に再考させてくれる契機が埋め込まれているからだ。

端的にいえば、現在の高みから過去を裁定するのではなく、過去の人びとが思い描いたままの疫病の輪郭を記述すること。進歩史観にもとづく現代知の称揚ではなく、過去の事象を経由した現在の批判。これが本書の基本的なスタンスとなる。

注

（1）『読売新聞』（大阪朝刊）二〇二〇年五月四日、二七面。

（2）『読売新聞』（西部朝刊）二〇二〇年五月三十日、二二面。

目次

1900年頃のヨーロッパ

地図製作　地図屋もりそん

「感染」の社会史

科学と呪術のヨーロッパ近代

細菌学者は試験管を手に持って、考え込むような様子をした。

「そう、ここには疫病がとじ込められているんです。こういう小さな試験管を割って、飲み水の水源に放り込んでごらんなさい。この微細な生物たちに――染色して最高度の倍率の顕微鏡にかけなければ、目にも見えないし、匂いも味もないこいつらに、こう言っておやりなさい。『行け、産めよ殖《ふ》やせよ、水槽に満てよ』そうすると、死が――謎めいた原因不明の死、迅速なおそろしい死、苦痛と恥辱に満ちた死が――この街に放たれ、犠牲者をもとめて徘徊するんです」

H・G・ウェルズ『盗まれた細菌』（一八九四年）

序章

不浄の想像界《イマジネール》

A LONDON BOARD OF HEALTH HUNTING AFTER CASES LIKE CHOLERA.

コレラを調査するロンドン衛生委員会（1832年）

19世紀は空気中の毒素が疫病を蔓延させるという瘴気説が広く支持されたが、瘴気はしばしば悪臭と混同された。この絵はコレラの発生地を調査するロンドンの衛生当局を描いたもので、次のような会話が交わされている。「ここはにおいが強い。何か見えないか？」「必ず何か見つけないとな。一日で20ギニーも損失を出しちゃかなわんからな」「いやはや、においを見つけるまでさ」

1 感染の呪術

チフスのメアリー

「チフスのメアリー」(Typhoid Mary)と呼ばれた女性がいる。本名はメアリー・マロンというが、今ではもっぱらこちらの異名で慣れ親しまれている人物だ。彼女がたどった数奇な運命はよく知られている。異名の由来となった出来事は以下のようなものだった[1]。

一九〇七年三月十二日、メアリーはニューヨークのマンハッタンで身柄を拘束された。一度釈放されたものの、ふたたび拘禁されてからは二度と社会に戻ることは許されなかった。罪状は? ない。そもそも彼女の拘束は刑事法に則って行われたものではない。メアリーの人生を破滅させたもの――それは彼女の行為にではなく、その身体のなかにあった。

メアリーは移民労働者だった。一八八三年、十四歳になる年にアイルランドから渡米してきた彼女は、それ以来ずっと住み込みの家政婦としてニューヨーク州の中流家庭を渡り歩いていた。そうした生活スタイルは当時のアメリカの移民によく見られたもので、特段変わったところがあったわけではない。ただ一つ、彼女を雇ったほぼすべての家庭で腸チフス患者が出たという事実を除いては。

職歴がはっきり記録されている期間（一八九七～一九〇七年）だけでも、彼女が働いた八世帯のうち七世帯で患者が出ていたことが確認される。その時点で患者数は二二名にのぼり、うち一名が死亡していた。ニューヨーク市の衛生局はこうした腸チフスの発生状況からメアリーの存在を割り出し、彼女を自由に行動させることは公衆衛生上きわめて危険と判断して、その身柄を強制的に隔離したのである。

けれども当のメアリー本人にはまったく病気の徴候が見られず、一見いたって健康体であった。罪を犯したわけでもなく、心身ともに健康な人間を当局が一方的に監禁するなど、どうして許されるだろう。だがメアリーの隔離措置は法廷でも正当と認められた。彼女が「健康保菌者」と見なされたからだ。

図0－1　チフスのメアリー（1909年）

健康保菌者とは、文字どおり無症状のまま病原体を体内に抱え、それを四方八方にばら撒きながら移動する宿主を指す。当時は一部の専門家を除いてその存在がほとんど知られていなかっただけに、アメリカ史上初の健康保菌者となったメアリーは全米に大きな衝撃をもたらした。「最も罪がなく、かつ最も危険な女性」として新聞紙上を賑わせた一方、その処遇をめぐって喧々囂々《けんけんごうごう》の論争が繰り広げられたのである（図0－1）。

とはいえこのチフスのメアリーをめぐる一連の騒動は、どうしてそれほど大きなセンセーションを巻き起こしたのだろうか。それはもちろん、健常者と変わらない外観を持つ彼女を放置すれば、周囲の人間を介してチフス菌が連鎖的に感染していき、やがて社会全体に腸チフスが拡散するだろうとの予見が、当時のアメリカ社会を極度の恐怖に陥れたからだ。

「感染」とは何か

しかし改めて考えてみると、人びとをこれほど深く恐怖させる「感染」とは、そもそも何なのだろうか。もう少し正確に問うなら、感染なるものへのこうした恐怖はいったい何に由来するもので、なぜこれほど強く人びとを回避の行動に駆り立てるのか。

このような問いは一見ナンセンスに思われるかもしれない。現代では医学によってすでにその答えが用意されており、多かれ少なかれ誰もがそれを知識として持ち合わせているからだ。

今日いわれる感染とは、病原微生物が宿主となる有機体の内部に侵入・寄生し、そのなかで自己増殖するに至るまでの過程、いいかえればミクロの生物とマクロの生物との間で繰り広げられる、邂逅《かいこう》・定着・増殖という一連の生物学的事象を指している[2]。

医学史家の川喜田愛郎《かわきたよしお》によれば、この意味での感染の観念、またそれと関連する諸問題は、「すべてコッホの軸のまわりを廻転すると言ってもさして言いすぎではない」[3]という。コッホとはいうまでもなくロベルト・コッホ（一八四三〜一九一〇）のことで、十九世紀末から二十世紀初頭にかけて活躍したドイツの医師であり、かつ細菌学という学問体系を樹立した立役者でもある。詳しくは第2章で立ち入って論じるが、一般にこの細菌学の登場を境に医学の病気観は刷新され、多くの病気は病原微生物の「感染」によって引き起こされることが明らかになったといわれる。

むろんコッホが生きた時代は細菌を特定するのが関の山で、それよりはるかに微小なウイルスは、その存在が仮定されてはいたものの、まだまだ謎に包まれていた。そのため当時と今とでは、同じ感染概念でもその意味する事態にはかなり大きなずれがある。

とはいえ病原微生物が宿主の体内に侵入し、そこで自己増殖を果たすことで病気を発症させるという基本的な理論構造は、近代細菌学によって初めて体系化されたもので、その後の医学にも引き継がれていったことに違いはない。その限りでは川喜田のいうように、医学的な感染概念はあくまでコッホ細菌学のパラダイムの上に立脚している。

さて、そうだとすれば、この細菌学が登場する以前の時代には、感染という観念はまったく存在していなかったのだろうか。もちろんそうではない。

むしろ「穢《けが》れ」とされる作用が何らかの物質や行為を介して個人や社会に伝達され、その個人を病気にしたり社会に災厄をもたらすという考えは、洋の東西を問わず古くから見られた普遍的な観念である。これはいわば人類学的な意味での感染の観念といってよい。たしかにそれは現代医学のいう感染とは大きく異なるが、それでも今日の私たちが病気の感染を怖れるとき、その恐怖心は医学的な知識というより、この人類学的観念のほうに由来しているのである。

類感呪術と感染呪術

このあたりの事情を理解するために、ここで人類学的と呼んでいる感染観念の内容をまずは確認しておきたい。古今東西で共通して見られる普遍的な感染の観念とはどのようなものだろうか。ここではイギリスの人類学者ジェームズ・フレイザーが提唱した呪術の類型論に、その答えを求めることにしよう。

フレイザーは全一三巻に及ぶ大著『金枝篇』（一八九〇〜一九三六年）の議論を導く基本図式として、世界各地に見られる多種多様な呪術の形態を「類感呪術」（Homoeopathic Magic）と「感染呪術」（Contagious Magic）の二つのカテゴリーにまとめている。(4) このうち類感呪術とは「類似は類似を生む」という原理の思考法であるのに対し、感染呪術は「かつて接触していたものは、物理的な接触が終わったあとでも作用を継続する」という原理を持つ。

これだけでは分かりにくいので具体例を挙げておくと、前者の類感呪術には、ある対象と似た物体に働きかければその対象にも同一の効果をもたらすことができるという、世界各地に遍《あまね》く見られる信仰がある。たとえばアメリカ先住民の間では、危害を加えようとする人物を表す小さな木像を作り、像の頭部か心臓部に針や矢を打ち込むと、その人物は同じ個所に激痛を起こすと信じられていた。日本にも藁《わら》人形に釘を打ち込む「丑《うし》の刻参り」の儀式があるが、それと同じようなものだ。

また古代のヒンドゥー教徒は、黄疸《おうだん》の治療として病気の黄色を儀礼的に別の動物（黄色いオウムやツグミなど）に転移させ、代わりに健康を表す赤い色を患者に与えていたという。赤牛の毛を水に浸し、それを牛の背に注いだうえで患者に啜《すす》らせるのである（色彩的類似）。アメリカ先住民のチェロキー族では、強靭な針金状の植物の根を煎じて頭を洗うと、その植物と同じく髪の毛が丈夫になると信じられていた（形態的類似）。

こうした事例は私たちの目にはいかにも奇異に映るが、実はこれらの呪的行為も現代の日本からそう遠く隔たっているわけではない。たとえば、梨は「無し」に通じることから、財産を失わせる凶木として庭に植えるのを忌避したり（音声的類似）、ヒガンバナをその赤い花から火事花と呼び、家のなかに持ち込むのを忌むなど（色彩的類似）[5]、日本の俗信でも同様の例は枚挙にいとまがない。

次に感染呪術について、例としてよく挙げられるのは、毛髪や歯のような身体の一部がその持ち主だった人間に影響を及ぼすという事象である。なかでも生まれたときに切り離される臍《へそ》の緒や胎盤は、多くの文化圏で持ち主の運命を左右するものとして重視されてきた。日本にも臍の緒を桐箱に入れて保管する風習があるし、かつてはそれを子の病の際に煎じて飲ませたり、便所に吊るして夜泣きのまじないとする地域もあった[6]。先ほど触れたアメリカのチェロキー族では、女児の場合は将来良きパン焼きになるよう臍の緒を臼の下に埋め、男児の場合は将来立派な猟師になるよう森の木の枝にかけたという。

感染呪術のなかには、人を傷つけた武器や道具に膏薬を塗ると、その人の傷を癒やすことができるという考えもある。東部イングランドのサフォークでは、刃物で怪我をした人間は、傷口にではなく刃物のほうに油を塗ると傷の化膿を防げると信じられていたらしい。フレイザーはこうした武器（道具）と人との奇妙な結合関係を、「おそらく武器に付着している血液が、体内の血液と相互に感応し続けるとの考えにもとづくものだろう[7]」と推察している。

いずれにしてもここで強調しておきたいのは、類感呪術と同じくこれらの非科学的な感染呪術も、一見するほど私たちの心性から隔絶しているわけではないということだ。むしろごく日常的な場面では、科学的に正確な知識はしばしば背後に追いやられ、呪術的な思考のほうが前面に出てくることも少なくない。

たとえば思春期を迎えた少女は、往々にして父親との直接的・間接的接触を忌避するようになる。女子学生を対象に行われたあるアンケート調査によると、なかでも嫌悪感が強いのは「食」に関わる事柄、特に父親が使った箸やコップなどの食器で飲食したり、飲みかけの飲料物を口にすることである。(8) 少女の理論によれば、その嫌悪感の理由は、食器や飲料物に付着した父親の汚れが自分にも「感染」するからである。父親の身体から出た物質が、父親自身から切り離された後も強力な作用を発揮するというわけだ。

なるほど食器は洗えば衛生上何の問題もない。けれども洗浄済みだからと普段父親が使用する箸でご飯を食べさせても、(父娘関係が険悪ならなおさら)少女の抵抗感を完全に払拭《ふっしょく》することは難しいだろう。彼女が持つ嫌悪の感覚はそもそも近代的な科学(医学)の知識体系に拠っているのではなく、科学以前の呪術的な感染観念に起因しているからだ。(9)

感染を怖れるということ

一般に私たちが病気の感染を怖れるときも、このような医学よりはるかに根深い、原初的ともいうべき呪術的思考が少なからず働いているといえる。コロナ禍において感染者の収容施設に近隣住民から反発の声が上がったのも、単に私たちが現代医学の知識を持ち合わせているからではない。むしろそうした反発は、少女が父親と食器を共有することにいわく言いがたい「気持ち悪さ」を感じるのと同じ類いのものであり、しかしだからこそ行政の方針を撤回させるほどの強い貫徹力を持ったのである。

この種の呪術的な感覚については、フランスの作家モーパッサンが「恐怖」と題した短編小説（一八八四年）のなかで描出している。細菌学がまだ黎明期にあった当時、エジプトからナポリ、南仏にかけて流行していたコレラを題材にして書かれた作品で、この疫病に対する民衆の恐怖心について登場人物に次のように語らせている。

医者たちは細菌の話をしますが、これにはわたしは笑ってしまいます。人間を窓から飛び出させるほど怖がらせるのは細菌なんかではありません。それはコレラという、オリエントの果てからやって来た、いわく言いがたい、恐るべきものなのです。

トゥーロン〔南仏の都市――引用者〕を通ってごらんなさい。みんなが路上で踊っていますよ。こんな死の日々に、なぜダンスなどするのでしょうか？　町の近くの野原では花火を打ち上げています。祭りの明かりをともし、ありとあらゆる遊歩道では、オーケストラが陽気な音楽を演奏しています。

なぜこんなことをするかと言うと、それは〈あれ〉がそこにいるからです。人々が細菌にではなくコレラに立ち向かっているからです。〔中略〕人間を殺す〈悪霊〉のためなのです。目には見えないけれども、至るところにいるのが感じられ、未開時代の祭司がお祓いをした昔の悪霊のような、人間を脅かす霊のためなのですよ……(10)

ここでモーパッサンが触れている、コレラ流行下の町の祝祭的な雰囲気は、近代までヨーロッパをはじめ世界各地で見られた現象で、多くの目撃証言が史料に残されている。たとえば一八六五年のコレラ流行時には、南仏マルセイユの住民がコレラ退散を祈願して焚火を囲って踊る様子がアメリカ人記者に目撃されている[11]（図0－2）。また遠く幕末の日本でも安政五年（一八五八年）のコレラの際には、疫病を狐の仕業と見なしてこれを追い出すべく、若者たちが夜間に外へ裸で繰り出して鉄砲を打ち鳴らし、修験も法螺《ほら》を吹きながら夜明けまで町中を練り歩くという光景が現出していた[12]。

図0－2　コレラ退散祈願の焚火（マルセイユ・1865年）

感染への恐怖が呪術的な感覚にもとづく以上、これらの例のようにその対策も呪術的な祝祭や儀礼のかたちを取りやすいのである。ただそうした呪術的性格は一概に前近代的なものと割り切れるわけではなく、ある意味では今日の医療現場にさえ根強く残っている。

有名な例としては、手術室における清潔と不潔の区別の仕方がある。たとえば手術に用いられる医療用鉗子《かんし》は消毒済みの容器に収められるが、その容器が清潔なのは常に内側の下から三分の二までの面で、残り三分の一と外側は不潔と考えられている。そのため、手術中に誤って鉗子が不潔とされる部分に接触すると、その時点でこの鉗子は手術に使用されなくなる。けれどもなぜ清潔な部分が内側の下三分の二なのかは、「規則」のほかに理由はない。そこだけ微生物の数が極端に少ないという科学的根拠はどこにもないからだ(13)。

あらかじめ一定のルールを定めておいて、それを侵犯すれば穢れに汚染されるというこの発想は、いうまでもなく呪的なタブーの観念そのものである。こうした呪術的心性は、科学や医学の理論的次元とは異なるレベルで近代以前から連綿と息づいてきたのであり、それはまた実践的な医療の現場でも変わりはないのである。

「まえがき」でも述べたように、本書はまさにこうした日常生活の次元における「感染」の観念と、それにもとづく疫病対策の諸相を扱うものとなる。そうした呪術的な感染観念はたしかに医学の発達とは異なる次元で生き続け、疫病を前にした民衆の行動を大きく規定し続けてきた。けれども急いで言い添えておくと、両者がまったく無交渉のまま相互に独立して並存してきたかといえば、必ずしもそうとはいいきれない。

コレラ退散を祈願して焚火の周りを踊るという行為が、私たちの目に奇異に映るのはなぜか。それは確実に私たち自身が、現代医学の思考法をある程度習得しているからにほかならない。いわば私たち近代人は、昔ながらの呪術的観念に沿うかたちで医学の理論を換骨奪胎《かんこつだったい》してきた反面、呪術的な行為のほうも医学の発達に伴って取捨選択してきたといえる。肝心なのは理論と実践、科学と日常が互いに接触するなかで、感染の観念、ひいては人びとの疫病対策がどのように展開していったのかを見きわめることである。

2　隔離と燻蒸

隔離の両義性

呪術的な行為の取捨選択といったが、現代の感染症対策には、かなり古くまでさかのぼる実践がいまだに妥当と見なされて通用しているものがある。なかでも代表的なのが隔離である。感染症対策では特に「検疫」(quarantine) と呼ばれるが、よく知られているようにこの語は四〇日間を意味するイタリア語「クアランテーナ」(quarantena) に由来する。十四世紀のペスト流行時にヴェネツィアが船舶を沖合に停泊させ、ペストが発生しないかどうかを確認する期間として四〇日を指定したことから、この日数が検疫を指す言葉として定着したのである。[14]

なお、四〇日という数字は新約聖書に根拠を置いたものだ。[15] すなわちイエス・キリストが四〇日間荒野で断食して悪魔の誘惑を斥けたという故事に因み、それが転じて特別な準備期間の日数として、キリスト教圏では宗教的に特別な意味を持つようになった。

ともあれ今日隔離が行われるのは、もし病原微生物に感染している場合、その潜伏期間に感染者が病原体を拡散させないよう行動を制限するためである。とはいえ当然ながらこうした理由づけは、せいぜい細菌学が登場した十九世紀末以降に妥当するものにすぎない。その一方で穢れを遠ざけるために隔離するという行為は、古今東西を問わず普遍的に見られるものであり、感染の観念と同じくいわば人類学的な現象だといってよい。

だとすれば、この細菌学以前の隔離実践はどのような意味を持っていたのだろうか。イギリスの人類学者メアリ・ダグラスによれば、隔離という行為はもともと聖性の領域に属するもので、「聖」という言葉も元来は隔離という観念を基礎にしたものだったという。

私たちの文化は通常、神聖と不浄を相容れないものとして対置させ、かつ不浄のほうを隔離するという習わしを持っている。しかし原始宗教では聖性と穢れが明確に区別されないことも多く、「神聖であると同時に穢れている」という事態もしばしば見られる。その場合、隔離は穢れたものを遠ざけると同時に、聖別された存在を世俗から切り離すという二重の意味を帯びることになろう(16)。

実はこうした隔離の両義性は日本の文化にも認められる。たとえば昭和後期に至るまで、臨月を迎えた産婦は出産の穢れを避けるために、産屋《うぶや》と呼ばれる孤立した別小屋で過ごす風習が各地に残っていた。福井県敦賀市の若狭湾岸の漁村では、産屋を訪ねた者は帰宅時に着ていた衣服を洗い、入浴してからでなければ自宅の台所に入ることはできなかったという。また隔離中の女性は産屋で炊いた御飯しか食べてはならず、自宅で煮炊きした米は決して口にしてはならなかった(17)(別火《べっか》)。火を介して穢れが家族に降りかかるのを避けるためだ(18)。

女性の生物学的機能を不浄視するこうした習俗を、前近代的な女性蔑視と批判するのは的を射ていない。民俗学者の飯島吉晴は、産婦の「ケガレ」とは通常の意味での汚れた存在ではなく、「この世ならざる者」の謂《い》いだと見ている。飯島によると、ケガレとは日常的秩序から逸脱した状態であり、他方で出産とは異界からこの世に新しい生命をもたらす行為である以上、これも日常からはみ出して異界の領域に足を踏み入れるものだからである。その意味で産婦は現世の日常世界を超えた聖性を帯びる存在と見なされ、そうした聖性を扱う様式が、産屋や別火をはじめとする産穢《さんえ》の習俗になったのである(19)。

ここでこの問題をこれ以上掘り下げることはしないが、お産の穢れを避けるために産婦を産屋に隔離するという日本の習俗も、聖性と不浄の二重性(両義性)を前提にしたものだったといえる。このように「不浄」ないし「穢れ」とは元来「聖なるもの」と重なり合っていたのであり、この二つを分離させて対極に置くという発想は、近代以降の時代に特殊な思考法にすぎないのである。

ペストにおける隔離の実践

ただそうはいっても近代以前のありとあらゆる隔離の実践が、こうした聖性と不浄の二重性を帯びていたかといえば、むろんそうではないだろう。とりわけ疫病が蔓延したときなどは、その当時の医学理論がどんなものであれ、実践のレベルでは病人は悪疫を感染させる存在として遠ざけられ、特定の閉鎖空間に隔離されてきた。

中近世ヨーロッパを襲った有名なペスト(黒死病)でも、当時の医学が大気の汚染や異常気象にその原因を見ていた一方で(20)、実際に行われた疫病対策がいわゆる「接触感染説」にもとづいていたらしいことは、つとに指摘されている。

たとえば一三四八年のペスト流行時にイタリア・トスカーナ地方の都市ピストイアで発布された

衛生法も、市外からの織物や布地の持ち込みを禁止したが、これはペスト・ノミが布地に好んで潜むことから、今日の目で見ても合理的な措置だといえる。またペストで全滅した町において毛布を盗んだ複数の兵士が同時に死亡し、それ以来誰も死者の持ち物に手を付けなくなったとの報告も残されているように、人びとは医学の裏づけがなくとも、ペストが罹患者の持ち物を介して伝播《でんぱ》すると経験的に理解していたようだ(21)。

ちなみに当時は衣類だけでなく、病人の吐息もまた病気を伝播させる有毒な媒体と見なされていたことから、ペストが流行している間は人混みや換気の悪い場所を避けるよう勧告する声もあった(22)。

そうしたなかで一三七四年一月に、イタリアのミラノ公がペスト罹患者の隔離を義務づける規則を発布するが、これはペストに対する措置として隔離が定められた最初の公式命令といわれる(23)。その後の十五・十六世紀を通じて、隔離病棟の設立と船舶の検疫措置がペスト対策としてヨーロッパ世界に定着していくが、これらはいずれも内部の罹患者を救済するためというより、あくまで外部の非罹患者を接触感染から守るためのものだった。それだけに、当時(十六世紀後半)の目撃証言によれば、隔離病棟のなかは次のように病人がひしめき合い、その呻吟《しんぎん》や悪臭が充満する地獄絵図となっていた。

一方において「旧隔離病棟」は、実に「地獄」そのもののようでした。どこを向いても悪臭がし、それは実に誰にも耐えがたいものでした。うめき声や嘆息が絶え間なく聞こえ、そして死体の焼却によってもうもうと立ち込める煙が一日中ずっと空中に高く昇っていくのが見えました。

奇跡的にその場から生きて帰ってきた者の報告によると、とりわけ疫病患者の流入数がその極値に達したときには、一つのベッドに三、四人もがあてがわれたということです。[24]

火の浄化作用

この証言でペスト患者の死体が焼却され、その煙の立ち込める光景が語られている点に注意されたい。

なぜ死体は焼かれたのか。

細菌学パラダイムの感染観念を持つ現代では、つい「殺菌のため」と考えてしまいがちだが、それは違う。当時も接触感染の観念が存在したことは右に述べたばかりだが、病毒を伝播させるものが微生物だという認識まであったわけではない。後述のようにそもそも肉眼で捉えられない微生物が発見されたのは十七世紀後半のことで、それを病毒の源とする見解が広く共有されたのはさらに遅く、ようやく十九世紀後半になってからである。

けれどもその一方で、火には穢れや邪気を祓う浄化作用があるというのも普遍的に認められる観念である。ふたたびフレイザーを援用するなら、ヨーロッパの農村でも家畜が疫病に襲われた際に火の典礼を行う習わしがあった。とりわけ特別な方法で熾《おこ》された「浄火」（need-fire）と呼ばれる火は、「霊験あらたかな薬」と信じられ、悪鬼の仕業と目された家畜の疫病を防圧できると考えられていた。[25]

歴史学者の池上俊一によれば、異教的伝統を色濃く残した初期中世のヨーロッパ人も、家畜に火のなかを通過させたり、灰の上を歩かせることで病気を快癒させ、免疫を得させることができるという観念を持っていた。また中世の墓からは灰や木炭、炭化した骨などが出土しているが、これも浄火の慣行の名残で、悪霊を追い出して穴を浄めるために燃やされたものだったという(26)。

したがってペスト患者の死体や家屋(27)が焼却されたのも、火の浄化（消毒）作用によってそこに残存している病毒を打ち消すためだったと考えるのが自然である(28)。しかしこれを今日的な意味での「殺菌」を目的とした措置と見るのは、アナクロニズム（現代の常識を過去に投影して錯誤に陥ること）の誹《そし》りを免れないだろう。

燻蒸の効験

とはいえ浄化作用があるのは火そのものだけではない。よく知られているように、火を焚くことで生じる煙や灰にも災厄を除く霊験があるという観念も存在する。煙を焚いて魔除けとする燻蒸《くんじょう》の風習はそうした観念から派生したものである。

フレイザーの『金枝篇』には南スロヴェニアの農民の風習として、魔女撃退のためにこの燻蒸を用いる事例が紹介されている。それによれば、この地では木炭の火入れに聖油、月桂樹の葉、ニガヨモギなどをくべて煙を立てると、それが空に昇って雲に乗る魔女を燻《いぶ》し、地上に墜落させることができると信じられていた。その際農民たちは椅子を逆さまに置いておく。そうすれば墜ちてきた魔女が椅子の脚に叩きつけられ、さらに大きなダメージを喰らってしまうというわけだ(29)。

フランスの歴史学者アラン・コルバンが紹介する、十八世紀フランスで見られた燻蒸の風習も、こうした呪術的習俗にその起源を持つものだろう。コルバンによると、十八世紀半ばには民衆の間で硫黄、大砲用の火薬、封蠟《ふうろう》、芳香性の木、ローズマリー等々をさかんに燃やしたり、芳香性の水を入れた小瓶で匂いをあたりにふりまく慣習があったという。そうやって香水をふりかけたり焚きこめたりすることで、周囲の空気を浄化できると考えられたのである。燻蒸の方法としては炎で熱したシャベルに酢を注ぎかけるか、熱い灰の上に燻蒸剤を置くのが一般的だったらしい(30)。

それゆえヨーロッパではペストのような疫病に見舞われたときにも、煙で空気を燻すという対処法が好んで用いられた。とりわけ新大陸から持ち込まれた煙草は、早くから多彩な薬効を持つ万能薬と見なされただけに(31)、ペストの特効薬としても重宝されながら十六世紀以降に広く普及していった。イングランドでも一六六五年のペスト流行時に煙草の風習が定着し、イートン校では喫煙をしない学生が鞭打ちの刑に処されたという(32)。

図０－３　ペスト防護服を着た医師
（マルセイユ・1720年）

当時の医師が着用した対ペスト用の防護服にも、燻蒸に適したデザインに仕立てられたものがある。一七二〇年にマルセイユを襲ったペストでは、図０－３のようないでたちをした医師の姿が描かれているが、これもその一例だ。

絵に付された説明によれば、この医師が着ている防護服は革製で、目の周囲を除いて全身を隈なく包んでいる。鼻の部分を覆うカバーの穴から煙が出ているのは、「悪疫《ペスト》を追い払う発煙体」が中に入っているためだという。こうした仕掛けによって、医師は防護服で有毒な外気を単に遮断するだけでなく、歩きながら周囲を燻蒸することで、常に身の回りから病毒を遠ざけておくことができるというわけだ（右手の棒は患者の脈を取るための器具である）。

このポータブルな「発煙体」（Rauchwerck）なるものの詳細は不明だが、おそらく香気の強い薬草かバルサム、あるいは糞尿的な臭いのする動物性の芳香剤（麝香《じゃこう》や龍涎香《りゅうぜんこう》）などが何らかの方法で焚かれていたものと思われる。現代の私たちにはとても奇妙に聞こえるが、当時は煙によるのであれ香水によるのであれ、そうした強い臭気をかぐことが病毒に対する最善の予防策になると考えられていたからである。(33)

いずれにしても、この燻蒸という方法も先の隔離の実践と同じく、ヨーロッパ世界ではかなり後の時代まで根強く生き残った疫病対策であり、後述のように細菌学が確立されてからでさえ、民衆の間では放棄されずに用いられ続けたものであった。たしかに隔離と違ってこちらの燻蒸は、今日では感染症対策としてはかなり廃れてしまったが、それでも医学的な思考法が民衆世界に浸透するなかで、それに最も頑強に抵抗した呪術的慣習の一つであることに変わりはない。それだけに近代における感染観念の変貌を追跡するにあたっては、この燻蒸の行方にも目を凝らしておかなければならない。

3　瘴気のにおい

死体は臭くない？

ところで、ヨーロッパ世界でこの燻蒸が疫病対策として用いられた背景には、「瘴気説《ミアズマ》」と呼ばれる医学理論も深く関連している。ミアズマ説とは、空気中の毒素が疫病の原因になるという考え方で、その原型は古代ギリシア時代にまでさかのぼる。[34] 中世のペスト禍では、まえがきで触れた伝統的な体液説、また占星術的な解釈による天体異変説などと相まって、彗星の出現や惑星の「合」（コンジャンクション。地球から見て太陽と惑星が同一線上に重なること）、はたまた地震の発生などによる天地の乱れが地上に有毒ガスを発生させ、人はそれを吸うことで体液に不調をきたして病気になると考えられた。燻蒸は、そのような有毒ガス（瘴気）を除外・消毒する手段として使用されたのである。[35]

しかしこの瘴気の在り処《ありか》はどうすれば探知できるのだろうか。瘴気はしばしば医学でも「悪臭」と同一視されてきたことから、不快感を催す臭気こそ瘴気の存在を間接的に教えてくれるものになる。ただし注意しなくてはならないのは、人がどんなにおいを不快で耐えがたいと感じるか、その快不快の基準を定める「嗅覚文化」が時代や地域によってかなり大きなずれを見せるということだ。

たとえば死臭だが、近代以前にはそれを不快と捉える感性がほとんど欠落していたのではないかと思われる節がある。フランス・パリの墓地を例に見てみよう。

パリには十二世紀以来、「イノサン墓地」と呼ばれた大きな共同墓地が市の中心に置かれ、教会に埋葬料を払えない貧しい住民がそこに葬られていた（図0－4）。歴史学者のフィリップ・アリエスによれば、埋葬方法は深さ約一〇メートル、面積が五メートル×六メートルの墓穴を敷地内に掘ったうえで、一つの穴に一二〇〇～一五〇〇体、もっと小さな墓穴でも六〇〇～七〇〇体の死体をまとめて埋めるというものだった。しかも穴は満杯になるまで塞がれなかったため（通常は数ヵ月から数年かかった）、その間死体はずっと外気にさらされ続け、腐るに任せる状態だった。加えて墓穴が塞がれるときも十分に盛り土をされたわけではなかった。[36]

図0－4　イノサン墓地（パリ・1780年）

図0－5　イノサン墓地の回廊（15世紀）
回廊の屋根裏に大量の人骨が積み上げられている。

また敷地にも限りがあるため定期的に墓穴の中身を改める必要があり、その際は穴を掘り返して新しい死体を埋め、白骨化した古い死体は墓地内の回廊に積み上げていた（図0－5）。この回廊がいわば当時のパリっ子たちの「最終処分場」だったわけだが、十八世紀のある報告書によると、その掘り返しの作業中に時折腐りきっていない死体にぶつかることもあり、そのとき墓掘人夫は作業を中断し、「新たな埋葬死体で穴を満たすか、それを塞いで他の場所に移るかする必要があった」らしい(37)。

今日ではおよそ考えられないほど杜撰《ずさん》な死者の扱い方だが、ここで問題なのは、このように大量の死体が常時外気にさらされ、かつ腐敗途中の死体も掘り返されていれば、凄まじい死臭があたりに充満していたはずなのに、当時の住民にはそれを気にした様子が見られないということだ。

それどころか当時の墓地は多くの人間が屯《たむろ》する場となっていた。それは俗界の権力が及ばないアジール（避難所）として、罪人や乞食、娼婦などアウトローたちの住処になっていたという意味ばかりではない。縁日や、教理問答学習が行われたり、住民共有の窯が置かれたり、さらには男女の逢瀬の場にもなったりと、常に多くの人が集う騒々しい場所でもあった。十四・十五世紀に教会は墓地で踊ったり、大道芸人や香具師《やし》がいかがわしい商売をするのを禁じる指令を繰り返し出しているが、こうした禁令そのものが、当時の墓地空間がどんな様子だったのかをはっきり物語っている(38)。

忘れてはならないのは、このような多くの人で賑わう光景が、死体が埋葬されたり掘り起こされたりするのと同じ空間に現出していたことである。つまり当時の人びとは、強烈な死臭が漂うなかで説教を聴き、窯でパンを焼き、想い人と待ち合わせながら大道芸を楽しんでいたわけだ。こうしたことを踏まえると、中近世のヨーロッパ人はたしかに瘴気の観念を持っていたにせよ、それを（おそらく疫病による死者を除いて）[39]通常の死者の臭いに結びつけて考えることはなかったといえるだろう。

悪臭嫌悪

このような状況にはっきり変化が生じたのは、ようやく十八世紀後半になってからのことだ。すなわち、おおよそ一七六〇年代を境として、墓地の悪臭の不快感とその有害性を訴える記述が史料のなかに頻出するようになったのである。

たとえばアリエスが引用している、M・マレという医師の著作（一七七三年）には、墓穴を掘っていた墓掘人夫が一年前に埋葬した死体をシャベルで突いてしまい、そこから噴き出した悪臭のガスで絶命したという事例、またブルゴーニュ地方のソーリューという町の教会において、食中毒で亡くなった女性の棺が開き、その悪臭で一〇〇名以上が重症、司祭をはじめ一八名が死亡したという事例などが紹介されている。[40]

さらに、これもアリエスによると、一七六三年三月二十二日付のパリ高等法院の判決文（市の中心部にある墓地を解体し、死者の埋葬場所を郊外に移転させることを命じたもの。実際には施行されなかった）には、パリ市民から「墓地が付近にまきちらす悪臭への苦情が毎日寄せられて」おり、特に夏の暑い時期には「腐敗が非常に早く進み、近くの家では生活に最も重要な食品を腐らせずに数時間保存することもできないほど」だという、医師と墓地周辺住民の意見が採録されている。[41]

なぜこの時期に突如死臭に対する嫌悪感が生じたのか。その理由は判然としないが、コルバンは一七六〇～八〇年代における気体化学の成立に、この新たな感性を芽生えさせた大きな要因を見ている(42)。いずれにしてもこれ以降のヨーロッパ人にとって、悪臭とは基本的に有機物の臭いやその腐敗臭を意味するようになったといえ、死臭だけでなく排泄物、また動植物の死骸を含む淀んだ沼沢地の臭いも嫌悪の対象になっていく。

特に排泄物に関していえば、フランス革命前のパリが至るところ糞尿にまみれた「悪臭の都」であったことは今や有名な話だが、その臭いに関する記述も、死臭と同じく十八世紀後半を境に史料に頻出するようになった。それはもちろんこの時期に突然パリが糞尿まみれになったからではなく、人間の感性のほうが変化し、昔ながらの街の臭いに耐えられなくなったからだ。

図０－６　L-S・メルシエ（1797年）

ここではその例として、当時のパリの景観や風俗を克明に描いた第一級の史料として名高い、ルイ＝セバスチャン・メルシエ（図０－６）の『タブロー・ド・パリ』（一七八二～八八年）を引用しておこう。ここで糞尿の発する強烈な悪臭は、人の命も奪いかねない危険な「瘴気」として語られている。

> 墓地のことは別にしても、空気が汚染されていることは驚くべきではないか？　家々は臭いし、住民も絶えず悩まされている。めいめい自分の家に腐敗の貯蔵庫を抱

えている。無数の便所の穴から、悪臭を放つ蒸気が発散している。夜間に行なわれる汲取り〔排泄物の回収業。仕事は二三時から夜明けまでの間しか許されなかった——引用者〕は、あたり一帯に臭気をひろめ、あわれ数人の人々の命を奪ったほどである。そのことをもってしても汲取り人がたずさわっている危険で汚い仕事の惨めさが分る。

便所の穴は、たいてい造りが悪くて、近所の井戸に中身がもれてゆくようになっている。ふつう井戸水を使うことにしているパン屋も、だからといって井戸の使用をやめたりはしない。それで主食には、必然的に有毒有害な物がしみこんでいるわけである。

汲取り人はまた、糞便を市外に運んでいくめんどうを省くために、明けがた近くになると、それを下水や溝に流す。その恐るべき沈澱物は、道路沿いに、セーヌ川の方に向かってゆっくり流れ、やがてその岸辺を汚染するのだが、そこでは水売りが朝バケツに水を汲み、その水を知らぬが仏のパリっ子が飲むはめになるのだ。(43)

こうして疫病の源泉となる瘴気のにおいは、腐敗物や排泄物の臭気と重ね合わされることになり、それらの有毒性・有害性への恐怖が人びとの心を捉えていった。このような新しい感性が芽生えた十八世紀末以降のヨーロッパでは、公衆衛生をめぐる問題がかまびすしく議論され、都市の衛生対策も一つには悪臭の追放、つまり生活空間の消臭戦略というかたちをとるようになる。この点は本書ではあまり深く立ち入らないが、こういった民衆レベルにおける嗅覚文化の変容と軌を一にするかのように、ヨーロッパの医学界でもミアズマ説がますます強固に支持されるようになっていった

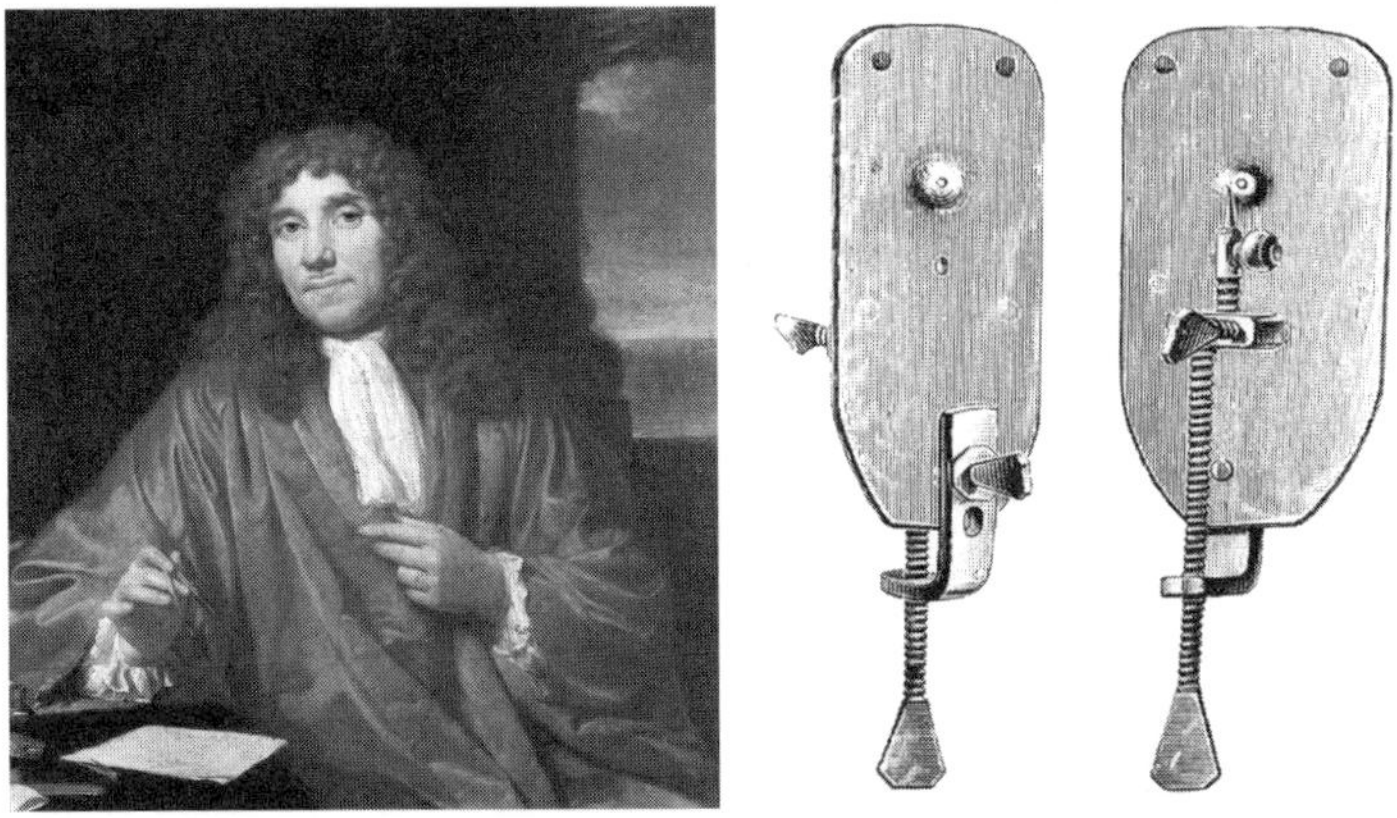

図0－7　A・レーウェンフック（左）とその顕微鏡（右）

のである。

時代遅れの病原体《コンタギオン》

一六七〇年代初め、オランダの織物商アントニー・レーウェンフック（一六三二〜一七二三。図0－7）が手製の顕微鏡で一滴の透き通った雨水を覗き込んだとき、そこに小さな動物が蠢《うごめ》いているのが認められた。ふだん目にするどの動物とも違う異形のものばかりで、動きも一風変わっている。レーウェンフックはこう書き留める。

「彼らはじっとしている。彼らは針の先に止まってでもいるかのように動かない。かと思うと、ちょうど、こまが回転するときのようにすばやく身をひるがえす。そして、その範囲はごく小さな砂粒以上の大きさを出ないのだ(44)」。

そのときのレーウェンフックの驚きと感動は如何ばかりだったか、今の私たちにはちょっと想像しづらいものがある。何しろ創世以来、誰にも気づかれなかった「夢幻的な目に見えない世界(45)」が、レンズを通して今まさに自分の眼前に広がっているのだ。人類が初めて微生物を目撃した瞬間だった。

もちろん、それ以前からその存在を仮定する議論はあったし、それが病気を媒介する可能性を指摘する声も上がっていた。ルネサンス期に突如ヨーロッパに出現した梅毒も、その明白な伝染性から、十六世紀半ばにはジローラモ・フラカストーロというイタリアの医師が、「目に見えない小さな生物」(particulas vero minimas et insensibiles)が体内で増殖し、梅毒を発症させるという、今日の感染概念にかなり近い理論を提唱していた。[46] レーウェンフックの発見は、そうした「病原体《コンタギオン》(接触感染)説」と呼ばれる仮説に初めて物質的な基礎を与えたことになる(レーウェンフック自身は微生物が病原になるとは考えていなかったが)。

とはいえそれによって、このコンタギオン説がヨーロッパの医学界で正統な理論として受容されたかといえば、必ずしもそうではない。むしろミアズマ説が席巻した十九世紀には、すでに時代遅れの理論として切り捨てる声も多くあった。

いわく、「これまで動物性の病原体について多くの者が語ってきたが……このような馬鹿げた仮説に反論するために時間を浪費したくはない」(一八三五年)。また、「この六〇年の間に、昔の医師にはほとんど謎だった数々の病気の研究が進み、非常に多くの新事実がいろいろな疫病に関する知識に付け加わった。だがその反面、厳密な感染理論とやらは、いつの間にかずいぶん大雑把なものになってしまったといえる」(一八四九年)等々。[47]

むろんだからといって、微生物の存在そのものまで忘れ去られたわけではない。それどころか汚物や腐敗物のあるところ、つまり瘴気が漂うところに大量の微生物が潜むということは、早くから医師の間でも認められていた。それだけにミアズマ説とコンタギオン説とは、一面では十九世紀の医学でも通常いわれるほど厳密に区別されてはいなかったし、ましてや絶対に相容れないほど対立していたのでもない。むしろ後述のように、十九世紀のコンタギオン説はミアズマ説と同じ場所(排泄物など)に病原の巣窟を見出しており、その意味でミアズマ説の正しさを裏づけるものですらあった[48]。

図0－8　テムズ川の水滴を拡大してみると……
(ロンドン・1828年)

ただ多くの場合、当時は病毒の源に見出される微生物を「病原」とは捉えずに、有毒物質から生じた副次的な「付随物」と見なす考えが主流を占めていた(この点は第2章で改めて立ち返る)。

そのため、十九世紀に繰り返し話題となった大都市の水質汚染問題(杜撰な水質管理のために汚水が河川に流れ込み、河川の悪臭や飲料水汚染の原因になった問題)で、汚染水と微生物とが結びつけられることがあったにしても(図0－8)、水の浄化を求める際に微生物の存在が考慮された形跡はほとんどない。そこではもっぱら水源に大量投棄される生活・工場排水や腐敗した動植物の死骸が問題とされるだけだった。たとえば一八二八年にはイギリスの『タイムズ』紙上で、公益法人グランド・ジャンクション社によるロンドン・テムズ川の水質汚染問題に関する記事が連載されているが(49)、そこに掲載された申立書の一つにはこう書かれている。

チェルシー病院—ロンドン・ブリッジ区間のテムズ川から都市住民の生活用水として汲み取られた水は、一三〇以上の公共下水道や堆肥《たいひ》置場や牛飼育場からの排水、病院や屠畜場、染料・鉛・ガス・石鹸《せっけん》・粉砕機を使用する作業場、工場などの廃棄物で充満しています。またありとあらゆる動植物の腐敗した死骸も含まれており、非常に不快、かつ健康にも有害です。どのような会社であろうと、これほどの悪臭がする水源からこれ以上水を汲み取るべきではありません(50)。

ちなみにそれから半世紀を経た一八七〇年代のベルリンでさえ、水質汚染度の測定基準に微生物は含まれておらず、アンモニアや硝酸など、有機物の腐敗過程で発生する化合物の含有量が主要な指標として設定されていた(51)。

したがって十九世紀に入る頃には、微生物を病原体と同一視する発想は、医学界でも民衆世界でもほぼ消滅しつつあったといってよいだろう。当時のヨーロッパ人にとって疫病の正体は、目に見えず、においもしない極微小の生き物などではなく（どうしてそんな小さな生物が多くの人間を死に至らしめることができるだろう）、あくまで嗅覚をはじめとする感覚器官で直接知覚可能なものでなければならなかった。

十九世紀の代表的なパンデミックとなったコレラは、微生物を介した接触感染という観念がこうして息絶えようとしていたとき、ヨーロッパ世界を急襲したのである。

注

（1）チフスのメアリーについては、金森修『病魔という悪の物語——チフスのメアリー』ちくまプリマー新書、二〇〇六年。
（2）川喜田愛郎『感染論——その生物学と病理学』岩波書店、一九六四年、二二一～二二三頁。
（3）川喜田（一九六四）三頁。
（4）以下の議論は、フレイザー（永橋卓介訳）『金枝篇』（一）岩波文庫、一九五一年、五七～一二五頁による。なおこの岩波文庫版はいわゆる「簡約本」（原著全一巻、一九二二年）を訳出したものである。
（5）常光徹『伝説と俗信の世界——口承文芸の研究Ⅱ』角川ソフィア文庫、二〇〇二年、一三八～一四〇頁。
（6）大藤ゆき『児やらい』岩崎美術社、一九七七年、八五～八六頁。
（7）フレイザー（一）（一九五一）一一五頁。
（8）阿部洋子「父親に対する娘の嫌悪感」『コミュニケーション文化』（跡見学園女子大学）第一〇号、二〇一六年、一～一〇頁。
（9）感染呪術を思春期の少女と父親との関係から説明するのは、久保明教「呪術と科学」松村圭一郎ほか編『文化人類学の思考法』世界思想社、二〇一九年、四六～四七頁に倣っている。久保は自分の衣服を父親の下着と一緒に洗濯することへの忌避感を例にしている。
（10）モーパッサン（榊原晃三訳）『モーパッサン怪奇傑作集』福武文庫、一九八九年、八〇～八一頁。
（11）*Harper's Weekly. A Journal of Civilization*, Vol. IX. No. 464, November 18, 1865, p. 721.
（12）下田町八幡宮神主・碓氷《うすい》筑前守金吾の「秘書」によれば、安政五年八月にコレラが発生した下田では、十四日には——将軍家定の薨去当日にもかかわらず——町中が次のような狂乱状態に陥ったという。「夜ニ入、町々若者裸ニテ一組ヅ、参詣、猶亦御停止中ニ候得共、御役所江願立、鉄砲所々ニテ放之、但風説ニは狐之シワザと申候故鉄砲打候事、其騒ぎ六月祭礼ニ劣らず深更ニ及び、題目講中、念仏講中思ひ思ひに組を立、夜明迄町方を相廻る、修験も法螺を吹立相廻り候事／付《つけたり》所々ニテ篝《かがり》を焚く」（高橋敏『幕末狂乱《オルギー》――コレラがやって来た！』朝日選書、二〇〇五年、一三八頁）。

（13）美馬達哉『リスク化される身体――現代医学と統治のテクノロジー』青土社、二〇一二年、二〇頁。

（14）蔵持不三也『ペストの文化誌――ヨーロッパの民衆文化と疫病』朝日選書、一九九五年、一六〇～一六一頁。

（15）Howard W. Haggard, *Devils, Drugs, and Doctors. The Story of the Science of Healing from Medicine-Man to Doctor*, London 1913, 226.

（16）メアリ・ダグラス（塚本利明訳）『汚穢と禁忌』ちくま学芸文庫、二〇〇九年、四三～八九頁。

（17）波平恵美子『ケガレ』講談社学術文庫、二〇〇九年、一〇四～一五四頁。

（18）火そのものも聖性と不浄の両義性を持つことはよく知られているが、特に日常で使用される火は「物に触れてけがれやすい」と考えられていた（柳田国男『火の昔』角川ソフィア文庫、二〇一三年、八四頁）。

（19）飯島吉晴『竈神と厠神――異界と此の世の境』講談社学術文庫、二〇〇七年、一一九～一二六頁。

（20）石坂尚武「西欧ペスト期における大気汚染説の受容と移動の問題――ペストの原因論をめぐって」『歴史学研究』一〇一〇号、二〇二一年、四五～五八頁。

（21）石坂尚武編訳『イタリアの黒死病関係史料集』刀水書房、二〇一七年、一三七～一五四頁。

（22）石坂編訳（二〇一七）一八六～一九四頁。

（23）蔵持（一九九五）一五九～一六〇頁。

（24）石坂尚武『苦難と心性――イタリア・ルネサンス期の黒死病』刀水書房、二〇一八年、三〇二～三〇五頁、引用は三〇四頁。

（25）フレイザー『金枝篇』（四）岩波文庫、一九五一年、二九九～三〇四頁。

（26）池上俊一『ヨーロッパ中世の想像界』名古屋大学出版会、二〇二〇年、三〇九～三一〇頁。

（27）中近世にはペスト患者の死体だけでなく、ペストが発生した家屋や、しばしばその界隈が丸ごと焼却された（蔵持〔一九九五〕一五四～一五五頁）。

(28) フレイザーも火祭りが行われる理由として、「刺激説」（火は太陽の等価物として植物の生育を促すと信じられたという説）より「消毒説」（火は人間や動植物に脅威となる魔の作用を焼き尽くすものと見なされたという説）のほうを、「いっそう納得のいくものであり、またいっそう事実と合致するもの」だと結論づけている（フレイザー『金枝篇』〔五〕岩波文庫、一九五二年、二〇～二一頁）。
(29) フレイザー〔五〕（一九五二）二〇頁。
(30) アラン・コルバン（山田登世子・鹿島茂訳）『においの歴史――嗅覚と社会的想像力』藤原書店、一九九〇年、八六～八八頁。
(31) 和田光弘『タバコが語る世界史』山川出版社、二〇〇四年、一八～二一頁。
(32) 蔵持（一九九五）一五三頁。
(33) コルバン（一九九〇）八四～八七頁。
(34) 西迫大祐『感染症と法の社会史――病がつくる社会』新曜社、二〇一八年、二三～二五頁。
(35) 村上陽一郎『ペスト大流行――ヨーロッパ中世の崩壊』岩波新書、一九八三年、九二～一一六頁。宮崎揚弘『ペストの歴史』山川出版社、二〇一五年、八四～九四、一〇九～一一〇頁。
(36) フィリップ・アリエス（成瀬駒男訳）『死を前にした人間』みすず書房、一九九〇年、四七頁。
(37) アリエス（一九九〇）四八頁。
(38) アリエス（一九九〇）五二～六〇頁。
(39) このように限定するのは、ペストによる死者の場合、死体を入れた棺から臭いが出ないよう板に蓋をして釘を打ち込むこと、また臭いの漏れを防ぐため棺を一定の深さまで埋めることを定めた規定も存在していたからである（石坂編訳〔二〇一七〕一四五～一四六頁）。
(40) アリエス（一九九〇）四二八～四二九頁。
(41) アリエス（一九九〇）四三〇頁。
(42) コルバン（一九九〇）一一～一八頁。
(43) メルシエ『十八世紀パリ生活誌――タブロー・ド・パリ』（上）岩波文庫、一九八九年、一二八～一二九頁。

（44） ポール・ド・クライフ（秋元寿恵夫訳）『微生物の狩人』（上）岩波文庫、一九八〇年、一九頁より引用。
（45） クライフ（上）（一九八〇）一七頁。
（46） クロード・ケテル（寺田光徳訳）『梅毒の歴史』藤原書店、一九九六年、八七頁。
（47） Erwin H. Ackerknecht, Antikontagionismus zwischen 1821 und 1867, in: Philipp Sarasin et al. (Hrsg.), *Bakteriologie und Moderne. Studien zur Biopolitik des Unsichtbaren 1870-1920*, Frankfurt a. M. 2007, S. 72f. より引用。
（48） John Andrew Mendelsohn, *Cultures of Bacteriology. Formation and Transformation of a Science in France and Germany, 1870-1914*, vol. 2, Ph. D. diss. Princeton University, 1996, p. 636f.
（49） J. Wright, "The Water Question." *The Times*, January 16, 19, 22, 25, June 2, November 20, 1828. [no page]
（50） J. Wright, "The Water Question." *The Times*, January 22, 1828. [no page]
（51） 金子光男『汚水処理の社会史――19世紀ベルリン市の再生』日本評論社、二〇〇八年、三〇三〜三〇四頁。

第1章

コレラの世紀

細菌学以前の疫病

コレラ防護服に身を包んだ男性（1832年）

細菌学以前のコレラ対策の一例。腹部に銅製の皿と板をあてがい、ふくらはぎには水瓶、両足には熱湯を入れた靴底を装着している。首から下げた鞄には温められた砂が入っている。耳に綿布を詰め、口に菖蒲を咥え、頭の上にはスープ入りの小鍋を置き、手にアカシアの木の枝を持つ。いずれもコレラ退散のまじないだが、この絵の作者は「これだけしっかり備えをしておけば、確実にコレラには――いの一番に罹るだろう」と皮肉っている。

1　コレラ流行

ヘーゲルの死

ドイツの哲学者ヘーゲル（図1−1）は、幼少のころから胃腸虚弱の体質に悩まされてきた。幼年時代には両親とともに重篤な下痢症も患っており、母をそれで亡くしてもいた。そうした体質や疾患体験からか、ヘーゲルは一八三一年初頭からヨーロッパに忍び寄ってきたコレラの影に深く怯えていたという。当時からコレラは人間の腸管を集中的に攻撃し、高い確率で罹患者を死に至らしめる病気として知られていたからだ。

図1−1　G・W・F・ヘーゲル（1831年）

この年の夏にベルリンで最初のコレラの症例が確認されると、ヘーゲルはすぐさまベルリンを離れて郊外の別荘に身を寄せ、疫病の嵐が過ぎ去るのを待ったが、冬学期が始まる十月末になるとふたたび元の私宅に戻っている。この時期にはコレラもその勢いを弱めたように見えたため、ベルリンで大学の仕事に集中しようとしたのである。しかしその矢先の十一月十三日、ヘーゲルは不意に胃痛を訴えるとともに激しく

嘔吐して意識を失い、そのまま翌十四日には帰らぬ人となった。(1)

このようにヘーゲルの死には直前までほとんど何の予兆もなく、その三日前にも大学で哲学史の講義を行ったばかりだった。それだけにこの大哲学者の突然の訃報はまたたく間にベルリン中を駆けめぐり、全市民に大きな衝撃を与えた。当時のあるジャーナリストの手紙にはこう書かれてある。「敵対者でさえ彼とともに失われたものに思いを馳せています。市全体が打ちのめされて意気消沈しており、この喪失のショックが最も俗悪な者の頭のなかでさえ響いているかのようです(2)」。

三日後の十一月十七日に行われたヘーゲルの葬儀にどのくらいの人数が参列していたか、その正確な数字は記録されていない。しかし目撃者が一致して語るところによれば、ヘーゲルの棺に付き従った葬列の人数は数百名に上ったらしい。(3)ベルリンの警察も、「言い知れぬほどの闘争を経て輝かしいものとなったその人柄を鑑みて(4)」、特例としてヘーゲルの葬儀を夜半ではなく白昼に執り行うのを許可していた。それもあって参列者の数が余計に膨張したのだろう。

ところでここでいう「特例」というのは、ヘーゲルの死因に直接関連した措置であった。ヘーゲルの死は、コレラによる病死として当局に申告されたにもかかわらず、通常と同じ葬儀の形式を特別に許可されたのである。この当時、コレラによる死者は人目につかない夜半に墓地へと運搬され、かつ埋葬される場所も通常の死者とは異なる、専用のいわゆる「コレラ墓地」と定められていた(図1－2)。しかもその葬儀も遺族以外の者の参列が許されていなかったため、身内だけのごく少人数で執り行われるのが通例となっていた。(5)

しかしヘーゲルの場合、警察によってそうした制限が特別に解除されたため、葬儀は白昼に行われ、そこに遺族以外のベルリン市民も大勢駆けつけ、しかもその遺体はヘーゲル自身の生前の遺言に従って、同じドイツの哲学者だったフィヒテも眠るドロテーエンシュタット墓地に埋葬されたのである。

ヘーゲルの死因が本当にコレラだったかどうかは、今となっては確かめようがない。当時はまだコレラの病原菌は発見されていなかったし、それどころか微生物が病気を引き起こすという観念も存在していなかったため、病気を同定する仕方が現代の私たちとはまるで異なっていたからだ。当時の医学が生きた病人を診断するとき、その手がかりとしてもっぱら依拠していたのは、いうまでもなく身体の表面上に現れる症状であった。

図1-2　コレラ死者の野辺送り（1892年）　コレラで死んだ者の遺体は夜半に墓地へ搬送するよう定められていた。

「青い死」

コレラに特徴的な症状として当時から一致して認められていたのは、激しい下痢と嘔吐、全身の脱水状態と体温・血圧の低下、連続的な痙攣《けいれん》発作、四肢の収縮や皮膚の変色等々である。また発症から死までの時間も短く、たいてい数日、なかには一日以内で死に至る場合もある。実際に病人を診察した当時の医師の報告には、その病態を生々しく描写した記述が豊富に残されている。その一例として、ウィーンの衛生当局が一八三〇年にコレラの末期症状を記録しているので、ここではそれを引用しておこう。

下腹部に痛みと熱が交互に現れ、排便と嘔吐がますます勢いを増していく。〔中略〕喉の渇きも消えず、少しでも胃部の耐えがたい熱さを和らげようと、冷たい水を激しく欲する。苦痛に悶えるあまり、病人は一瞬たりとも同じところに留まることができないほどになる。口は渇き、舌は青くないしは白くなり、発話もままならなくなる。その後ほどなく手足が冷たくなり始める。最初は手足が引き裂かれるような苦痛を覚え、引《ひ》き攣《つ》りや激しい痙攣〔中略〕がそれに続く。〔中略〕脈も弱くなり、時折ほとんど感じ取れなくなる。目は赤く、虚ろになって動かなくなり、眼孔に陥没し、その周りには黒みがかった輪ができる。病人の人相は崩れていき、急激に虚弱化し、衰弱していくなかで、その顔には大きな悲哀が現れてくる。(6)

ここには詳しく触れられていないが、病人の排泄物も激しい下痢症状のために、米のとぎ汁に似た、白く濁った無臭の液状の便にまでなるという。また脱水症状のせいで全身の皮膚が干からび、青みを帯びた紫色に変色するという特徴もある。この点で、中近世のペストが内出血で皮膚を紫黒色にすることから黒い死＝黒死病(7)（the Black Death）と呼ばれたのに倣い、コレラは「青い死」（the Blue Death）とも呼ばれた(8)（図1－3）。

そうだとすればヘーゲルもまた、このような病苦を経て最後の時を迎えたのだろうか。ヘーゲルの妻マリーは、夫の死を親族に知らせる手紙のなかでは、右のようなコレラの症状はそれほどはっきり現れなかったと強調している。

たしかに彼女の手紙には、「最初はただ胃痛と吐き気を訴えていただけでしたが、その後（ああ、なぜ私はこのぞっとするような言葉を口にしなければならないのでしょう）コレラが現れました」とはっきり書かれてある。けれどそのすぐ後で、コレラの症状は「ただ内側でのみ彼の貴重な生命を蝕んだだけで、外側の私たちには見て取ることができませんでした」とも注記されている。マリーによると、死の床に臥せた夫には「ふくらはぎの痙攣もなかった」し、「下痢もなく、わずかに嘔吐したくらい」だった。ようやく死が訪れる間際に、「あの愛おしい顔に氷のような冷たさが現れ、額の汗も冷え、熱のあった手も青白くなり、尿も出なくなりました[9]」。

図1－3　コレラに感染した若い女性（1831年）　健康だった頃の姿（左）と死の4時間前の姿（右）。

　これが親族の心情や夫の世間的イメージへの配慮によるものなのか、あるいは本当にヘーゲルは病死としては穏やかな最期を迎えられたのか、私には判断できる材料がない。しかし少なくとも死因がコレラと診断された以上、右の諸症状は多かれ少なかれヘーゲルの身体にも現れていたはずだろう。

　ともあれ今から振り返ってみれば、ヨーロッパの知の巨人だったヘーゲルの死は、人類に対するコレラの勝利を象徴する出来事だった。それもこの一八三〇年代だけではない。それから二十世紀に至るまでの約一世紀にわたって、コレラはほとんど恒常的に世界中で流行し続け、人間社会を大いに攪乱《かくらん》していったのである。

コレラ・パンデミック

コレラは元々インドのベンガル地方に根づいていた風土病だった。この地で人知れず生きていたときは、のちに見せたような獰猛《どうもう》さはなく、致死率もさほど高くはなかったようだ。そのおもな犠牲者はもっぱらカースト最下層の不可触民（パーリア）で、まれにほかのカーストの成員やヨーロッパ系住民も罹患することがある程度だった。

それが一八一七年五月、コレラは突如人類に牙をむき、北部のビハールからダッカ、そしてガンジス・ブラマプトラ両川に挟まれたデルタ地帯へと拡大し、夏までにはベンガル湾に程近い大都市カルカッタ（コルカタ）に到達した。その時点でコレラもすでに凶暴化しており、一週間で二〇〇〇人もの犠牲者を出していたという。[10]

このときコレラがかつてないほど流行した理由は定かではない。一つの有力視されている説には、現地の反英勢力を鎮圧するためのイギリス軍の軍事行動が、コレラをベンガルから外の世界に流出させたというものがある。[11] いずれにしても、この流行を境にコレラはその後六回（数え方には諸説ある）にわたってパンデミックを繰り返し、十九世紀を代表する疫病としてその名を歴史に刻むことになった。

表1-1　19-20世紀のコレラ・パンデミック

流行年	コレラ発生地域
① 1817-1823	インド、セイロン、中国、韓国、日本、バグダッド、アフガニスタン、ペルシア、ロシア
② 1827-1838	アフガニスタン、ペルシア、ロシア、ポーランド、プロイセン（ドイツ）、オーストリア、ハンガリー、トルコ、エジプト、ギリシア、フランス、イギリス、オランダ、アメリカ、スペイン、ポルトガル
③ 1840-1863	中国、ロシア、プロイセン、イギリス、フランス、イタリア、スペイン、スイス、オーストリア、ベルギー、オランダ、ギリシア、トルコ、スカンジナヴィア諸国、アメリカ、日本、ヴェネズエラ、ブラジル
④ 1865-1875	メッカ、マルタ島、フランス、スペイン、ポルトガル、アメリカ、ニカラグア、ホンジュラス、エジプト、ロシア、プロイセン、オーストリア
⑤ 1881-1896	メッカ、エジプト、フランス、イタリア、スペイン、中国、ペルシア、ロシア、プロイセン
⑥ 1899-1922	インド、エジプト、ロシア、プロイセン、イタリア

まずは六次に及ぶコレラ・パンデミックの各様相を、表1－1に即して概観しよう(12)。

①一八一七～二三年：一八一七年の流行は、ベンガルから西方ではインド亜大陸を横断して秋にボンベイ（現ムンバイ）に至り、東方では冬までに海を越えてセイロン島に到達している。一八二〇年以降になるとさらに東進し、モルッカ諸島、フィリピン、中国、韓国、日本など、東アジア世界全体に拡大した。西ではボンベイからアフガニスタンやペルシアに進み、さらにペルシア湾岸を伝ってティグリス・ユーフラテス両川のメソポタミア一帯で流行を見た。一八二三年五月には黒海とカスピ海に挟まれた南コーカサス地方にも侵入し、九月にはさらに北上してカスピ海沿岸の都市アストラハンに到達したものの、その年の冬が厳寒だったためかロシアのコレラはその後唐突に消滅している。

②一八二七～三八年：三年間の休眠を経た一八二六年、ベンガルでふたたびコレラが活性化し、その翌年からアフガニスタン、ペルシアを経由して一八二九年にロシア

の都市オレンブルクまで北上、それからロシアの領土を横断し、一八三一年初頭には首都サンクトペテルブルクに達している。さらにコレラはポーランドの反乱鎮圧に向かうロシア軍とともに西進し、同年五月にプロイセン（ドイツ）領内に侵入してヘーゲルの命を奪うことになった。それから数年のうちにオーストリア、フランス、イギリス、アイルランド、オランダ、スペイン、ポルトガル等々ヨーロッパ全土を席巻し、大西洋を越えて北米にも上陸した。南方ではギリシアやエジプト、東方ではトルコや中国でふたたび大流行しており、ここにコレラは名実ともに世界的流行病《パンデミック》となったといえる。

③一八四〇～六三年：一八四〇／四一年にインドでみたびコレラが流行したとき、アヘン戦争（一八四〇～四二年）でベンガルから派遣されたイギリスの軍隊とともにコレラも中国に侵入し、東アジアで広く拡散していった。幕末日本を混乱に陥れた安政コレラもこのときのものだ。ヨーロッパでは一八四七年、一〇年ぶりにカスピ海沿岸でコレラが発生し、それが西進してプロイセン、イギリス、フランス、アメリカ、オーストリア、ベルギー、オランダを相次いで襲った。クリミア戦争時（一八五三～五六年）にコレラの猛威はピークに達し、スカンジナヴィア諸国やギリシア、トルコも再度流行に見舞われた。なおこの第三次パンデミックでヴェネズエラやブラジルなど南米大陸にも初めてコレラが出現している。

④一八六五～七五年：一八六五年五月に聖地メッカでコレラが発生し、巡礼者の移動とともに地中海沿岸地域に拡散していった。七月にはマルタ島、次いで南仏マルセイユからフランス全土に、さらにスペインとポルトガルにも広まった。このときもコレラは大西洋を越えてニューヨークやニ

ューオーリンズを襲い、またホンジュラスやニカラグアなど中米地域にも初めて出現している。なお一八七〇年にロシアでコレラが発生したのを契機に、プロイセンやオーストリアなどの中欧諸国はこのたびもコレラに見舞われた。

⑤一八八一～九六年：一八八一／八二年に再度メッカでコレラが発生し、エジプトまで到達して六万人の命を奪っている。このエジプト・コレラを契機としてコレラ菌が発見されるものの（第2章）、血清療法はなお未発達だったことからコレラの拡散を止めることはできず、南仏やイタリア（ナポリ）などヨーロッパの地中海沿岸地域に伝播した。その後、一八九二年六月にはパリで、八月にはハンブルクでもコレラが発生しており、特に後者のハンブルク・コレラは八〇〇〇人以上もの死者を出している（第3章）。事実上これが西欧最後のコレラの大規模流行となった。

⑥一八九九～一九二二年：二十世紀に入る前後にコレラは今一度インドやエジプトで猖獗《しょうけつ》し、カスピ海沿岸のロシア領に侵入した。さらに、それまでの流行に比べれば小規模ながら、プロイセンやイタリアでもコレラが発生している。一九二二年には最後の大規模流行がソヴィエト連邦で起こったが、これは当時の内戦や飢餓などの時代状況に後押しされたものと思われる。

2　瘴気と病原体

高い致死率と都市的性格

コレラの病理学的特徴（下痢・嘔吐・脱水症状・痙攣発作等々）は右に述べたとおりだが、疫学的

表1-2　プロイセンの主要都市におけるコレラの罹患率・死亡率・致死率（1831/32年）

都市	人口	期間	罹患者		死者		致死率（%）
			実数	%	実数	%	
ベルリン	236,830	1831.8.30-1832.1.26	2,271	0.96	1,426	0.60	62.8
ケーニヒスベルク	64,177	1831.7.20-1832.1.4	2,221	3.46	1,327	2.06	59.7
ダンツィヒ	54,660	1831.5.28-10.25	1,471	2.69	1,076	1.97	73.1
ポーゼン	25,211	1831.7.14-11.28	879	3.49	529	2.10	60.2
ブレスラウ	84,904	1831.9.23-1832.1.3	1,309	1.54	690	0.81	52.7
シュテッティン	27,518	1831.8.27-12.20	369	1.34	252	0.92	68.3
マグデブルク	44,554	1831.10.3-1832.1.22	631	1.42	375	0.84	59.4

にもいくつか特徴的な傾向が見られる。一つは致死率が非常に高いという点だ。致死率と死亡率とは混同されやすいが似て非なる概念で、死亡率が人口全体における死者の割合を意味するのに対し、致死率は感染者のなかで死に至った者の割合を指す。十九世紀のコレラの場合、後者の致死率がきわめて高く、罹患者の半分以上が死に至った。

たとえばコレラ初年度（一八三一／三二年）のベルリンでは、人口約二三・七万人のうち罹患者は二二七一人で、死者は一四二六人に上った。死亡率は〇・六%だが致死率は六二・八%、つまりはコレラに罹った者の三人に二人が死亡したことになる。ほかの主要都市の状況を見ても、罹患率は一%弱から三%強であるのに対し、致死率は五〇%強から七〇%強に上っている（表1-2）。コレラに罹る確率はさほど高いわけではないが、いったん発症すると助かる可能性はかなり低いということだ。

もう一つの特徴は、コレラの死者が都市部に集中している点にある。首都ベルリンが位置するプロイセン王国のブランデンブルク州では、一八三一／三二年におけるコレラの死者が州全体で三九〇三人だったが、表1－2にあるとおりそのうち一四二六人、三分の一以上（三六・五％）をベルリンの死者が占めていた。[13]またブレスラウ地区では一八三一年の死者のうち九六％が都市部に集中していたし、ポーゼン地区でもコレラ死者の八〇％以上が都市部のものだった。ケーニヒスベルク地区では全体の死亡率が〇・四％だったのに対して、都市部は二・〇六％と突出している。[14]同様の例はほかにいくらでも列挙できる。

コレラのこうした特徴的な偏りは、その原因究明のあり方も大きく方向づけることになった。コレラはなぜ都市部にだけ集中して現れるのか。都市部と田舎の村落との間にはどんな違いがあり、そのうちどのファクターがコレラの拡散を促したのか。コレラの「謎」がこのようなかたちで設定されると、都市の公共空間や生活環境でそれらしき「容疑者」が列挙され、その排除の試みがやがて近代的な公衆衛生事業の端緒を開くことになる。

接触感染説

けれどもこの都市環境の問題に立ち入る前に、まずは当時の医師たちがコレラ・パンデミックの発生要因をどこに探っていたかを確認しておきたい。

コレラが世界に姿を現した当初、ヨーロッパではコレラに対する楽観論が大勢を占めたが、それはパンデミックの第二波が始まった一八三〇年代でも同じだった。コレラはあくまで湿地帯や草原地帯という自然条件、また不衛生な生活様式という文化的条件が揃ったロシアやポーランド、アジア地域などと相性がよい疫病で、高度に文明化され、衛生的にも高い水準にあるヨーロッパにとって何ら脅威ではない、と考えられていた(15)。

しかし他方で、当時からコレラの接触感染説《コンタギオン》を主張する声もまたあった。たとえばコレラの実態を調査したプロイセンの対策委員会は、すでに一八三〇年十二月の時点で次のように報告している。

経験則から十分明らかだが、病原体(contagium)というものはペスト、天然痘、チフスなどとは違って、実にさまざまな方角、さまざまな気候の地に伝播しうるものである。インド・コレラもまた、ガンジスからアストラハン、そして地中海沿岸に至るまで、ちょうど隊商の通り道をたどっているが、そこでは人間や商品がこの病原体の格好の担い手になったと思われる(16)。

一八三〇年代のプロイセンでは、コレラが間近に迫るにつれてむしろこちらのコンタギオン説が優勢となり、コレラ対策における公式の見解として採用されることになった。

そこでコレラがワルシャワに達した一八三一年四月、プロイセン国王ヴィルヘルム三世は、南はオーバーシュレージエン(現在のポーランド南西部からチェコ北東部にまたがる地域)の南端から北はリトアニアのネマン川に至る、全長六〇〇〇キロメートルに及ぶ軍事防疫線を敷くよう命じ、コレラの侵入を阻もうとした。しかしコレラはそうした防疫線を易々と突破し、同年五月十八日にプロイセンの小都市シュタールペーネン(現ロシア領ネステロフ市)を襲い、それからまたたく間に全ヨーロッパへと勢力を拡張していった(17)。

このようなコレラの動きは、医師の間で検疫措置の是非、ひいてはコレラの原因をめぐって見解の分裂を招くことになる。コレラはあくまで感染性の疫病であり、「以前に考えられていたように、また今日でも医師があちこちで主張しているように、大気における何かしら未知の変化で引き起こされるわけでは決してない(18)」と言われた一方、検疫が交易活動を大幅に阻害するわりに効果がまるでない点に、民衆や医師の間でも不満が鬱積していたようだ。ベルリンでは、「この検疫措置の発案者や擁護者に対する悪意に満ちた声が、公衆だけでなく最高クラスの医師の間でさえ渦巻いていた(19)」という。

ミアズマとコンタギオンの折衷

そこからコレラの非接触感染説を掲げる陣営も台頭し、二十八歳のユダヤ人医師アルベルト・ザックスを中心として独自の雑誌を刊行するまでに至る(20)。こうした反コンタギオンの立場を支持する声は、特に当時の若手医師の間で広く見られたが、そこにはおそらくコレラの蔓延の仕方も根拠としてあった。

もしコレラが本当に感染性の疫病なら、病人に最も近い家族や近隣住民から放射状に広がっていくはずだろう。しかし実際にはその拡散のパターンは予測困難で、すでにコレラに汚染された地区でも多くの住民が感染を免れる一方、そこからかけ離れた場所で突如コレラが出現することも珍しくない。このような現象は、単純な接触感染の考え方では説明がつかない(21)。もちろん、局地的に発生する瘴気《ミアズマ》という昔ながらの考え方も、このコレラの蔓延パターンを説明するには不十分である。

図1-4 C・W・フーフェラント

そこでコレラに関しては、早くからこの両者を折衷《せっちゅう》しようとする動きが表面化することになった。いわばコレラは瘴気の産物であると同時に、何らかの病原体を支えにして伝播する性格も持つというわけだ。プロイセンの当代随一の医師だったクリストフ・ヴィルヘルム・フーフェラント（図1-4）は、そうした折衷主義的（ただしミアズマ説により近い）立場の代表格で、すでに一八三一年十月には次のように述べていた。

コレラは元来、大気と大地との相互作用の産物だが、そうした作用が極端に進むと個人から個人へ伝播しうる病原体も生み出すことになる。つまりコレラはミアズマとコンタギオン、空気感染と人間感染とを組み合わせたものである。それは二つの仕方で移動していく。一つは、特に水流に沿って進んでいく空気感染で、これは先ごろベルリンに持ち込まれた仕方である。すなわち陸上ではなくヴァルテ川、フィンオー運河、ハーフェル川〔いずれも現在のポーランド西部からドイツ北東部の河川——引用者〕などの水路を経由したものだ。もう一つは感染した人間や品物を媒介するものだが、留意すべきはこの感染は極端に制約が多く、それゆえ非常にまれだということだ。というのは、病気が感染力を持つ高さにまで達する病人はほとんどいないし、病気をもらうのに必要な感受性を持つ人間もほとんどいないからである。したがってどこでも二つの病人グループが存在する。大気から病気を得た者と、別の人間から病気をもらった者で、前者のほうが圧

倒的に多く見られる。(22)

当時の医師としては、このように折衷主義的立場をとる場合でさえ、伝統的なミアズマ説により大きな共感を覚えたのは致し方なかったのかもしれない。これが医学の伝統とは無縁な、もっと一般的な観点からの理解となると、同じ折衷主義でもニュアンスが大きく異なる。つまりミアズマ説もコンタギオン説も一枚のコインの表裏であり、同じことを別の表現で述べているにすぎないというものだ。たとえばコレラに関するニュースを一般向けに発信していた『ベルリン・コレラ新聞』では、「医師諸君へ」と題されたコラムでこう書かれている。

諸君は何についていまだに論争しているのだ？ いったん落ち着いて虚心坦懐によく考えてほしい。一方の陣営はこう主張する。コレラは病原体を介して伝播すると。けれどもこう認めてもいる。病人のなかで複製されるこの病原体は大気にも伝わり、この大気を介して拡散すると。他方の陣営はこう主張する。コレラは人の病原体によっても大気によっても生み出され、伝播されると。

だとすれば諸君は結局同じ考えだということになる。どちらもこう仮定しているからだ。感染は病原体を介しても空気を介しても、人の病原体によっても空気中の病原体によっても起こるものだと。多かれ少なかれ、というのはこの際問題ではない。——それゆえ諸君は両者ともコンタギオン論者なのだ。ただ、一方がまず病原体ありきで瘴気がそれに次ぐコンタギオン論者である

のに対して、他方がまず瘴気ありきで病原体がそれに次ぐコンタギオン論者である、というだけだ。(23)

このようにグローバルな規模で拡大したコレラを一つの契機として、それまでヨーロッパで対立関係にあったミアズマ説とコンタギオン説とは、医学理論でも民衆世界でも相互に補完・融合するかたちで再編されることになった。たしかに医学の内部では、コンタギオン説が優勢だった行政のコレラ対策とは反対に、長い伝統を誇るミアズマ説が主流を占め、前述のようにコンタギオン説を時代遅れの仮説として斥ける意見も根強くあった。しかしその一方でコンタギオン説のいう、人から人へ移動する病原性物質（この時点では必ずしも微生物を意味しなかった）は、一面では非物質的な瘴気の物質的基盤とも見なされ、その限りでこの仮説はミアズマ説を補強してくれるものでもあった。(24) こうしてコンタギオン説は、十九世紀の西洋医学で周縁に置かれながらも、徐々に受容され始めていたといえる。

都市人口の増加

コレラが都市的性格を持つとすれば、コレラの蔓延に好適な都市特有の条件とは何か。それを知るには当時の都市の状況を確かめる必要がある。

都市といっても、現代のような人口数千万規模のメガシティが存在していたわけではない。十九世紀初頭のヨーロッパで例外的に巨大だったロンドンも人口はようやく一〇〇万人程度で、パリは五〇万人、ベルリンに至っては二〇万人にすぎない。その一方で都市空間も今から見ればかなり手狭といってよく、ベルリンは四キロ四方の市壁に囲まれていた[25]（市壁が取り壊されるのは一八六七年）。これは徒歩一時間で端から端を横断できる広さである。

なおベルリンの市壁内外の人口分布を見ると、ある計算では一八二二年で壁内に居住する市民が一八万一八〇〇人、壁外が七七〇〇人であったという[26]。合計で一九万人にも届いておらず、表1－3の数字と齟齬《そご》があるものの、少なくともこの数字から当時のベルリンがその面積に比して人口過多だったことは窺える。現在の東京都における人口密度の最高クラスが、一キロ四方当たり一・五〜二万人弱であることを鑑みると[27]、わずか四キロ四方の市壁の内部におよそ二〇万人の人間が集中すれば、少なくとも今の東京の二・五倍の人口密度になるということだ。当時のベルリン市街がどれだけ過密状態で混雑していたか想像がつくだろう。

しかもこうした状況に加えて、十九世紀ヨーロッパはまた都市人口が未曽有の規模で増加した時代でもあった。資本主義化に伴って、周囲の農村から働き口を求めて大量の労働力が都市部に流入してきたからだ。ベルリンもその例外ではなく、一八一五〜五〇年の約半世紀で人口が二倍余りも増えている（表1－3）。ただしドイツではむしろ世紀後半のほうが増加ペースの上昇著しく、その後のわずか二〇年でさらなる倍増を見ている（一八七一年で八二・六万人）[28]。こうした都市人口の膨張にインフラ整備が追いつかず、初めてコレラが蔓延した一八三〇年代には、すでに市内の住宅事情

表1－3　ベルリンの人口推移（1815-1850）

年	1815	1820	1825	1830	1835	1840	1845	1850
人口	193,000	199,510	219,968	247,500	272,005	322,626	380,040	418,733

は劣悪な状態に陥っていた。

住宅衛生問題

それはたとえば、ベルリンでは持ち家を所有するのがきわめて困難で、住民の九五％が賃貸住宅に居住していた、というだけではない。またその家賃も十九世紀を通じて恒常的に上昇し続けていたが、それだけが問題視されたわけでもない。[29]最も深刻だったのは、過密住宅ではどうしても避けがたい衛生上の問題だった。

とりわけ郊外に建てられた最初期の大規模集合住宅「ファミーリエンホイザー」では、住民数二〇〇〇人に対して便器の数が四一個と極端に少なかった。またこれらの便器はすべて庭に設置されており、上階（最大で実質五階建て）の住民には距離が隔たっていたことから、排泄のたびに階を往復する手間を厭い、廊下や階段、住居内で用が足されることも珍しくなかった。また便器と同じく庭に設置された汚水溜めにも、二〇〇〇人分の排泄物やゴミが投棄されていたが、その汲取り頻度は八〜一四日ごとと少なく、しかもすべてを受け入れるには汚水溜めがあまりに小さすぎたため、周囲に汚水が常時あふれ出ていたという。[30]

現代人なら思わず眉をひそめたくなるこうした光景は、少なくとも十九世紀半ばまでの大都市の労働者住宅なら、ヨーロッパではどの国も大同小異だったといえる。パリにも「オテル・ガルニ」という、労働者向けの安価な長期滞在型宿泊施設があったが、そこもこれと似たような状況であった。[31]

少し時代が下った一八四五年、マルクスと共闘関係になったばかりの若きフリードリヒ・エンゲルス（図1－5）が、イギリス・マンチェスター市の労働者住宅を調査した有名なルポルタージュ（『イギリスにおける労働者階級の状態』）がある。ここではその記述から当時の労働者の住環境を窺うことにしよう。

図1－5　F・エンゲルス
（1840年代）

大通りから多くの裏小路に通ずる、上を建物でおおわれた多数の通路が右左に走り、そこに入ると、他に類例のない不潔と、不快きわまるよごれのなかに入りこむ。ことにアーク川にくだる裏小路がそうであり、そこにはこれまでにわたしが見たなかで、無条件にもっとも醜悪な住居がある。このような裏小路の一つでは、上を建物でおおわれた通路がおわっている入口のすぐそばに、ドアもない便所がある。この便所たるやきわめて不潔であって、それをとりまく腐敗した大小便のよどんだ水たまりを通らずには、住民は裏小路に入ることも、裏小路から出ることもできない。〔中略〕谷底をアーク川が流れている、あるいはむしろよどんでいる。それは狭い、真っ黒な、悪臭のする川で、ごみくずを多数浮かべ、より平坦な右岸のほうに流れ寄せられている。かわいた天候のときには右岸に長い一列の不快きわまる黒緑色のぬかるみが生じ、その底からはたえず瘴気性ガスのあわがたち、水面から一四ないし一五フィート〔約四・二〜四・五メートル――引用者〕もある橋の上でさえ、耐えがたいほどのにおいを発生させている(32)。

表1－4　コレラ犠牲者の職業（ベルリン・1831年）

職業		罹患者数（人）	死者数（人）
手工業者	靴職人	71	41
	仕立屋	66	34
	指物師	47	37
	その他	329	206
日雇い労働者		396	259
織工		257	147
《小計》		1,166	724
下級官吏・教師・学生		57	34
《全体の総数》		2,249	1,417

ここに見られるように、不潔な労働者住宅やその周辺一帯に漂う汚物のにおいは、「瘴気性ガス」となって住民の健康をむしばむ、というのが当時広く共有された見解であった。実際、パリでもガルニの等級が低いほど、つまり家賃が安価なほどコレラの罹患率が高くなるというのは、当時の医師も認識していた特徴的な傾向だった(33)。

一方でベルリンでは、コレラの犠牲者のなかで最も大きなグループをなしたのは手工業者層だったようだ。しかし資本主義がようやく芽を吹き始めた当時では、まだ手工業者と都市労働者の区別は曖昧で(34)、統計上で両者を厳密に分けることは難しい。そこで手工業者と日雇い労働者、織工(35)（ファミーリエンホイザー住民の中心的な職種）を合わせて考えると、罹患者は一一六六名、死者は七二四名となる。つまり都市の主要な下層職業集団だけで、コレラの犠牲者の実に半分以上（五一％）が占められていたことになる（表1－4）。

ちなみに教師や学生の場合、下級官吏と合わせても罹患者は五七名（二・五％）で、死者は三四名（二・四％）にすぎない。ヘーゲルのようにコレラで死亡するのは、当時の教養人階層にあっては稀なケースだったと見てよいだろう。

ともあれ、コレラの来襲でコンタギオン説が息を吹き返すなか、ミアズマ説が根強く支持され続けた理由の一端はここにある。そこには単なる伝統の重みだけではなく、汚物の悪臭（瘴気）が充満する都市の住宅という現実的根拠もあったのである。

とはいえ結局のところ、いずれの説もコレラの謎を突き止められたわけではなく、むしろその病因論も対処法も暗中模索の状態にとどまっていた。それだけに、今の視点から見ると常軌を逸したように映る珍説奇説のたぐいも当時は真剣に考慮され、民衆向けの冊子やパンフレットで積極的に推奨されていた。そうした奇抜な疫病対策の一つとして研究者がしばしば取り上げるのが、煙を焚いてコレラの病毒を追い払おうとする、いわゆる「燻蒸《くんじょう》」と呼ばれる対策である。

3　悪疫祓い

燻蒸消毒

ヨーロッパ人が初めてコレラに直面した際、どれほど奇想天外な治療や対策が試みられたか。これは国内外の研究者が現在まで繰り返し論じてきた主題で、今や語り種《かたりぐさ》といってよいかもしれない。実際に当時の史料をひもとけば、コレラ治療に関する記述はすぐに見つけることができるが、やはりいずれも驚くべきものばかりだ。たとえば『ベルリン・コレラ新聞』にも治療効果を持つとされる物や方法がリストアップされている。いわく、①アヘン入り甘汞《かんこう》（甘味を持つ水銀の塩化物）、②

アヘン、③蒼鉛《ビスマス》、④吐酒石、⑤アヘン入り樟脳（カンフル）、⑥ロシア式発汗浴、⑦酸素ガスの吸引、⑧ガルヴァーニ電気による刺激、等々。(36)

日本では歴史学者の見市雅俊が著書『コレラの世界史』で、甘汞やアヘンといった劇薬のほかに、蛭《ひる》を使った瀉血《しゃけつ》（血液の排出）や塩類溶液の静脈注入などが治療の一環で行われていたことを詳述している。(37) 同書はイギリスを中心に一八三〇年代のコレラ体験を多角的に考察したもので、日本人の手になるヨーロッパ・コレラの歴史叙述では代表的労作の一つである。そのためここでは、同じようなコレラ治療の諸事例を列挙して屋上屋を架すより、視点を一つの対象に絞ってその意味を掘り下げて考えることにしたい。

そこで取り上げたいのは、序章でも論じた燻蒸消毒である。繰り返していえば燻蒸は古今東西に広く見られた防疫法ないし祓魔《ふつま》法の一つで、それゆえこれがコレラ対策で用いられたのは、何も民衆の無知に起因するわけではない。むしろ当時にあっては奇抜どころか、古来の民俗的風習に寄り添ったごく自然な疫病対策だった。

十九世紀のコレラ対策に特有の点といえば、古くは臭気の強い植物や酢などを燃やしていたのが、コレラ禍では消毒作用があると見られたタールや塩化石炭（カルキ）など粉末状の化合物を使って燻蒸を行っていたことだろう（図1-6）。とはいえこれらの物質も強い臭気を発することに変わりはなく、イギリスのエクセターではその臭気のために、当時の墓掘人夫や司祭でさえ、コレラ死者の埋葬そのものより吐き気を催すと訴えている。(38)

ちなみにこの一八三〇年代には死者が火葬されることはなかった。一時は松脂やコールタールに浸した綿布や亜麻布に包んで埋葬されていたようだが、それも遺族の負担になるためすぐに廃止された[39]。その一方で死者が所有していた衣類や毛布類は、二週間の期間を空けてから焼却処分され、その灰は生石灰を入れた穴に埋められていた。この埋立て作業が行われる場所も指定されており、川や小川に囲まれて居住地から隔絶した、中洲のような空間だった（図1-7）。しかし疫病のピークが過ぎる頃にはこの焼却処分もあまり行われなくなり、死者の衣類は縮充機や河川の水で洗浄されたうえで、希望する住民に分配されていたらしい[40]。

コレラ死者の衣類の焼却は、おそらく序章で述べたような火の浄化作用に関する伝統的観念に依拠したものだろう。他方で衣類を河川の水で洗うという行為は現代の私たちを驚かせるが、それも当時はコレラの感染経路が知られていなかったから当然ではある。コレラを水系感染症（水を介し

図1-6　路上の燻蒸
（エクセター・1832年）

図1-7　衣類の焼却
（エクセター・1832年）

て病原菌が広がる感染症）と疑う声が初めて発せられたのは、よく知られているように一八五四年のジョン・スノウの疫学的調査においてであり、しかもスノウの生前にはその主張が受け入れられることはなかったのである。[41]

いずれにしても当時のヨーロッパでは、コレラをもたらすのが病原体であれ瘴気であれ、燻蒸にはその毒を打ち消す効果があると広く信じられていた。特に塩素は、数ある燻蒸素材のなかでも最も強力な消毒剤として当時から一番人気を誇った物質で、その強い刺激のためにしばしば使用者を咳き込ませるものの、燻蒸中に鼻を塞いで口呼吸をすると同時に、砂糖をゆっくり嚙みながらエチルアルコール（酒精）を飲むと、咳の防止に効果的だとされていた。[42]

燻蒸消毒の具体的な手順としては、たとえば次のようなものがある。

（一）ある家屋でコレラが発生した場合、病人と接触していない他家族の住人は、①塩化ソーダ水溶液（Chlorsoda-Flüssigkeit）で手や顔、髪を洗浄する。②次にさらし粉やミョウバン粉をブリキ缶に入れ、強く振って混ぜ合わせたもので身体を燻蒸する。缶の蓋を開けるとガスが室内に充満するが、そのまま缶の中身をコップに移し替えて数日間置いておく。こうすれば部屋の空気も浄化できる。

（二）病人自身の住居については、①部屋に残された血液、痰、椅子、下着やベッド毛布等々は塩化ソーダ水溶液を注いで消毒する。②病人の家族も同水溶液で手と顔と髪を消毒する。③右の要領に従って部屋も燻蒸する。特に病人のベッド等が置かれた病室は、さらし粉と硫酸カリを使ってより強力に燻蒸する。

こうした措置が完了した後、当該の家屋は五日間にわたって閉鎖され、しかるのちにもう一度消毒措置が施される。そうして初めてこの家屋は再入居可能になる。(43)

手紙の燻蒸

このように燻蒸消毒はかなり煩瑣《はんさ》な手続きを取る措置だったといえるが、その標的は何も病人を出した家族や住居に限られたわけではない。コレラが蔓延する地域から送られてきた手紙や荷物も、病毒を運搬する媒体と見なされ、燻蒸の対象とされていた。

とはいえ「疫病の運び手としての手紙」という観念や、その手紙類の燻蒸消毒は、コレラの到来で初めて登場したのではなく、むしろそれよりはるか以前から知られていたものだった。手紙燻蒸の始まりは定かでないが、多くの史料がペストに見舞われた十四世紀のヴェネツィアで最初に実施されたことを示唆している。その後この手紙燻蒸の習わしは、手紙が主要なコミュニケーションツールとして普及するにつれて広がりを見せ、十七世紀に入る頃には疫病対策の一つの支柱としてヨーロッパ世界に定着した。(44)

なお、十七・十八世紀にオーストリアで発布された法令から、当時は通常の燃焼による煙に加えて、酢を加熱して生じる蒸気も手紙燻蒸に好んで使用されたことが分かる。(45)すなわち燻蒸においては煙も蒸気も何ら区別はなく、いずれも等価のものとして思考されていたわけだ。この点はまたのちほど立ち返ることにしたい。

さて、この手紙や荷物の燻蒸消毒は具体的にどのような手順で行われたのだろうか。ここでは北

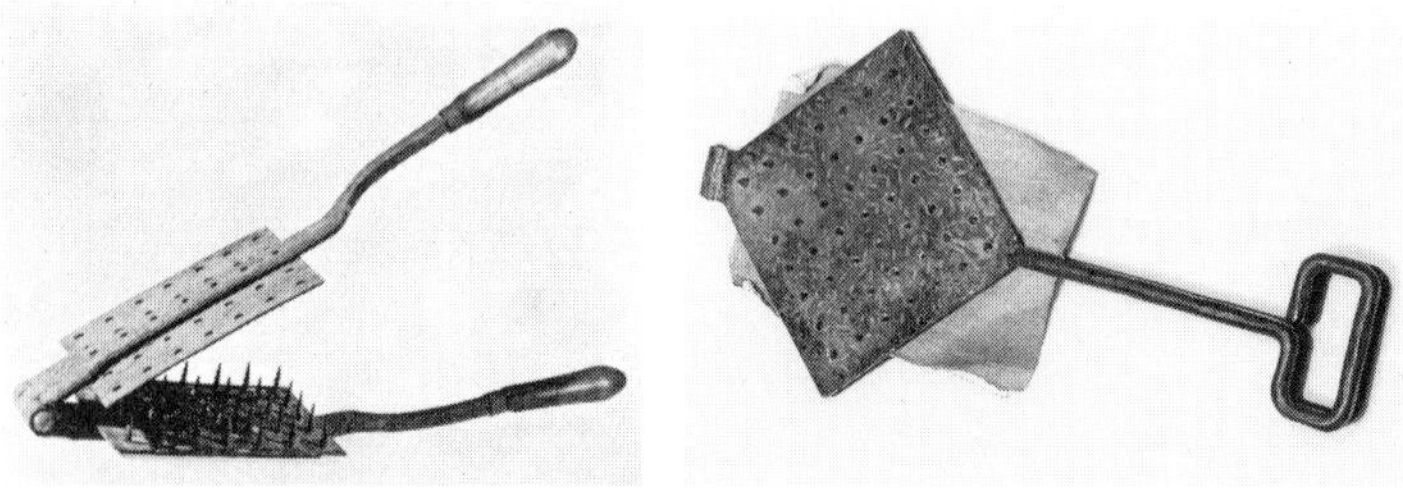

図1－8　手紙燻蒸用の穿孔器　燻蒸の際に手紙を挟んで穴を開ける器具で、コレラ以前から使用されていた。

ドイツのメクレンブルク大公国を例にしてその手順を再現しておこう。

疫病地帯から発送された郵便物は、まず国境の検問所に設置された消毒小屋に収められる。その際、郵便馬車の馭者《ぎょしゃ》が遠方からラッパを吹いて自身の到着を予告し、小屋の封鎖を解いてもらう。馭者が小屋に入るとき守衛と接触しないようにするためだ。小屋のなかで馭者は背嚢《はいのう》から手紙や小包を取り出して、中身に消毒剤を浸透させるため専用の穿孔器《せんこうき》（図1－8）で穴を開ける。しかるのちに酢に浸し、燻蒸粉末を混ぜて火格子の上に載せたうえで、木炭で火を焚いて燻蒸を行う（これらの道具は小屋に備え付けられている）。この燻蒸粉末の成分には、硝石・硫黄・月桂樹の葉・ニガヨモギ・セイヨウノコギリソウ・琥珀などが含まれる。

郵便物が乾燥すると、馭者は受取人が疫病蔓延地帯から来た郵便物だと分かるように、それぞれに発送地を書き記し、「消毒済み」の証明印（図1－9）を押す。これで燻蒸作業は一応完了となるが、馭者自身も疫病に汚染されている可能性があるため、背嚢や所持品をすべて撤収して十分離れた場所に退いたうえで、別の馭者に消毒済み郵便物の発送作業を引き継ぐことになる。なおこうした手順による燻蒸消毒では当然手紙も損傷が激しく、破れたり剥がれたりすることもしばしばあったようで、一八〇四年には手紙の形態を壊さないよう注意喚起する指令も出されていた。[46]

いうまでもなく一八三〇年代のコレラ流行でも、こうした手紙燻蒸が従来どおりヨーロッパ諸国で広く行われた。一八三一年六月一日にプロイセン内務省が発布した、国境での手紙や物品の扱い方に関する法令の文面を見ても、その燻蒸の方法には右で記述した手順と大きな違いはなかったようだ。[47]

燻蒸批判

しかしその一方で、この一八三〇年代の時点ですでに燻蒸消毒の効用に疑問を呈する声が上がっており、『ベルリン・コレラ新聞』にも燻蒸批判の記事が掲載されている。たしかに当時こうした批判が優勢になったことはなく、むしろ少数派だったといえるが、その内容はいくつかの点で興味深い。

図1－9　郵便物の消毒証明印（1831年）　上部には「ベルリン保健委員会管理課消毒室」、下部には「規則に従い消毒済み」と書かれている。

この記事によると、塩素は病原性物質を破壊する薬剤として燻蒸で最も好んで使用されているが、その病原の化学的組成については何も知られていない。だとすれば塩素を使って燻蒸しても、それが本当に病毒の破壊に有効かどうかは判断できないはずだ。たしかに塩素は匂いや色を壊す性質を持つ。「しかしいったい何ゆえに感染性物質を匂いや色のアナロジーで捉えるのだろうか。それはもしかしたら、いやほぼ確実に、においや色などとは天地の差ほど大きな違いがあるものではないか」。

このように塩素の有用性については何も分かっていない反面、健康に対するその有害性は一目瞭然で、しばしば喀血《かっけつ》・肺炎・喘息《ぜんそく》を引き起こす。それゆえこうした化学物質に頼るより、自然の力を改めて見直すべきだろう。具体的には空気と水こそ、自然が授けてくれた「世界の常《とこしえ》なる消毒剤」といえる。実際、東洋では「ペスト患者が着用したシャツをただの水で洗っただけで、塩素水で洗ったのとまったく同じくらい安全に着ることができるようになった」との報告もある。

4　蒸気の力

今こそこれをコレラの消毒に応用しようではないか。ここでも唯一確実で、経験に裏づけされた無害な消毒方法とは、空気と水の適切な使用である。人間も下着も衣類もその他諸々も、きれいな泉水で洗い流せば確実に消毒される。住宅もしっかり何度も水で洗って（石鹼を使えばもっと強力に汚れを落とせるが）、さらに新鮮な空気を通せば消毒されるはずだ。物品や商品に関しては、洗浄はできないし、水が内部に入らないよう注意する必要があるが、これもただの熱した水蒸気を使えば、塩素燻蒸より常に確実に消毒され、かつ商品を傷めることもないだろう(48)。

この記事では、右の引用に続いて「第三の要素」として火の使用も推奨されている。水で洗浄できない物品、たとえば羽毛などは高温加熱で浄化できるし、物品を完全に破壊しようとする場合にも、火は最も有効なツールになりうるというのである。[49] それゆえここでは世界を構成する四大《しだい》（地水火風）のうち、実に三つの元素がコレラを確実に消毒するものと位置づけられていることになる。このうち火についてはすでに論じたので、ここではもう一つの元素である水に関して、少しの間立ち止まって見ておくことにしたい。

よく知られているように、水はヨーロッパ世界で長い間恐怖の的になってきた物質である。古来の体液説とあいまって、水は皮膚から体内に浸透して体液の均衡を攪乱し、身体の調子を狂わせると考えられたからだ。しかもそれが温水であれば、皮膚の毛穴を広げて、外気に含まれる病毒を体内に呼び込むことにもなりかねない。それゆえ十五世紀のペストの際には入浴を禁じる法令が繰り返し発布され、水で顔を洗うことすら忌避されていた。[50]

水が身体に対して強力な力を持つというこの観念から、中近世では入浴が病気治療の一環としてあえて「施術」されることもあった。けれどこれは文字どおり毒を以て毒を制す方法で、慎重のうえにも慎重を期して行われなければならなかった。十七世紀フランスの「太陽王」ルイ一四世は、マラリアと思しき病で重体に陥ったとき、この入浴療法が試みられたが、その際は数日前から何度も瀉血し、かつ水の浸透による水膨れを避けるため、入浴前日には下剤と浣腸を施すという念の入れようだった。[51]

水をあらゆる液体のなかで最もニュートラルと見なす現代の私たちには、水に対するこれほど強

図1－10　L・クラナッハ「若返りの泉」（部分・1546年）　絵の左側に年老いた女性、右側に泉に入って若返った女性が描かれている。若さを得た女性は男性との性的享楽に耽っている。

い警戒心は理解しがたいものがある。ふたたび中世史家の池上俊一の議論を参照すると、水（特に泉や湖などの淡水）の持つ超常的な力への信仰は、キリスト教以前の古い異教的伝統に根ざすという。

もちろん中世のキリスト教会は、民衆世界に蔓延《はびこ》る異教的な泉信仰や水崇拝を偶像崇拝と見なして執拗に排撃したが、それでもこうした伝統は途絶えることなく、むしろキリスト教文化と融合しながらかたちを変えて生き延びていく。絵画では、受難のイエスの血に浴して魂の罪を洗い清める「生命の泉」（Fons Vitae）ないし「恩寵の泉」（Fons Pietatis）のモチーフが広く人気を博した一方、より世俗的には、沐浴《もくよく》したり飲んだりすれば生命力溢れる青年時代に戻るという「若返りの泉」の図像も好んで描かれた[52]（図1－10）。

このようにヨーロッパでは、水には特別な力が宿るという観念が長期にわたって存続したために、十九世紀に入浴習慣が広がったときでも、その湯水には両義的な意味合いが根強く残ることになった。たしかにその頃には、貴婦人の身繕いとしての入浴というモデルも登場したが、他方で身体への強い影響力から入浴は医師が処方する治療法でもあり続けた。それだけに全身浴は水の強力な作用に身をさらすとして長い間忌避されていたし、十九世紀末になっても毎日の入浴は厳禁とされ、せいぜい月に一度、それも消化器官の働きを阻害しないよう空腹状態で行われるべきだと考えられていた。[53]

こうした水の力を疫病の治療や予防に利用しようとする場合、その強すぎる影響力を緩和しながらポジティブな効果だけを得るにはどうしたらよいか。よく知られていたのは冷水で濡らした布を使って全身を拭うという方法で、こうすれば体内に水が浸透するのを回避しながら、血液の流れを促進し、皮膚もきめ細やかにし、結核をはじめ多くの病気を未然に防ぐことができるとされた。[54] またほかにも、コレラが猖獗を極めた一八三〇年代には、水を加熱して発生させた蒸気で身体の病毒を洗い流すという、専用の蒸気風呂が考案されたこともあった。

煙のアナロジー

とはいっても、蒸気風呂がコレラ以前に存在しなかったわけではもちろんない。蒸気風呂そのものは古代ローマ時代から知られていたし、十二世紀後半から十三世紀にかけて都市内部で浴室・浴槽を備えた施設が増加した際、特に栄えたのが蒸気風呂だった。けれどそれは単に身体を洗うだけの空間だったのではない。先述のように医学の方面から入浴の恐怖が煽られた反面、中世の民衆世界で見られた入浴施設は、性的な交わりを享受する「快楽空間」として繁栄したのである。いいかえれば当時の蒸気風呂は、身分の高低を問わず男女が入り混じって遊蕩《ゆうとう》に耽《ふけ》る、さながら淫売窟のような様相を呈していた[55]。

ともあれヨーロッパ・コレラでは、こうした蒸気風呂も疫病対策に応用しようという動きが見られた。すでに以前から燻蒸の一種として酢を加熱した蒸気が用いられていたように、ヨーロッパの疫病対策では蒸気はいわば煙のアナロジーとして、煙と同じく病毒の除去に効用があると考えられてきたのである。

『ベルリン・コレラ新聞』には、こうした煙と蒸気の等価性を象徴的に示す記事がある。煙草栽培農家からの投書を紹介した記事で、それによると自分の農村で突然コレラと思しき疫病が発生し、妻や子供たちも罹患した。そのとき病気に苦しむ子供たちを葉タバコの束の上に寝かせたところ、偶然その束が熱で蒸気を発しており、それを浴びた子供たちはその後間もなく快癒したという[56]。序章でも触れたように、煙草を燃やした煙は燻蒸のツールとして古くから知られていたが、この投書によればその蒸気もまたコレラの病毒を消失させるというのである。素材が同じなら煙でも蒸気でも効用は変わらないというわけだ。

ちなみにコレラを患った身体は、先述のように体温と血圧の低下を一つの特徴とするため、病気の進行を遅らせるべく身体を温めることが推奨されていた[57]。そして蒸気風呂は、病人の身体を温めつつコレラの病毒を除去できる点で、一石二鳥の燻蒸装置と見なされたのである。詳しく見てみよう。

蒸気風呂

当時発行されたコレラ対策のパンフレットには、組立てや運搬が簡単で、自宅でも利用できる簡易式の蒸気風呂が紹介されている。その一つに図1－11のような寝台型があるが、これはまず穴を開けた台に病人を寝かせ、その上にアーチ状のフレームを置いて鉤《かぎ》で固定した後、このフレームに毛布をかぶせて地面に接するまで覆う。台の下には赤くなるまで熱した石を入れたブリキ缶を置いておく（*c*）。それから台に備え付けられた漏斗（*a*）に水を入れると、配水管（*b*）を通ってブリ

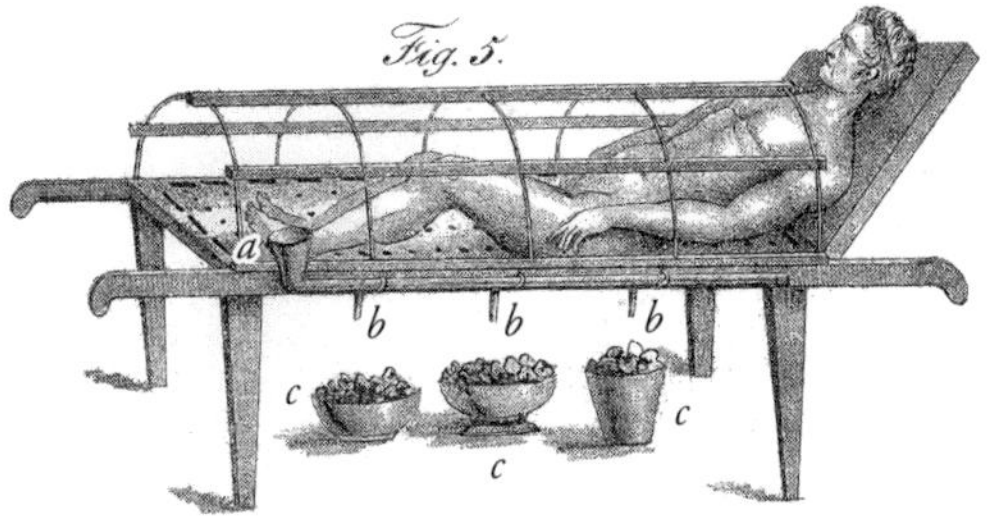

図1－11　寝台型蒸気風呂（1831年）

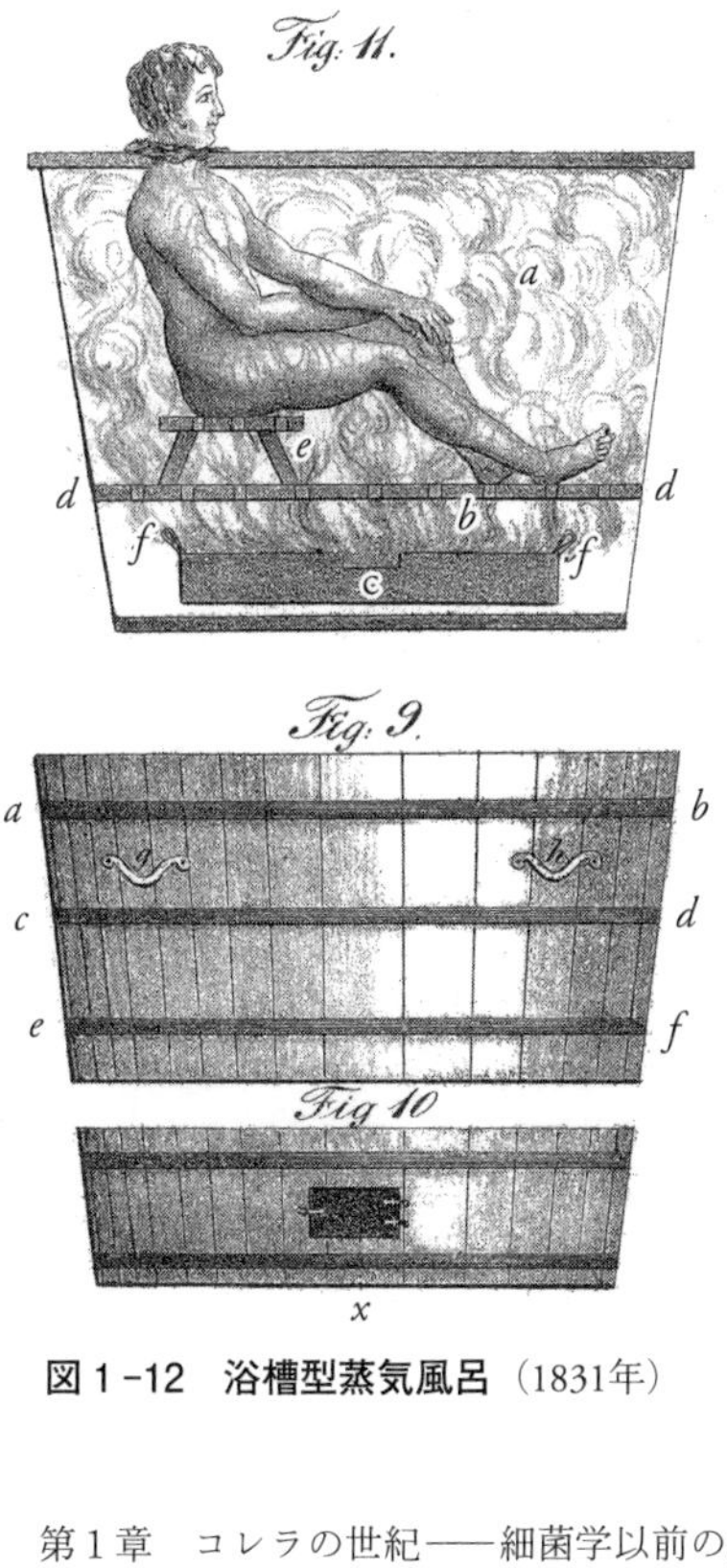

図1－12　浴槽型蒸気風呂（1831年）

キ缶に注がれ、石の熱で水蒸気が発生するが、周囲は毛布で覆われているため、この蒸気は拡散せずに台の穴を通って病人の身体を包み込む。配水管が用意できない場合は、柄杓《ひしゃく》か鍋でも代用可能である。(58)

また必要に応じて水だけでなく、「酢や芳香性植物の煎じ汁、あるいは酒精で希釈された揮発油」などのような液体を注ぎ込むこともある。そうすればより強い薬効を持つ蒸気を発生させられるからだ。「香料となるエキスがない場合、北米の未開人のやり方に従って芳香性植物を熱い石の上に置き、その上にゆっくりと水を注げば、同じように薬の効用を持つ蒸気を得ることができるだろう(59)」。

ほかにも図1－12のような浴槽型の蒸気風呂がある。こちらは運搬を容易にするため二層に分かれており、層の間に板を挟んでその上に病人が座る形状になっている。板にはやはり穴が開けられており（上・d）、その下の平鍋から発する蒸気を通す仕組みになっている。

具体的には、まず病人を首だけ出すかたちで浴槽に座らせて蓋を閉じる。その際、蒸気が逃げないよう首周りにタオルを詰めておく。浴槽の下層に水を入れた平鍋を置き、外側に設けられた小窓（下・x）から赤く熱した鉄球二～四個をシャベルで転がして入れる。鉄球が平鍋の水に触れるや蒸気が発生し、数分で三〇～三五℃に達して病人の身体を温める。温度を上げるには鉄球の数を増やせばよく、ベルリン大学病院（シャリテ）の実験によると、五個入れると四分後に最高で三七℃、六個で四〇℃、七個で四四℃まで上昇するという。もちろんこの装置でも、酢や芳香性の薬草を加えて蒸気の薬効を高めることができる。(60)

しかしこれらの薬剤を加えずとも、蒸気はそれ自体でコレラ治療に有効だと見られていた。体内に取り込まれた瘴気や病原体は、「身体から発汗というかたちで排出されると、その身体を汚染していたウイルス〔当時は「病気を引き起こす毒液」という意味だった——引用者〕や毒素を一緒に運び出す」[61]と考えられており、水蒸気は——温水がその強い力で思わぬ副作用をもたらしかねない以上——まさにこの発汗を促すものとして最適だったからだ。いわばこうした蒸気と発汗（による毒素の排出）との関係が、煙と燻蒸消毒との関係のアナロジーとなって、コレラ対策における蒸気風呂の正当性を支えたのである。

5　流言蜚語と民衆暴力

毒物散布説

ところで十九世紀のコレラを論じる際には、「うわさ話」についても避けて通るわけにいかない。疫病や地震など大きな自然災害に見舞われたときには、とかく根拠薄弱なデマや虚報が飛び交いやすい。中世ヨーロッパでも、ペストが猖獗するなかでユダヤ教徒が井戸に毒物を撒いたという風説が流れ、それがユダヤ教徒の虐殺を引き起こしたことはよく知られているが[62]、こうした伝統的なパターンは十九世紀でも変わらず見られた。それどころかコレラ・パンデミックにおいては、ヨーロッパに限らず日本を含むアジアやアフリカなど、世界各地でほとんど同型の「毒物散布説」が流布したのである[63]。

図1－13　H・ハイネ（1831年）

この種の毒物説がなぜこれほど広い範囲にわたって好んで語られたのか。今のところこの問いに答えられる準備はできていない。しかしそれでも、この虚説が現実に大きな力となって民衆を暴力行為に駆り立てたことは、ここで触れておかなければならない。十九世紀のコレラは、近代世界においてこうした流言《りゅうげん》蜚語《ひご》の持つ現実的な力を最も広範かつ明瞭に表出させた一つの代表的な事例だからだ。

一八三〇年代のコレラ流行に際して、ヨーロッパの民衆がどれほど深刻なパニックに陥ったかは、当時のさまざまな史料に記録されている。有名な例としては、ドイツの詩人ハインリヒ・ハイネ（図1－13）がコレラの蔓延するパリに滞在した折、バイエルンの新聞紙上で連載していた現地報告がある。それによると、当初コレラの脅威を過小評価していたパリでは、その災禍が現実に及んで死者が相次いだとき、奇妙な噂が囁かれるようになった。何者かが野菜市やパン屋、肉屋等々で食料品に毒物を撒いているという。噂は噂を呼び、まもなくパリの民衆の間には不穏な空気が漂い始める。

とりわけ、赤ペンキを塗ったワイン店の立ちならぶ街角に人々が集まり、そして相談しあった。いかがわしい身なりの人を引きとめ検査したのは、たいていそんな場所であった。そしてそのおり、何か怪しげなものがポケットの中に見つかると、その人は猛獣のごとく、荒れくるう狂人のごとくその人に襲いかかった。〔中略〕六名が情け容赦なく惨殺された。血に飢え、無防備の犠牲者を絞めころす民衆たちの憤りほど残忍な光景はない。犠牲者を血祭りにあげたのち、黒々とした群衆の潮が通りを押しとおってゆく。ここかしこで職人たちのシャツの袖が白い逆波のように泡だつ。海は吠え荒れくるう、無情に、野蛮に、悪魔的に。サン・ドニ通りで私は「街灯に吊せ！」というかつての有名な叫び声を耳にした。そして怒りに満ちた幾人かの声が、ちょうどいま毒物混入者を一人絞首刑にしている、と私に語った。〔中略〕

翌日、一般の新聞から明らかになったところでは、かくも残酷に殺害された人々はまったく無実であり、服から発見された怪しげな散薬の成分は樟脳かさらし粉か、あるいはその他のコレラ予防薬であり、毒殺されたといわれる人々も、じつは流行の疫病からくるごく自然な病死である、とのことであった(64)。

毒殺の恐怖に駆られた民衆は、このようにわずかでも怪しい挙動を見せた人間を文字どおり吊るし上げ、「衣服はおろか、毛髪、陰部、唇、鼻まで(65)」引きちぎって殺害するなど、蛮行の限りを尽くした。ただしこうした暴力行為は、一見した印象とは違って見境のないものだったわけではなく、そこにはある一定のパターンないし傾向が見て取れる。すなわち、毒物散布の真犯人は都市労働者の人的ネットワークの外にいる、という仮定がそれであり、その意味でこの暴力は狂気に満ちた非理性の産物というより、階級的な論理に刻印された行動様式だったといえる。

労働者の絆

身一つで農村から都市部に入ってきた労働者たちは、都市生活を生きるために互助のシステムを自然と作り上げてきた。特に都市人口の増加とともに富裕層と貧民層の居住地区が分離し、近隣同士が似たり寄ったりの生活水準という社会的環境（ミリュー）が形成されると、そうした相互扶助の習俗が都市労働者の間でいっそう発達していくことになる。

その一つに、少し後の十九世紀半ば以降に広く知られるようになった、いわゆる「寝床渡り」（Schlafgänger）の慣習がある。都市化に伴う諸問題は先述したが、なかでも住宅不足による家賃の上昇は労働者の家計を圧迫し、住居を持てないホームレスが路上に溢れるばかりか、住まいを借りられても家賃を支払えない者が後を絶たなかった。そこで都市労働者の間では、賃貸住宅の借り主がホームレスに寝場所を提供する代わりに、一定料金を徴収するという慣行が広がることになった。これによってホームレスは格安で寝床を確保できる一方、住居の借り主も重い家賃負担を軽減することができる。これが、寝床渡りと呼ばれる労働者の相互扶助システムである。[66]

もう一つは居酒屋文化である（図1－14）。当時の居酒屋は、都市労働者にとって単にアルコールを享受する場であっただけではない。「百歩も歩けば四軒の居酒屋に出くわす」[67]といわれたほど労働者の生活圏に深く根ざしていただけに、労働者同士の人的結合の基盤ともなり、それゆえ互助システムを円滑に機能させるための空間でもあった。たとえば、失職した労働者が新たな働き口を探して歩き回るのも、まずもって仲間の伝手《つて》を頼れる居酒屋であったし、さらには労働者によるストライキの指導部が結成され、資本家との対決の拠点となったのも居酒屋空間だった。[68]

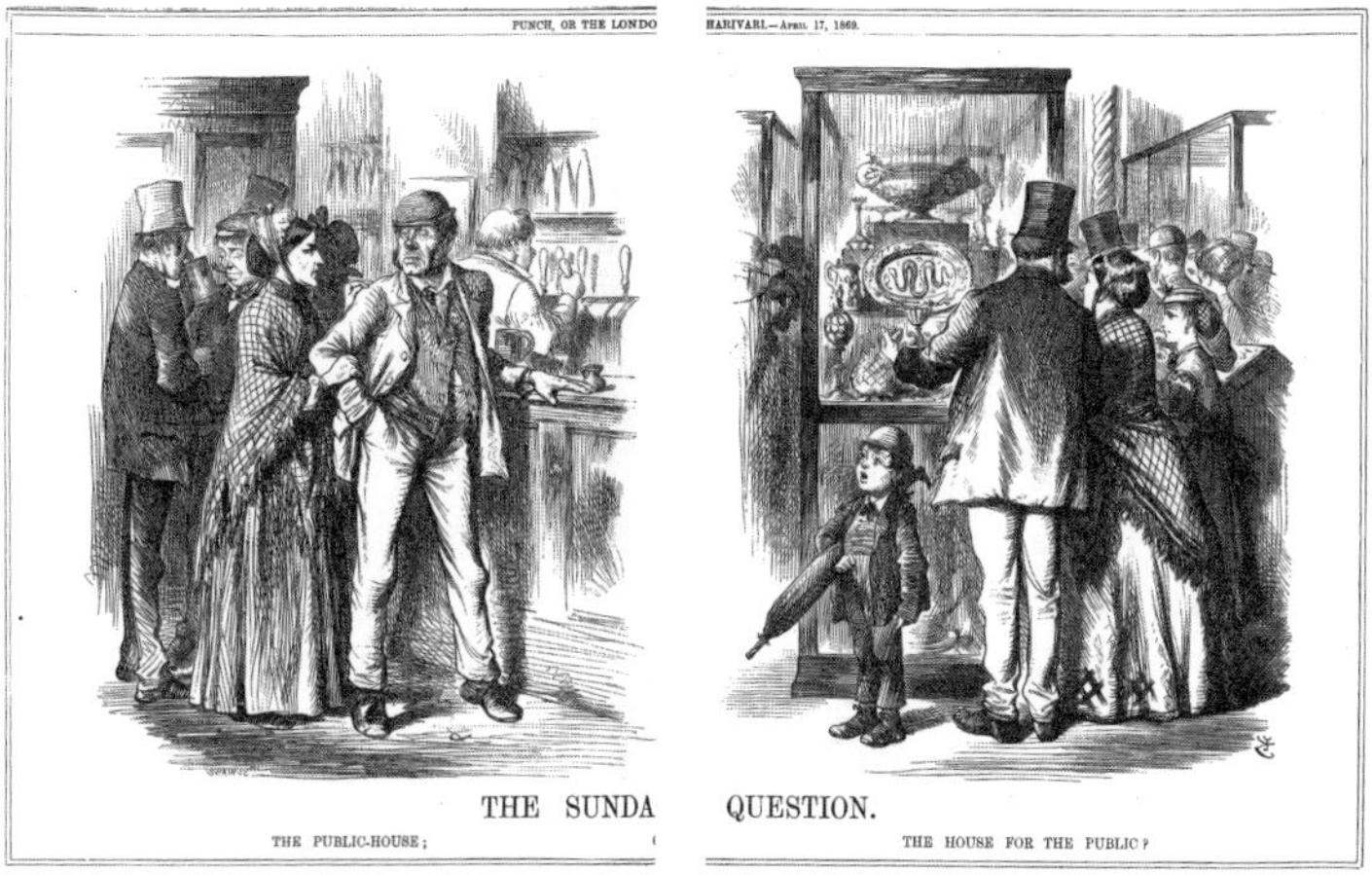

図1-14 「日曜問題」(『パンチ』・1869年) 労働外の時間を富裕層は博物館で、労働者は居酒屋で過ごす。イギリスの風刺雑誌『パンチ』はこれを日曜日に博物館が閉館しているためだと主張し、休日以外に余暇を持てない労働者も文化を享受できるよう日曜日の開館を要求した。

なかでも特筆すべきは、こうした労働者の人的結合を維持・強化する儀礼として、居酒屋での「奢《おご》り合い」の習慣が根づいていたことだ。歴史学者の喜安朗《きやすあきら》によれば、パリの建築部門の労働者は早朝仕事場に向かう途中、仲間同士で誘い合って居酒屋に立ち寄っていた。その際一人が全員に酒を振る舞うのだが、このとき酒を供された者は他日に必ず奢り返さなければならない。さもなくば自分の面子《メンツ》を潰すことになるからだ[69]。

これはいうまでもなく、人類学者マルセル・モースの有名な贈与論の形式に近い。すなわち贈与は、それが行われる場面だけを切り取れば、一方から他方への単方向的な物の移転に見える。けれどその物を受け取る側には、のちに同等かそれ以上の価値の物を贈与し返す義務が伴う。それゆえ贈与も双方向的な物の往来を志向する互酬原理にもとづいているといえるが、それは一定のタイムラグを経てはじめて実現されるのである。

仮に受贈者が「お返し」を怠るとどうなるか。この者は贈与者に対して従属的な立場に身を落とすことになる。「与えるということ、それはみずからの優位を表明することである。それは、より大きくあることであり、より高くあることであり、マギステル（magister）〔主人〕であることである。これに対して、受け取って何もお返しをしないということ、もしくは、受け取っても受け取った以上のものを返さないということは、従属的な立場に身を置くことである。それは、相手の子分、従僕になることであり、より小さくなることであり、より低い地位に身を落とすことなのである[70]（ミニステル minister〔従者〕）」。

モースにいわせると、贈与とはこのように与える側と受け取る側との間に「貸し借り」関係を生じさせる行為なのだが、そうした束縛的な関係がひいては両者間に共同体的な紐帯を創り出す。逆にいえば、この紐帯を維持するためにも贈与は必ず行われなければならないし、それを受け取るのも拒否されてはならない[71]。共同体の絆はそうした物の往来を通じて保証されるからだ。

贈り物というのは、したがって、与えなくてはならないものであり、受け取らなくてはならないものであり、しかもそうでありながら、もらうと危険なものなのである。それというのも、与えられる物それ自体が双方的なつながりをつくりだすからであり、このつながりは取り消すことができないからである。〔中略〕契約関係を結ぶこと、婚姻関係を結ぶこと、財物を移転すること、そして、財物の移転によって与え手と受け手とを縛り合う関係が生成すること。ここにおけ

る経済倫理は、このような全体を考慮することによってなりたっている。(72)

十九世紀の都市労働者たちは、このように独自の社交空間(居酒屋)と社交儀礼(奢り合い)によって相互の絆を絶えず確かめ合い、「持ちつ持たれつ」の関係を育む互助文化を形成していた。しかしその反面、そうした絆の外部に位置する人間に対しては著しく閉鎖的といえ、みずからの共同体的紐帯を脅かしかねない「異物」としてあからさまに敵意を向けることも少なくなかった。とりわけ当時の労働者たちが不信の念を抱いたのは、自分たちに最も縁遠く、かつ効果のほども分からぬ治療を強いてくる医師という存在であった。

医師の陰謀

実際、コレラの流行時に労働者の間で語られた風説では、毒物投与の下手人と疑われたのは圧倒的に医師だったし、現実にも医師に対して暴力の矛先が向けられることも多々あった。たとえば一八三一年七月二十八日には、プロイセンの都市ケーニヒスベルク(現ロシア領カリーニングラード)で民衆による医師暴行事件が起こっているが、これも次のように些細な誤解から生じたデマに起因するものだった。

ある指物師がコレラに罹った際、救急で呼ばれた医師が亜リン酸性の薬剤を処方したところ、何らかの化学反応でその薬剤が発光したらしい。その発光現象を燃焼と勘違いした目撃談から、この指物師は医師が処方した燃焼物質で殺されたという噂がまたたく間に広がり、それを信じた群衆が町の医師たちのもとに押し寄せて殴る蹴るの暴行を加えた。そればかりか、医師の住居や薬局、はては警察署まで襲撃して荒らし回ったという[73]。

この種の医師襲撃事件は、コレラに見舞われたヨーロッパではかなり広い範囲にわたって見られた現象だった。右の事件に一週間ほど先立つ七月二十二日にも、ロシアの首都サンクトペテルブルクで同様の事件が発生している。当時の目撃証言を引用しよう。

民衆の抵抗が起こったが、それも始めは首尾よく事が進んだようだ。すなわち、警察に殴りかかり、医師を追い回して病院を襲撃し、半死の病人を街路に運び出して、彼らのいう毒物を体外に排出するべく牛乳を口に注ぎ入れた。それから意気揚々と病人たちをその住まい（そこから病人は力ずくで病院に押し込まれた）に戻していった。ホイマルクト病院の襲撃では、哀れなW・フスはもう少しで命を落とすところだった。彼は家のなかでも滅茶苦茶に打ちのめされ、さらに下の群衆に舗道でしばらく引きずり回され、おまけに足で踏みにじられたりしたのだ。だから彼が命ばかりか五体も無事だったのは、ほとんど奇跡というほかない。けれど彼の同僚だったゼーマン博士はその傍らで殴り殺され、四階の窓から投げ落とされてしまった[74]。

このように医師がしばしば民衆暴力の標的となり、病院まで襲撃されたのは、当時の民衆（労働者）に医師への根深い不信感があったからにほかならない。そもそもこの時代の病院は現代とはかなり様相を異にしており、治療のための施設というよりもっぱら医学研究の場と考えられていた。

それゆえ当時は自宅療養こそ理想的で、病院には身寄りのない貧民が収容され、研究の素材として扱われるという傾向が顕著に見られた。民衆の間でも病院に収容されると生きて戻れないと考えられ、そうした恐怖心から病院では貧民の身体を使って人体実験が行われているという噂もまことしやかに囁かれていた(75)。

コレラを医師の毒物混入によるものと見る発想には、こうした都市労働者の反医学的な心性が背景として横たわっていたのである。

ただしどれほど支離滅裂な内容であっても、風説はその性質上、常に「もっともらしい」根拠を作り出そうとする。そして当時のヨーロッパでそうした根拠として好んで持ち出されたのが、医師をはじめ上流階級の人間が効果のない施術で私腹を肥やそうと画策すると同時に、あまりに増えすぎた労働者を「間引く」ために毒を撒いている、という一種の陰謀論だった(図1-15)。イギリスの雑誌に掲載されたある記事にも、「コレラは医師の陰謀」説を主張しているものがある。この記事は先述の見市雅俊が紹介しているものだが、それによればコレラに先立って行われた人口調査が、そうした陰謀の存在を裏づける何よりの証拠だという。見市の著書から引用しておこう。

図1-15 コレラで私腹を肥やす医師のイメージ コレラの治療費で大儲けをする医師を、「コレラ・パイ」を食す姿で描いた風刺画。

なぜコレラが登場する直前に（さきの人口調査のように）国民の頭数を勘定し、分類をおこなったのだろうか。なぜ貧乏人だけがコレラにかかるのだろうか。そして（何よりも奇妙なのは）これまで貧乏人を苛め、侮辱し、見下してきた金持ちや有力者がなぜ今頃になって貧乏人の生活にいたく関心を示すようになったのだろうか。〔中略〕

人民の頭数が勘定され分類されたのは、最も人口が密集している地域を確認するためであった。そこにこの災難を持ちこめば、目的が首尾よく成就されるからである。噂によれば、貧乏人がコレラの犠牲になっているのは、ほかでもない、裕福な人びとにとって貧乏人が重荷になってきたからである。(76)

たしかにここで挙げられている根拠も荒唐無稽なものといえるが、それでもこうした風説が真実として民衆の間で語られ、信じられていたことは、やはり一考に値する。すなわちそれは、都市労働者の生活圏で形成された共同体的紐帯と、それを外部から脅かす富裕層という、階級の論理にもとづく二項対立の構図であり、その限りで当時芽生えつつあった都市労働者の階級意識を別のかたちで表現したものにほかならない。(77)十九世紀のヨーロッパの歴史は激しい階級対立と革命運動に彩られるが、一八三〇年代のコレラをめぐる流言蜚語は、一面ではそうした時代の世相を反映した現象だったのである。

注

（1）ヘーゲルの死については、Karl Heinz Götze, Der absolute Geist, die Cholera und die Himmelfahrt des Philosophen. Hegels Tod und Bestattung, in: *Merkur*, 74. Jg. Heft 853, Juni 2020, S. 76-85.

（2）Barbara Dettke, *Die asiatische Hydra. Die Cholera von 1830/31 in Berlin und den preußischen Provinzen Posen, Preußen und Schlesien*, Walter de Gruyter 1995, S. 185 から引用。

（3）Götze 2020, S. 76.

（4）Dettke 1995, S. 187.

（5）Ueber das Beerdigen von Choleraleichen, in: *Berliner Cholera-Zeitung mit Benutzung amtlicher Quellen*, Nr. 30, Dienstag 6. Dezember 1831, S. 245.

（6）Anne I. Hardy, *Ärzte, Ingenieure und städtische Gesundheit. Medizinische Theorien in der Hygienebewegung des 19. Jahrhunderts*, Frankfurt/New York 2005, S. 70f. から引用。

（7）しかし「黒死病」の呼称は中世には存在せず、十六世紀頃の年代記で初めて使用されるようになったらしい。それも死者の身体が黒ずむからではなく、「黒」が「terrible」（恐るべき）を意味していたからだという研究者もいる（石坂尚武「西欧ペスト期における大気汚染説の受容と移動の問題——ペストの原因論をめぐって」『歴史学研究』一〇一〇号、二〇二一年、四五頁）。

（8）見市雅俊『コレラの世界史』晶文社、一九九四年、一六～一七頁。

（9）Marie Hegel an Susanne v. Tucher [15. 11. 1831], in: Günther Nicolin (Hrsg.), *Hegel in Berichten seiner Zeitgenossen*, Hamburg 1970, S. 460f.

（10）Dettke 1995, S. 1.

（11）見市（一九九四）一八～二六頁。

（12）以下の概略は、Dettke 1995, S. 2-7 に拠っている。

（13）Dettke 1995, S. 216. [Tabelle 4]

（14）Dettke 1995, S. 209f.

(15) Olaf Briese, *Angst in den Zeiten der Cholera. Über kulturelle Ursprünge des Bakteriums*, Seuchen-Cordon I, Berlin 2003, S. 13.
(16) Thomas Stamm-Kuhlmann, Die Cholera von 1831. Herausforderungen an Wissenschaft und staatliche Verwaltung, in: *Sudhoffs Archiv*, Bd.73 Heft 2, 1989, S. 180 から引用。
(17) Hardy 2005, S. 64-66.
(18) Dettke 1995, S. 197 から引用。
(19) Dettke 1995, S. 200 から引用。
(20) Dettke 1995, S. 198f.
(21) Dettke 1995, S. 201.
(22) C. W. Hufeland, Ueber die Kontagiosität der Cholera, in: *Allgemeine Zeitung. Mit allerhöchsten Privilegien*, Nr. 280, 7. Okt. 1831, o. S.
(23) An die Aerzte, in: *Berliner Cholera-Zeitung*, Nr. 27, Sonnabend 26. November 1831, S. 224.
(24) John Andrew Mendelsohn, *Cultures of Bacteriology. Formation and Transformation of a Science in France and Germany, 1870-1914*, vol. 2, Ph. D. diss. Princeton University, 1996, p. 477f.
(25) 北村昌史『ドイツ住宅改革運動――19世紀の都市化と市民社会』京都大学学術出版会、二〇〇七年、五頁。
(26) Günter Liebchen, Zu den Lebensbedingungen der unteren Schichten im Berlin des Vormärz. Eine Betrachtung an Hand von Mietspreisentwicklung und Wohnverhältnissen, in: Otto Büsch (Hrsg.), *Untersuchungen zur Geschichte der frühen Industrialisierung vornehmlich im Wirtschaftsraum Berlin/Brandenburg*, Berlin 1971, S. 284.
(27) 草野邦明「東京都23区における高人口密度地帯の人口・世帯・居住住宅の特徴」『ＧＩＳ――理論と応用』第二三巻二号、二〇一五年、五四頁。
(28) 北村（二〇〇七）六七頁。
(29) 北村（二〇〇七）七八～七九頁。
(30) 北村（二〇〇七）九七～九八頁。

(31) 大森弘喜『フランス公衆衛生史——19世紀パリの疫病と住環境』学術出版会、二〇一四年、三二～三五頁。
(32) エンゲルス（一條和生・杉山忠平訳）『イギリスにおける労働者階級の状態——19世紀のロンドンとマンチェスター』（上）岩波文庫、一九九〇年、一〇七～一〇九頁。
(33) 大森（二〇一四）六五～六八頁。
(34) Dettke 1995, S. 232.
(35) 北村（二〇〇七）一〇一頁。
(36) Zur Behandlung der Cholera, in: *Berliner Cholera-Zeitung*, Nr. 7, Sonnabend 8. October 1831, S. 60-62.
(37) 見市（一九九四）一〇一～一三三頁。
(38) Thomas Shapter, *The History of the Cholera in Exeter in 1832*, London 1849, p. 178f.
(39) Shapter 1849, p. 177.
(40) Shapter 1849, p. 182.
(41) ジョン・スノウについては、サンドラ・ヘンペル（杉森裕樹ほか訳）『医学探偵ジョン・スノウ——コレラとブロード・ストリートの井戸の謎』日本評論社、二〇〇九年。
(42) Chlor-Räucherungen, in: *Berliner Cholera-Zeitung*, Nr. 5, Dienstag 4. October 1831, S. 43.
(43) 以上の燻蒸の手順については、Verfahren bei der Desinfektion der Häuser, Wohnungen und ihrer Bewohner in Breslau, in: *Berliner Cholera-Zeitung*, Nr. 17, Dienstag 1. November 1831, S. 143f.
(44) 手紙燻蒸の歴史については、Klaus Meyer, Die Desinfektion von Briefen. Ein Teil der Abwehrmaßnahmen gegen Seuchen, in: *Beiträge zur Geschichte der Pharmazie*, 40. Jg. 1988, S. 18-30.
(45) Meyer 1988, S. 24.
(46) 以上の手紙燻蒸の手順については、Meyer 1988, S. 26f.
(47) *Sammlung der von den Regierungen der Deutschen Bundesstaaten ergangenen Verordnungen und Instructionen wegen Verhütung und Behandlung der asiatischen Brechruhr (Cholera morbus)*, 1. Heft, Frankfurt am Main 1831, S. 88f.
(48) 以上の塩素燻蒸批判は、Was heißt Desinfection? Was nützt das Chlor dazu? in: *Berliner Cholera-Zeitung*, Nr. 27,

Sonnabend 26. November 1831, S. 218f.

（49）Ebd. S. 219.

（50）ジョルジュ・ヴィガレロ（見市雅俊監訳）『清潔《きれい》になる〈私〉――身体管理の文化誌』同文館出版、一九九四年、九～二七頁。

（51）ヴィガレロ（一九九四）一八～一九頁。

（52）池上俊一『ヨーロッパ中世の想像界』名古屋大学出版会、二〇二〇年、二五九～二六二、二七六～二八一頁。

（53）ジュリア・クセルゴン（鹿島茂訳）『自由・平等・清潔――入浴の社会史』河出書房新社、一九九二年、七三～七九頁。ただしパリの貧民層には夏季にセーヌ川で水浴する風習があり、風刺画家のドーミエはその情景を繰り返し描いている（ヴィガレロ〔一九九四〕二四七～二四八頁）。

（54）クセルゴン（一九九二）七一頁。

（55）池上（二〇二〇）二六二～二七六頁。

（56）Frische Tabacks-Blätter als Dampfbad, in: *Berliner Cholera-Zeitung*, Nr. 1, Sonnabend 24. September 1831, S. 8.

（57）ただしこうした処置がコレラには何の効果も見せなかったことから、反対に身体を冷却する処置を施すよう提唱する声も上がっていた（Die kühlende Behandlung der Cholera, in: *Berliner Cholera-Zeitung*, Nr. 22, Sonnabend 12. November 1831, S. 183）。

（58）F. M. Ascherson (Hrsg.), *Beschreibung tragbarer Dampfbad-Apparate. Im Auftrage der Königl. Immediat-Kommission zur Abwehrung der Cholera*, Berlin 1831, S. 8f.

（59）Ascherson (Hrsg.) 1831, S. 10.

（60）Ascherson (Hrsg.) 1831, S. 18-22.

（61）クセルゴン（一九九二）二六～二七頁。

（62）村上陽一郎『ペスト大流行――ヨーロッパ中世の崩壊』岩波新書、一九八三年、一三九～一四七頁。

（63）見市（一九九四）一七三～一八三頁。

（64）ハインリヒ・ハイネ（木庭宏訳）「フランスの状態」木庭宏責任編集『ハイネ散文作品集第一巻　イギリ

ス・フランス事情』松籟社、一九八九年、一七三〜一七四頁。

(65) ハイネ（一九八九）一七四頁。

(66) Clemens Zimmermann, *Von der Wohnungsfrage zur Wohnungspolitik. Die Reformbewegung in Deutschland 1845-1914*, Göttingen 1991, S. 25-27.

(67) 喜安朗『パリの聖月曜日——19世紀都市騒乱の舞台裏』岩波現代文庫、二〇〇八年、二四八頁。

(68) 喜安（二〇〇八）二五一頁。二十世紀になってもヨーロッパの居酒屋は労働者の政治文化の拠点として機能していた。ヴァイマル共和国時代のドイツにおける「労働者酒場」の政治性を分析したものとして、原田昌博『政治的暴力の共和国——ワイマル時代における街頭・酒場とナチズム』名古屋大学出版会、二〇二一年。

(69) 喜安（二〇〇八）二四九〜二五〇頁。

(70) マルセル・モース（森山工訳）『贈与論 他二篇』岩波文庫、二〇一四年、四二五頁。

(71) 贈与は「自分にとって有益でもあり、また拒むことが許されてすらもいない何らかの連盟関係《アリアンス》（たとえば、漁撈民の部族と農耕民や土器づくりの部族とのあいだの連盟関係《アリアンス》のような）を維持するためになされてもいるのである」（モース〔二〇一四〕四二〇頁）。

(72) モース（二〇一四）三六九〜三七一頁。

(73) Briese, Cordon I, 2003, S. 169f.

(74) Briese, Cordon I, 2003, S. 170f.

(75) 喜安（二〇〇八）一一八〜一二八頁。

(76) 見市（一九九四）一八六頁から引用。

(77) 一七八〇〜一八三二年にかけてイギリスの都市労働者の階級意識が成立していく過程については、エドワード・P・トムスン（市橋秀夫・芳賀健一訳）『イングランド労働者階級の形成』青弓社、二〇〇三年。

第 2 章

細菌学革命

病気観の転換

ルイ・パストゥール（左）とロベルト・コッホ（右）

細菌学の二大巨頭。フランスのパストゥール学派とドイツのコッホ学派は新種の病原菌の発見をめぐって熾烈な競争を繰り広げた。熱烈な愛国主義者だったパストゥールは、「細菌学」(Bakteriologie) という語を「ドイツ的」だと見なし、「微生物学」(microbiologie) という名称にこだわった。

1　パストゥール以前

発酵・腐敗・発症

少し回り道をして、まず生物学と博物学の関係から話を始めたい。

近代の生物学は十八世紀の博物学を主要な前史として生まれたものであり、その意味でこの二つの知は系譜上近しい関係にある。けれども別個の分野である以上、自然に対するアプローチの仕方に根本的な違いがあるのはいうまでもない。その大きな相違点の一つに動植物の分類法がある。

博物学の分類基準は、基本的に「目に見えるもの」にもとづいていた。ある植物を分類するときは、その表面上の諸特徴を観察する。雄しべと雌しべがいくつあるか、その形態にはいかなる特徴があるか、その花はどんな図形（円か六角形か三角形か）をしていて、どの場所に配置されているか等々。いわば「静的《スタティック》」な特徴である。そしてそれらの組み合わせから、その植物がどの種や属に組み入れられるべきかが決定される。十八世紀に分類学を確立した博物学者の大リンネはいう。「記録すべきものは、数、形、比率、位置である(1)」と。

それに対して生物学は、目に見える部位の形態や数や配置ではなく、器官の機能ないしメカニズムに志向した問いを発する。食べ物はなぜ消化されるのか、それは胃腸という内臓器官が消化酵素を分泌するから、という具合だ。いわば生物の「動的《ダイナミック》」な側面である。

この観点からすれば、一見するとまるで違う鰓《えら》と肺は「呼吸」という機能を担う点で同じカテゴリーに分類される。近代以前の博物学では水生の魚類と陸生の哺乳類は、互いに異なる綱《こう》（生物分類階級の一つ）に組み込まれ、両者の共通項は脊椎《せきつい》という同じ形態の部位のみになるが、近代の生物学では呼吸の機能を果たす器官（鰓と肺）を介してもつながり合うのである。

フランスの哲学者ミシェル・フーコーは、このような生物学の特徴を捉えてこう述べている。

このように機能との関係において器官を観察するとき、いかなる「同一の」要素もないところに「類似関係」があらわれる。この場合、類似関係は、機能という目に見えぬ明確なものへと注意を向けることによって成立するのだ。〔中略〕鰓は、水中における呼吸にとって、肺臓が大気中における呼吸にとってそうであるようなものだというふうに。(2)

ここから、陸生動物のルーツは水生動物にある（肺呼吸は鰓呼吸の進化形態だから）という、時間的な奥行きのなかで両者を同一線上に置く進化論も芽生えてくるのだが、それはここでは措いておこう。ここで大事なのは、この生物学のように、近代（十九世紀）の知は目に映る現象や形態そのものより、それらを支える機能的性質とかメカニズムに目を向けることで、一見相異なる諸々の現象や形態を連結させる習性を持つということだ。(3)

たとえば芳醇なビールやワインを作り出す発酵という現象。逆に有機物のかたちを崩し、悪臭を発生させる腐敗という現象。はたまた人間を含めた生き物の健康を害し、場合によっては死に至らしめる病気（感染症）の発症という現象。見た目も結果もまるで異なるこれらの諸現象の背後に、同一のメカニズムが作動していることが認識されたのも、ちょうど十九世紀においてであった。すなわち微生物の生命活動であり、裏返していえばこの共通項を介して発酵と腐敗と発症の三現象が連結されたのである。そしてこうした三つの現象を貫く生物学的・化学的メカニズムを最初に指摘した一人が、微生物学の礎を築いたルイ・パストゥール（一八二二〜九五）その人だった(4)。

化学の時代

とはいえ急いで言い添えておくと、この三つのうち発酵と腐敗の類似性はすでにパストゥール以前から認識されていた。当時化学の国際的権威だったスウェーデンのイェンス・ベルセリウスやドイツのユストゥス・フォン・リービヒ（図2－1）がその代表格で、特に「化学界での法王(5)」リービヒは発酵も腐敗も「発酵素」による有機物の分解作用だという理解まで持ちあわせていた。ただしこの発酵素なるものはあくまで化学的な触媒として想定されており、そこに生命の働きが認められていたわけではない。むしろリービヒにとってその分解作用は生ではなく死の現象、つまり物質が崩壊していく純化学的な過程であり、その現象に生命活動の介在を仮定するなどというのは、救いがたい無知蒙昧《むちもうまい》と映ったに

図2－1　J・フォン・リービヒ（1866年）

違いない[6]。

その背景には当時のヨーロッパ科学界に特有の状況もあった。十九世紀は化学が隆盛を極めた時代であり、この分野こそ物理学と並んで自然の謎を解き明かす説明原理を提供してくれるはずだという見方が広く共有されていた。こうした化学信仰のなかで、生命とは一連の化学反応の連鎖にすぎないと考える傾向も強く、生命現象に物理的・化学的過程に還元できない特有の性質を見ようとする、いわゆる「生気論」の立場は時代遅れの負の遺産と見なされていたのである[7]。

たしかに発酵を単なる化学反応とせず、そこに何らかの微生物の関与を見出そうとする声は、そうした時代にあっても完全に絶たれたわけではない。早くも一七八七年にはフィレンツェのアダモ・ファブローニなる人物が、アルコール発酵を「動植物体」によるものと主張しているし、その後も一八三七〜三九年にテオドーア・シュヴァンをはじめとする幾人かの学者によって、砂糖をアルコールに変えるのは種細胞(微生物)ないし酵母菌細胞であるという主張が相次いで提起されている。けれどこれらの動向はみな当時の科学界でほとんど関心を引くことなく、いずれも互いに合流しえないまま単発的なものに終わってしまう[8]。

そうした時代状況もあってのことだろう、「高名な教授」になることを夢見る野心家の青年パストゥールが、おのれの専門としてまず選んだのも化学の道だった。大学入学資格試験(バカロレア)での化学の評点が「可」(médiocre)であったにもかかわらず、である[9]。いずれにせよこのときの選択が、パストゥールの学問的キャリアを大きく方向づけたことはいうまでもないが、それでも彼の研究の歩みは明らかに当時の化学の本道から逸脱していくプロセスでもあった。かなり大雑把に区分すると、パストゥールの研究活動はその内容に応じて次の三つの段階に分けることができる。
①酒石酸の結晶研究（一八四六～五七年）。
②発酵研究（一八五七～八三年）。
③感染症とワクチン研究（一八八〇～八七年）。
もちろんこれらの諸段階は相互に断絶しているわけではなく、それぞれが有機的に関連しあっている。
①で研究された酒石酸は、ワイン製造で生じる有機酸化合物だったことから、パストゥールが②の発酵現象へと目を転じる導きの糸になった[10]。また酒石酸の結晶体が示す旋光性（直線偏光を通すと左右いずれかに回転すること）が、実験室で合成したものには見られず、自然界の有機物質にのみ現れるという事実は、パストゥールが化学現象の彼方にある「『生命』の底知れぬ深み[11]」に囚われていくきっかけにもなったという。
そして③の感染症とワクチン研究は、いうまでもなく②で解明された微生物の働きに関する認識から、パストゥールが（医学を修めていないにもかかわらず）あえて足を踏み入れた、高度に実践的な医療研究の試みだった。

パストゥールはこれらの段階のいずれにおいても、それぞれ歴史に残る革新的な成果を上げているが、本書でそのすべてを網羅するわけにはいかない。その生涯にわたる科学上の功績については汗牛充棟のパストゥールの伝記に譲るとして、ここでは特に②の時期に叙述の照準を絞ることにしたい。よく知られているようにこの時期の研究こそ、発酵現象における微生物の働きを史上初めて科学的に立証したものであり、それがひいては「微生物学」という新たな科学の誕生につながることになったからだ。

自然発生説

とはいえ②の時期にも、パストゥールは少なくとも二つの重大な論争を起こしている。発酵が化学反応によるものか「生きた酵母」の作用によるものかをめぐって、リービヒらとの間で戦わされた発酵論争と、腐敗した食べ物に現れるカビはどこからきたのかをめぐって展開された、いわゆる自然発生説論争である。

いずれも微生物の活動を明らかにした論争として知られ、それゆえ本書の主題に直結するものではあるが、ここではもっぱら後者の自然発生説論争を中心的に扱うことにしたい。序章の末尾で、十九世紀初頭は微生物を「病原」ではなく病気現象の「付随物」と見る考えが主流を占めたと述べたが、実はこうした見解の裏には自然発生説の思考が横たわっていたからだ。すなわちこの理論は当時の疫病と微生物の関係をめぐる問題にも深く関連しているのであり、それだけに病気現象に対する微生物の関係を「副産物」から「主原因」へと反転させるには、何よりもまず自然発生説を否定する必要があった。

ところで自然発生説を一言で表現するなら、「生命のないものから生命が生まれる」という考え方で、西洋文化では古くから馴染みが深く、古代ギリシア以来の伝統を持つ。たとえばアリストテレスの『動物誌』にあるウナギの記述はよく知られている。その見立てによれば、ウナギはミミズから、ミミズは腐った泥土から発生するという。

ウナギは〔中略〕全体として、交尾によって生まれるのでも、卵から生ずるのでもない。明らかにそうなのである。なぜなら、ある池沼では、完全に排水し、底の泥をさらっても、雨の水が降ると、またウナギが出てくるからである。〔中略〕ウナギは泥や湿った土の中に生ずる「大地のはらわた」と称するもの〔ミミズ〕から生ずるのである。また、すでにこれら〔ミミズ〕からウナギが出てくるところも観察されているし、ミミズを切りきざんだり、切り開いたりすると、ウナギがはっきり見えるのである。また、海や川の中でも、ことに腐りやすい所にはこういうもの〔ミミズ〕が生ずるので、海では海藻のあるような所、川や沼では岸のあたりである。こういう所では太陽熱が強くて腐敗を起すからである。[12]

図2－2　雁を実らせる樹木（1552年）

こうした無生物から生物が生じるという発想は、洋の東西を問わず近代に至るまで連綿と受け継がれてきた。[13] アリストテレスのウナギ論と似たものとして、雁のような渡り鳥は果実のように樹木から「生えてくる」という俗信が中近世に見られたが（図2－2）、これも自然発生説の一変種といえるかもしれない。[14] けれど本来の自然発生説は、植物はおろか洞窟の塵や川の水などの無機物から生物が生まれ出ると考えるもので、それが実験で「実証」されることもしばしばあった。
なかでも十七世紀のファン・ヘルモントの実験は有名だ。それによれば、小麦を入れた容器の口に汚れたシャツを詰めて数日間放置すると、容器の内部でネズミが発生したという。ファン・ヘルモントにいわせると、これはシャツから発する発酵素によって小麦がネズミに変化したからだ。ほかにカエルやナメクジやヒルなどもこの方法で発生させることができる。したがって生物がこの世に生を享《う》ける仕方は、既存の親から生まれる以外に「自然発生」という別のあり方も存在する。これが実験にもとづくファン・ヘルモントの主張だった。[15]

　こうした自然発生説は、何も科学の素人や好事家だけが魅せられた単なる幻想というわけでもない。心臓の運動メカニズムを研究し、血液循環説を唱えた近世を代表する生理学者ウィリアム・ハーヴェイでさえ生物の自然発生を信じていたように、この説は近世の科学的思考のなかにも深く根を張ったものだった。

　たしかにその歴史を振り返れば、自然発生するとされた生物の大きさは時代が下るにつれて縮小の一途をたどっている。ワニや魚からはじまり、カエルやネズミといった小動物、ハエやハチなどの昆虫、そしてウジ虫や寄生虫のような小虫等々。いわば自然発生説は、実験と観察が繰り返されるなかで徐々に後退を余儀なくされ、その陣地を失っていったわけだ。しかしこの説には、人間の知覚能力では容易に接近しがたい堅牢な砦が残されており、おかげで自然発生説は十九世紀も半ばに至るまで命脈を保つことができたといえる。その難攻不落の砦こそ、十七世紀にレーウェンフックが見出した微生物の世界だった。

2　自然発生説論争

生物の自然発生をめぐって

自然発生説を認めるか否か。この問題はやや錯綜しており、どちらかの立場に明確に割り振れない場合もある。たとえば先に触れたテオドーア・シュヴァンは、一八三七年に発酵の原因を微生物の活動に求め、後者を前者の副産物と見る考えを否定した限りで、微生物の自然発生説を事実上斥けている。しかし他方でシュヴァンは、動物の身体が個々の独立した細胞からなるといういわゆる「動物細胞説」も提唱したが、その細胞の由来については伝統的な自然発生説の見解を採用している。すなわち動物の体細胞は、微小な無生物粒子が集合して形成されるもので、それが寄り集まって身体を構成すると考えたのである[16]。

この考えは一八四〇年代にかなり広く流布し、当時細胞の発生に関してシュヴァンを引用しない文献はほとんどなかったという。後世の学者が「生物学の歴史において、情報に通じた科学界がこれほど流行の波に翻弄されてしまったことは珍しい[17]」と慨嘆したほどだった。シュヴァンの細胞自然発生説は、最終的にはルドルフ・フィルヒョウの有名な「すべての細胞は《オムニス・ケルラ・エ・》細胞から《ケルラ》」のテーゼによって葬り去られる[18]。けれどもこのシュヴァンの事例は、当時の科学者にとって自然発生説の思考から脱却するのがいかに困難だったかを物語って余りある。それも議論の対象が肉眼で知覚できない細胞なのだから、なおのことだ。

同じく不可視の微生物も、その由来を突き止めるのは困難をきわめただけに、この領域では自然発生説がなお説得力ある理論として通用していた。なかでもルーアンの自然史博物館館長にして学士院の通信会員でもあったフェリックス・A・プーシェ(図2－3)は、博物学界の重鎮でありながら自然発生説の代表的論客でもあった。このプーシェとパストゥールの論争は

図2－3　F・A・プーシェ

史上名高く、「科学史家にとっていわば恒例の演目」(19)とも称されるように、微生物学の歴史叙述では多くの紙幅を割くのが通例である。ここでも二人の論争における主要なポイントを押さえながら、パストゥールがいかにしてこの自然発生説を覆したかを確認しておきたい。
一八五八年に学士院に報告されたプーシェの実験はこうだ。フラスコを沸騰水で満たして密封し、冷却するため水銀を入れた容器のなかで倒立させる。水銀を使用するのは、それが微生物の侵入を阻むと考えられていたからだ。そのあとフラスコは水銀内で開封され、酸素と加熱処理済みの干し草の束をそのなかに入れる。それからふたたび栓で封をしたのち、水銀から出して放置する。すると八日後にフラスコ内にカビの発生が見られた。これによって微生物の自然発生が証明された。フラスコ内の試料は完全に加熱処理されていたうえ、微生物の侵入も完璧に阻まれていたからだ。プーシェはそう考えた(20)。
けれどもパストゥールの目には、この実験には自然発生説を支持するいかなる決定的証拠もない

と映っていた。なぜカビは発生したのか。その具体的なメカニズムは何なのか。それを生じさせたのは気体か流体か、はたまた種細胞か。(21)いずれにせよ、フラスコ内のカビの「起源」を突き止めなくては何も証明したことにはならない。

プーシェはこのカビの発生現象に「神の息吹」の干渉を見ていた。(22)しかしパストゥールは、敬虔なカトリック信者であったにせよ、そうした思弁は科学者の流儀に反するとしてあくまで実験による形而下的な発生メカニズムの証明を試みていく。あのあまりに有名な「白鳥の頸《くび》フラスコ」は、そうした実験の試行錯誤のなかで編み出されたものだった。

白鳥の頸フラスコの実験

右のプーシェの報告を受けてパストゥールが一八五九年から着手した実験と、その成果をまとめて一八六一年に公表した『自然発生説の検討』(正式なタイトルは『大気中に存在する有機体性微粒子に関する報告。自然発生説の検討』)は、微生物学という新たな実験科学の基盤を確立したもので、科学史上「パストゥール革命」と呼びならわされる一連の出来事の端緒となった功績として広く知られる。いまここでパストゥールの実験を詳細にたどることは控えるが、この実験で踏まれた手続きの概要だけは示しておきたい。パストゥールが実験で証明した事柄は、少なくとも次の四つに分けることができる。

①空気中に漂う塵埃《じんあい》に微生物が付着していること。

②加熱処理された空気のなかではフラスコ内の液体(糖を加えた酵母液)が変敗(腐敗)しないこ

と。ただし水銀を使用すると微生物の混入が避けられず変敗すること。

③空気中の塵埃が煮沸した液に付着すると変敗が始まる反面、通常の空気に触れただけでは変敗は始まらないこと。

④どの空間にも微生物が充満しているわけではなく、地下室や高山など浮遊する塵埃が少ないところでは微生物もほとんどおらず、それゆえ変敗が生じにくいこと。

これらはいずれも微生物が変敗の副産物ではなく、逆に変敗を引き起こす主要因であることを立証している。すなわち微生物がどこから来たかという問題については、フラスコ外の空気中に漂う塵埃とされ（①）、フラスコ内の試料を変敗させるのも、空気そのものではなく微生物であることが証明される（②・③・④）。特に本書の内容と関連するのは①と③の証明である。実際、①の実験でパストゥールは、次のように塵埃に付着した微生物が疫病の発生と関わりがあることを示唆している。

この題目に関する研究を拡大し、大気中に散布されている有機体性微粒子を同一場所で異なる季節に、または同一時期に異なった場所で比較することは、大いに利益があるであろうとわたしは信ずる。ことに伝染病が猖獗をきわめる時期には、病気伝播現象〔の研究〕はこの線に添って遂行された諸業績から恩恵を受けるように思われる。[23]

ここですでにパストゥールは、発酵と腐敗と病気の発症という、三つの現象を連結させる単一のメカニズムを微生物の生命活動に見出している。先に述べたように、これはさまざまな現象や形態の背後にある同一の機能ないしメカニズムを見定めようとする視線であり、その限りで生物学と同じく微生物学もまた、近代的な知の枠組みを前提にして初めて成立可能になった科学だといってよい。

それはともかく、かの白鳥の頸フラスコの実験は、このうち③の証明段階で行われたものである。加熱処理した壜《びん》のなかで試料の変敗が起こらないことは、すでに十八世紀から知られていた事実だが、それだけでは自然発生説に反駁《はんばく》する根拠としては不十分だった。一〇〇度の熱で数十分も壜を加熱すれば壜内の試料が変質し、生物を発生させる自然の力が破壊されてしまう。当時の自然発生論者はこう主張していたからだ[24]。二千年の伝統を誇る自然発生説を完全に覆すには、そうした反論を呼び込むような余地は何であれ徹底して封じ込める必要があった。そこでパストゥールは、フラスコの頸を火焔で大きく湾曲させたうえで、それを加熱するという実験方法を考案したのである[25](図2－4・上)。

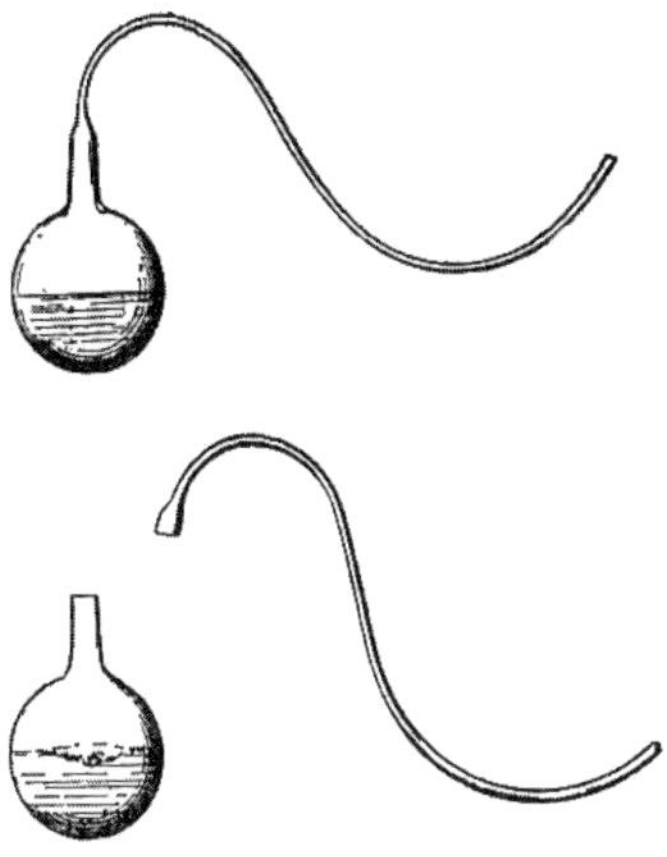

図2－4　白鳥の頸フラスコ

まず頸を湾曲させたフラスコ内の液を数分間煮沸する。「自然の力」が破壊されない程度の加熱処理だ。その際、口は栓で封をされることなく開放されたままである。次いでフラスコを冷却する。これだけだ。そうすると、フラスコ内の液はいつまでも変敗することなく、最初の状態に留まったままになる。なぜか。冷却過程で外気がフラスコ内に入ってくるとき、大きく下方に湾曲した頸の部分に塵埃だけが引っ掛かって侵入を阻まれるからだ。

この実験によって、まず空気そのものが変敗を起こすのではないことが証明される。また、フラスコの頸を折って塵埃も侵入可能な状態にすると（図2－4・下）、すぐに液の変敗が生じるが、これは通常の条件下で起こる変敗と何ら異なるところはない。これによって二つの点が証明されたことになる。まず変敗が生じないのは加熱処理が試料の自然力を破壊するからではないこと、そして塵埃こそが変敗の原因をなすということだ。

こうしてパストゥールは、きわめて合理的かつ明快な実験結果を示すことで自然発生説の主張を覆した。これはつまり、微生物はどこかにあらかじめ存在していて、それが到来することで発酵や腐敗が起こることを疑問の余地なく立証した実験だった。いいかえれば、発酵・腐敗の現象を微生物と同一視する実体論的な理解が、この実験で科学的に裏づけられたのである。まえがきでも触れた実体論的病気観、すなわち感染症は見えざる微生物とともに空間を移動するという今日的な観念までは、ここからあと一歩のところだった。

たしかに先述のようにパストゥールも、実験を通じて微生物が疫病の蔓延に何らかのかたちで関わっているという予感を得ており、一八六三年に皇帝ナポレオン三世に謁見した際にも、そうした方向での研究に関してみずからの展望を開陳している。[26]

しかし同時にパストゥールはまた、あくまで医師ではなく化学の領域に軸足を置く実験科学者だった。そのような立場から微生物の働きを眺めると、やはり単なる「病原」としての意義だけではなく、この世界の多様な現象に関与するその全体的な生態にも関心が向くのは自然なことだったろう。だからこそパストゥールは、各界の名士が聴衆として集う科学講演会で、次のように微生物が垣間見せる巨大な可能性に感嘆の念を表明し、その研究成果を近い将来披露したいという願望も吐露していたのである。

さて、皆さん、われわれが採り上げなければならない立派な題目がここに一つあると言えます。発酵の原因をなし、また、地球の表面で生命をもっていたあらゆるものの腐敗と解体の原因をなすこの小さい生物の中のあるものが、天地万物の総体的調和のうちにおいて演ずる役割に関する問題がこれであります。この役割たるや、量り知れぬほど巨大であり、驚異的であり、まさにわれわれを感動せしめるものがあります。他日、その結果の二、三のものを、ここで皆さん方に御披露する機会があろうかと思います。そのおりも、今日と同じく素晴らしい来会者御一同を前にしてお話できることを、願ってやまない次第であります。[27]

3　微生物の種《しゅ》

微生物に種はあるか?

以上のようなパストゥールの実験結果を受けてか、一八六〇年代半ば頃から——特にドイツを中心に——植物学でも微生物に対する関心がにわかに高まることになる。なぜ植物学がと問われるかもしれないが、たとえば腐植土が微生物の分解作用で作られることを考えれば、むしろ自然なことではあるだろう。とはいえ当時の植物学者の関心を最も引いたのは、そうした生化学的なメカニズムではない。微生物を植物のカテゴリーに包摂される存在と捉えたうえで、このミクロの生物に「種《しゅ》」という概念が通用するのか否か、つまり（成形した）マクロの植物と同じく、その姿は不変なのか、はたまた一生のうちに何度も姿を変えるのか、という問題であった[28]。

植物学がこのような問題に志向したのは、十八世紀的な博物学の影響が色濃く残っていたからだ。博物学が「静的」特徴にもとづく分類を主とする知だったことは先に述べたとおりだが、種の概念はまさにそうした生物の形態上の不変性・恒常性を前提にして成り立っている。当時の植物学では微生物にこの概念を当てはめ、その雑多な諸形態を分類し整理したいという知的欲求が芽生えていたのである。十八世紀の博物学において、動物ではなく植物が中心的な位置を占めていたことも[29]、おそらくこの欲求と無関係ではないだろう。

ともあれ一八六〇～七〇年代における微生物をめぐる争点は、もはやそれが自然発生するか否かではなく、その形姿が恒常的か可変的かという問題にシフトしていた。微生物の可変性を支持する陣営によれば、その多様な形態は決して固定したものではなく、むしろ「大部分が一時的な発達段階」であり、「相互に移行しあって変貌していく」ものだという。ちなみにパストゥールは、複数の発酵現象にはそれぞれ特有の微生物の固定種が対応している、つまり微生物には種が存在し、その各々が独自の機能を持つと考えていたが、後述する理由からそれを実験で証明することはできないままでいた[30]。

コレラ菌の可変性

この点に関して興味深いのは、今では忘れられた植物学者のエルンスト・ハリアーなる人物である。一方で彼は微生物の可変性を主張して、いわゆる「多形性」現象を研究したことで名を成した。それによれば微生物は、置かれた環境や栄養状態の違いに応じて真菌・酵母・細菌など複数の形態をとる。いいかえれば、これらは相互に区別される種ではなく、発達の諸段階と見るべきである。たとえば実験では、フラスコ内の試料に空気を供給するとカビ（真菌）が発生し、逆に空気を遮断すると澱《おり》（酵母）が生じる。これは異なる環境の影響を受けて、共通の原形質から発達してきた同じ微生物の二つの形態だ、というのがハリアーの主張だった[31]。

ところが他方でハリアーは感染性の病気の研究も行っており、罹患した組織のなかに常に球菌が見出せることを発見している。彼にいわせれば、これは球菌の発達段階にある微生物が「病原体」であることを示している。しかし微生物の可変性と考え合わせれば、この球菌はいつでもどこでも恒常的に存在しているわけではない。たとえば周囲の空気中に浮遊しているカビの胞子も、身体内部の条件さえ好適なら容易に病原性の球菌に変貌し、それが身体から身体へと移動することで病気が拡散されることもありうる[32]。

なかでも彼の名を有名にしたのは、コレラ流行の際に採取した患者の排泄物からコレラ菌を発見したと主張する報告書（一八六七年）を公表したことだ[33]。それによればコレラ患者の排泄物に見出せる菌は、元々インドのイネ科植物で生育していたものである。ではなぜコレラはヨーロッパでも猛威を振るうのか。微生物が環境に応じて柔軟に姿を変えるなら、コレラ菌はヨーロッパの自然環境に適応して消滅するはずではないか。ハリアーによれば、コレラがヨーロッパでも広がることができるのは、人間の腸内環境がインドの気候と似ているからである。つまりコレラ菌はいったん人間の腸内に入り込めば、インドの自然環境に適した姿のままで生存することが可能というわけだ。

アジア、特にインド由来と仮定されているこの菌の形態が、はたしてインドの気候の影響下でしか得られないのか、私には疑問だった。いや、インドに見られる条件は腸内にも存在するはずだろう。〔中略〕腸内は常に温暖で、ヨーロッパの気候の平均気温をはるかに上回っている反面、インドの平均気温とはさほど大差ない。それゆえアジアからこの菌が入ってきたとしても、菌はまさに腸内で自分に適した気温を見つけることになるだろう。腸の外は、冬にはこの菌にとってそうした適温などまるでないが、概して暑い夏の日々にはそれに近づく。それゆえこの菌は、一年を通して人間から人間へと渡り歩けるものの、夏の間だけは下水溝内や地中で増殖するのである。(34)

こうした菌の可変性という前提から、ハリアーはコレラ患者の排泄物に見出せる多種多様な菌の諸形態を、おしなべてコレラ菌と同属のものとして記述する（図2-5）。とはいえこのハリアーの主張は、肝心の「可変性」を立証できていないために、当時の植物学者から手厳しい批判を浴びることになった。いわく、ハリアーが提示しているコレラ菌の諸形態は、本当に同じ微生物の異なる発達段階だといえるのか。ハリアーはそれらの前後関係を証明することなく、ただ雑多な形態を並置させているだけではないか[35]。

結局、こうした欠陥によってハリアー説は学界のなかで支持を広げることができず、すぐに忘れ去られることになる。とはいえその主張が完全に無に帰したわけでもない。とりわけ顕微鏡を使って「生きた病原体」の姿を模写するハリアーの仕事は、一八七〇年代以降に盛り上がりを見せた病原菌研究の発端をなすもので、ハリアーに批判的だった同時代の植物学者フェルディナント・コーンですら、こう称賛していた。「発酵や接触感染とバクテリアとの関係をめぐる問題は、以前は理論的な次元でしか語れないものだったが、この人物がそれを最初に顕微鏡実験で直接観察の対象にしたのは、間違いなく過小に評価されてはならない功績である[36]」と。

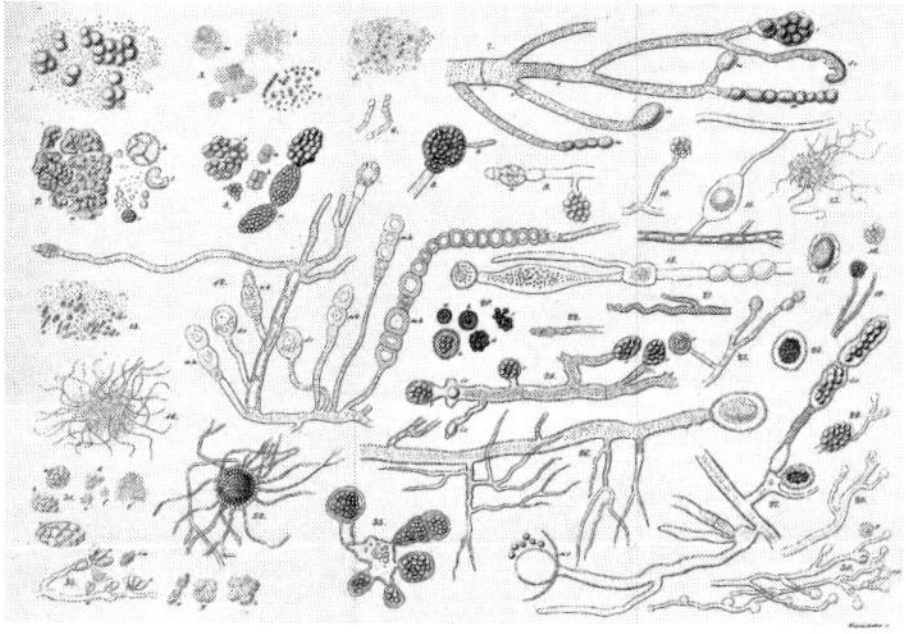

図2-5　E・ハリアーが描いた「コレラ菌」の諸形態（1867年）

こうして微生物の研究は、パストゥールのように発酵や変敗といった目に見える働きを実験によって再現することから、その形姿を顕微鏡によってじかに観察する方向へと舵を切ることになった。けれどもこの病原菌の顕微鏡観察は、微生物の特定の形態を病気現象の主要因として同定・分類することにほかならず、その限りで種の固定性という発想と親和性の高いものだったといってよい。

事実その後の病原菌研究では、微生物の種の分類と、各々の種に独自の作用を立証することが中心課題としてクローズアップされ、その解決のための方法論が模索されるようになる。パストゥールと並ぶ細菌学（微生物学）の雄となるロベルト・コッホ（一八四三〜一九一〇）も、まさにこの方法論を開発したことで、諸種の感染症の病原菌を特定することが可能になり、やがて医学研究のパラダイムシフトを成し遂げるに至ったのである。

固形培地

一つの病気に単一種の病原菌が対応するという、「一病一菌」の立場をコッホが明確に表明したのは、一八七八年の創傷感染症、いわゆる膿血症や敗血症と呼ばれる疾患（傷口等から感染した細菌が血管を通して全身に広がり、ほかの部位に化膿巣を形成したり臓器障害を引き起こしたりするもの）に関する研究である。その成果を記した著書のなかで、コッホは実験で得られた認識についてこう述べている。

それは病原菌の多様性と不変性である。先に見たように、どんなものでも一つの病気には一つの特殊な細菌の形態が対応し、この形態はまた、病気をある動物から別の動物へ何度移し替えても常に同一のままである。〔中略〕このように実験された諸疾患のいずれにも、生理的作用、生育環境、大きさ、かたちなどによって正確に特徴づけられる細菌形態が対応している。どれほど病気を繰り返し接種しなおしても、この細菌形態は常に同一のままで決して別の形態に変わることはない。たとえば球菌が桿菌《かんきん》に変わったりはしない。だとすればこれら病原体の多様な形態はみな、さしあたり固定した種と見なされるべきであって、ほかに議論の余地はない(37)。

この文章でもさりげなく触れられているように、コッホが微生物の種の固定性と特定の病気との対応関係を最初に確信できたのは、動物実験を介してのことだった。しかし動物実験の何がコッホにそう確信させたのか。

特定の種が特定の病気の病原菌であることを証明するには、一種類の細菌だけを人工的に培養し、それが常に同一の病気を発症させることを実証しなければならない。これを「純粋培養」というが、この培養を実験室で行うのは至難のことだった。当時はフラスコ内の酵母液で細菌の培養が試みられたが、そうした液体培地では別種の菌が混入すると、目的の菌と入り乱れて純粋培養ができなくなるからだ。液体培地を使用していたパストゥールに、一病一菌の原理が実証できなかったのも怪しむに足りない。

そこでコッホは敗血症患者の血液を健康な実験動物（ネズミやウサギ）に継代接種し、発症した患部に常に見出される細菌を同定しようと試みた。これは健康な身体には病原菌が含まれていないという仮定にもとづいた実験で(38)（当時はまだ健康保菌者の存在は知られていなかった）、人工的に接種した菌が常に同じ病気を発症させれば、それが当該疾患の病原菌として同定できると考えたのである。コッホはいう。「動物の身体ほど病原菌の培養装置として最適のものはない(39)」と。

けれどもその三年後の一八八一年には、コッホはさらに改良された培養法を見出していた。固形

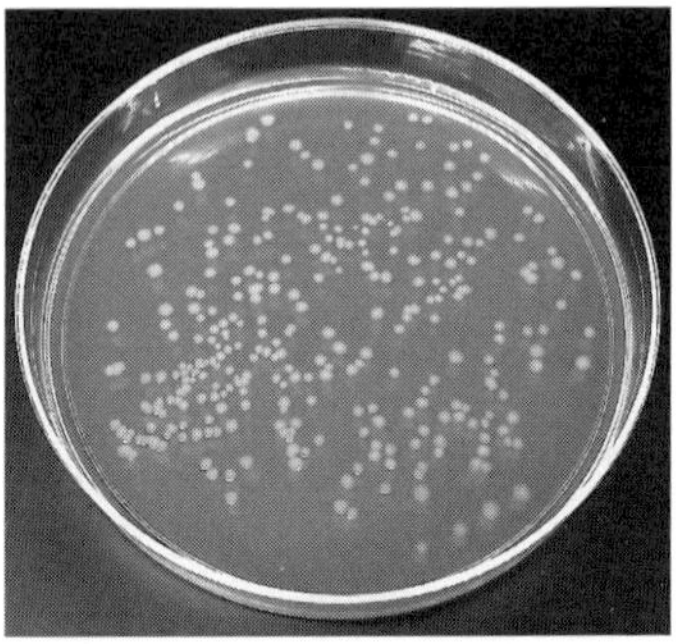

図2－6　固形培地の菌の集落

培地である。これは当時の一学生が発表した、ジャガイモの切断面に色素のついた細菌の集落《コロニー》を発育させるという実験を応用したもので、当初はジャガイモの代わりに細菌の増殖に好適なゼラチンを使って製造された。ただしゼラチンは体温（つまり細菌増殖の最適温度）では固形を保てないため、培地の材料はのちに寒天に替えられるが、いずれにしてもこれによって細菌の純粋培養が格段に容易になったことに変わりはない。なぜなら液体と違って固形の培地では菌の運動性が封じられ、それぞれの種ごとに集落が形成されることになるからだ(40)（図2－6）。

これは一見あまりに簡単な装置で、コッホ以前に誰も着想しなかったのをいぶかしく思うくらいだ。その理由として、コッホの浩瀚《こうかん》な伝記を著したトーマス・ブロックは、黎明期の細菌研究者たちの多くが細菌の生態や機能に意識を集中させていた反面、技術革新に対する関心を欠いていたからだろうと推測している(41)。

たしかに、コッホの業績は未知の病原菌の発見と並んで、こうした研究の技術革新に関わるものが非常に多く、むしろこの方面にこそコッホの最大の貢献があるといっても過言ではない。このうち顕微鏡写真をはじめとする病原菌の可視化技術については第4章で改めて立ち返るが、特にコッホが発明した固形培地は一病一菌の原理を実証するための最大のツールとなって、その後の細菌学の興隆をもたらすことになったのである。

コッホの原則と人体の消滅

ところで、そうした一病一菌の原理から導き出された有名な教えとして、いわゆる「コッホの原則」(Koch's postulates) と呼ばれるものがある。これは、ある細菌が特定の感染症の原因であることを立証するために踏まれるべき手順を定めたもので、今でも細菌学の基礎を学ぼうとする学生は、まずもってこの原則を暗記するよう求められる。[42] いくつか異なるバージョンがあるが、最も古典的な定式には次の三つが掲げられている。[43]

(一) 病気に罹患した組織に見出される細菌を分離すること。
(二) その細菌を純粋培養すること。
(三) 培養された細菌を別の実験動物に接種して当該の病気を再現すること。

これら三つの要件が満たされてはじめて、この細菌はある特定の病気の主原因として科学的に立証されたことになる。と、一般にはそう理解されている。というのは、後述するようにコッホ自身は新たな病原菌の発見を主張したとき、必ずしもこの自分の名を冠した原則を完璧に満たしていたわけではないし、そもそも人獣共通ではない(つまり人体では発症しても動物は無症状の)感染症もあるように、これらすべての要件を満たせない病原菌も多いからだ。したがってコッホの原則は、病原菌の存在を科学的に立証するための参照軸ではあっても、その充足が立証の必要条件であるわけではない。

とはいえそれよりも、ここではコッホの原則が持つ医学史的な意義のほうに目を向けておきたい。

右の三要件を見ればすぐに分かるとおり、この原則ではヒトの身体は完全に度外視されている。すなわちコッホの原則で考慮に入れられるのは、あくまで病原となる細菌、その細菌の培養に好適な培地、それに実験動物の身体であり、人工的に作り出された条件下で細菌が病気現象を再現するか否かが問題となる。本来常に両者の間に介在しているはずの人体は、このコッホの原則にあっては存在しないことになる。(44)

これはつまり、病原菌と病気現象のまったき同一性を前提にした原則であり、病気の実体論的理解にほかならないといえる。人体を介さずとも、病気は病原菌とともに分離され、培養され、実験動物に接種されるとそこでふたたび姿を現すというわけだ。

こうした分離・培養・移植が可能な実体としての病気という観念を前提にすると、その発症メカニズムの解明は病床で直接患者に接する臨床医ではなく、実験室で作業をする実験科学者の課題となる。なぜなら実験室という人工的な環境においてこそ、病原菌は理想的なかたちで病気現象を再現できるのであり、天候やストレスなどで容易に変調する人体は、病気現象の正確な発現にとってはむしろノイズでしかないからである。

この実体論的病気観から帰結する病原菌中心主義と実験(室)至上主義こそ、黎明期の細菌学が批判を浴びた最大の原因になったものだ。特に伝統的な臨床医学は、細菌学の理論は誤っているばかりか「倫理的に危険」でもあるとして、執拗に攻撃を繰り返していた。

その批判の要点は、何よりもまず人体の外部に由来する細菌だけに病気の原因を帰したこと、また実験室という人工空間のなかで人為的に再現される病気現象を絶対視して、臨床観察の価値を決定的に貶めたことである。これによって患者の身体は医師の視界から消え去るか、せいぜい病原菌の住処として二次的な意味をかろうじて持つにすぎない。これは医学にとって本末転倒以外の何物でもない(45)。

それどころか、患者自身を見ずに病原菌だけを見るという細菌学の姿勢からは、患者への愛ではなく病気への恐怖しか帰結しない。当時の臨床医の一人はこう主張する。

> 私は以前と同じく今日でもこういわねばならない。「ほかならぬ細菌学者たち」の干渉が大切な倫理的格率をも退廃させてしまったのだと。かつて病気のなかに未知の悪魔の働きを見、病者のなかに神と人類の敵を見ていた時代のように、感染への恐怖によって患者への愛が患者への恐怖に変貌してしまったのである(46)。

こうした批判が臨床医学の立場から提起された背景には、それ相応の社会状況があった。第3章で改めて詳しく論じるが、細菌学の理論が大まかではあれ一般に広く知られていくにつれて、「細菌恐怖症《バクテリオフォビア》」ともいうべきヒステリックな恐怖心が社会全体で昂じていったのである。細菌学を通じて確立された実体論的病気観は、患者自身も病原菌を具現化する媒体、もしくは周囲に感染を広げる「病原」そのものと見なして、強く忌避する傾向を生み出したといってよい。そうした感染症患者に対する忌避感と、それにもとづく差別意識の広がりは、当時の臨床医の目には細菌学がもたらした人心の荒廃と映っていたのである。

4　結核菌の発見

結核と疾病分類法の転換

ところで、コッホの原則の要件をすべて満たすのが困難だったとしても、それを理想的なかたちで充足させた病原菌も当然ながら存在する。その一つが結核菌である。この菌の発見は、顕微鏡写真、細菌染色技術、固形培地、動物実験等々、諸々の技術がうまく組み合わさって実現したもので、コッホの功績のなかでも突出してよく知られている。今なお結核菌が「コッホ菌」の別称で呼ばれるほどだ。

コッホの結核菌発見が当時の世界で大きな反響を呼んだのは、いうまでもなく結核が人類にとって最大の不治の病だったからにほかならない。アメリカの作家スーザン・ソンタグも評論『隠喩としての病い』のなかで、死に直結するために神秘化される病として十九世紀の結核と二十世紀の癌《がん》を挙げているが[47]、古くから「白い疫病《ペスト》」と呼びならわされていた結核は、現代の癌と同じく人類社会に大きな影を落としていたのである。

具体的な数字も挙げておこう。表2－1は一八七七年のドイツの主要都市における各死因の割合を一覧にしたものだが、これを見ても結核（②）は人口一万人当たり三四・〇人で、「消化器系疾患」（①）としてまとめられた諸疾患に次いで大きな死亡率を示している。参考までに二〇一九年における日本の癌の粗死亡率は、人口一万人当たり男性三六・六人、女性二四・五七人である[48]。十九世紀の結核は、ちょうど今日の癌のように最も多くの人間が罹患する「死に至る病」だったのであり、その意味でごく日常的な疫病でもあったといえる。

ただし、この表2－1の数字が結核菌発見（一八八二年）以前のものであることには注意しておく必要がある。当時と今とでは病気の分類法にかなり大きなずれがあるため、このとき採取された統計データに現代のカテゴリーをそのまま当てはめて解釈すると、誤った認識に陥ってしまうからだ。

とりわけ結核菌は、肺以外にもさまざまな器官を冒して多様な症状をもたらす。[49] たとえば瘰癧《るいれき》⑯は、中近世の「王の触り《ロイヤル・タッチ》」の病、すなわち王が触れると治癒する（と信じられた）病として知

表2－1　ドイツの主要都市(※)における死因（1877年）

(※)ベルリン、ブレスラウ、ドレスデン、デュッセルドルフ、フランクフルト・アム・マイン、ハンブルク、ケルン、ライプツィヒ、ミュンヘン、ニュルンベルク

死因	死亡率（ドイツの人口1万人当たり）
① 消化器系疾患	69.5
② 結核	34.0
③ 呼吸器系疾患	32.5
④ 脳および神経系疾患	24.2
⑤ 老齢	12.5
⑥ ジフテリアおよびクループ	10.9
⑦ 心臓および循環器系疾患	10.5
⑧ 癌	7.8
⑨ 猩紅熱	6.0
⑩ 事故・事件・災害死	5.5
⑪ 腸チフス	4.3
⑫ 百日咳	3.3
⑬ 腎臓	3.3
⑭ 麻疹および風疹	2.5
⑮ 赤痢	1.6
⑯ 瘰癧	1.4
⑰ 産褥	1.3
⑱ インフルエンザ	0.5
⑲ 天然痘	0.1
⑳ その他感染症	0.1
㉑ 発疹チフス	0.0
㉒ その他	28.4

られるが、(50)これは頸部のリンパ節が腫れ上がる病気で、今では結核菌がリンパ管を伝って頸部に運ばれることで発症することが分かっている。そのため現代では瘰癧は結核症の特異型と位置づけられているが、結核菌が発見される前は、症状がまるで異なるために表2－1のように結核とは別の病気としてカテゴライズされていた。いいかえれば、病気を患者の身体上に現れる症状ではなく、病原菌の種類に即して区分するという一病一菌の原理にもとづく分類法は、このときはまだ知られていなかったのである。

先述のようにコッホがこの原理を初めて開陳したのは、右の統計データが採られた翌年の一八七八年のことで、これを契機として疾病分類のパラダイムシフトが生じることになった。すなわち、それまで異なる病気と見られていた複数の症状が同一の病原菌を介して統合される、あるいは逆にそれまで混同されていた諸疾患が病原菌の違いから区別されるなど、不可視の細菌を基準にした分類体系の大規模再編が起こったのである。(51)コッホと並ぶ初期細菌学の立役者だったエミール・ベーリング（一九〇一年ノーベル生理学・医学賞受賞）は、一八九四年にこの分類体系の転換についてこう記している。

　結核菌発見のあと、いかに多くの病的変調を結核に組み込まなければならなくなったことか。狼瘡《ろうそう》、骨疾患、関節症、中耳疾患、漿液《しょうえき》性皮膚疾患、腸疾患等々、これらはみな一見するとフィルヒョウ〔ドイツの細胞病理学者で反病原体《コンタギオン》論者。後述する。――引用者〕のいう結核とはまるで違うように見える。けれども〔中略〕これらの根本的に異なる諸疾患も、病因論上は単一と見なされなければならない。丹毒、膿瘍、多くの関節痛、胸部や腹腔の化膿、化膿による発熱、産褥熱などの諸症状において、まずは臨床医や病理解剖学者にとって明白な違いよりも、その細菌学的な統一性のほうに目を向ける。そうした物の見方も徐々に定着しつつある。(52)

このように細菌学の革命性は、単に感染症の原因の発見や治療効果の改善といった次元にとどまるものではなく、何よりも病気観そのものの根本的変容をもたらした点にあった。結核は「十九世紀の社会病(53)」とも称されるように、この世紀を通じて常に大きな存在感を示し、それだけに医師や衛生学者の間でも絶えず議論の的になってきた。しかし細菌学の登場を境に結核概念の意味する内容が大きく様変わりし、たとえ表面上の語は同じでも、その輪郭はまるで別物になってしまったといってよい。

講演まで

一八八二年三月二十四日にベルリン生理学会で行われたコッホの結核菌発見講演は、こうした細菌学革命の本格的な幕開けを告げるものとなった。たしかにコッホはすでに一八七六年には、当時家畜を大量死させていた炭疽《たんそ》病の病原菌を分離し、その成果を論文にして『植物生物学論集』に掲載している。しかもこの論文は、微生物の固定種説を主張していた植物学者のフェルディナント・コーンにも高く評価されたことから、コッホの名は在野ながらも気鋭の研究者として一部の学者の間では認知されていた。(54)

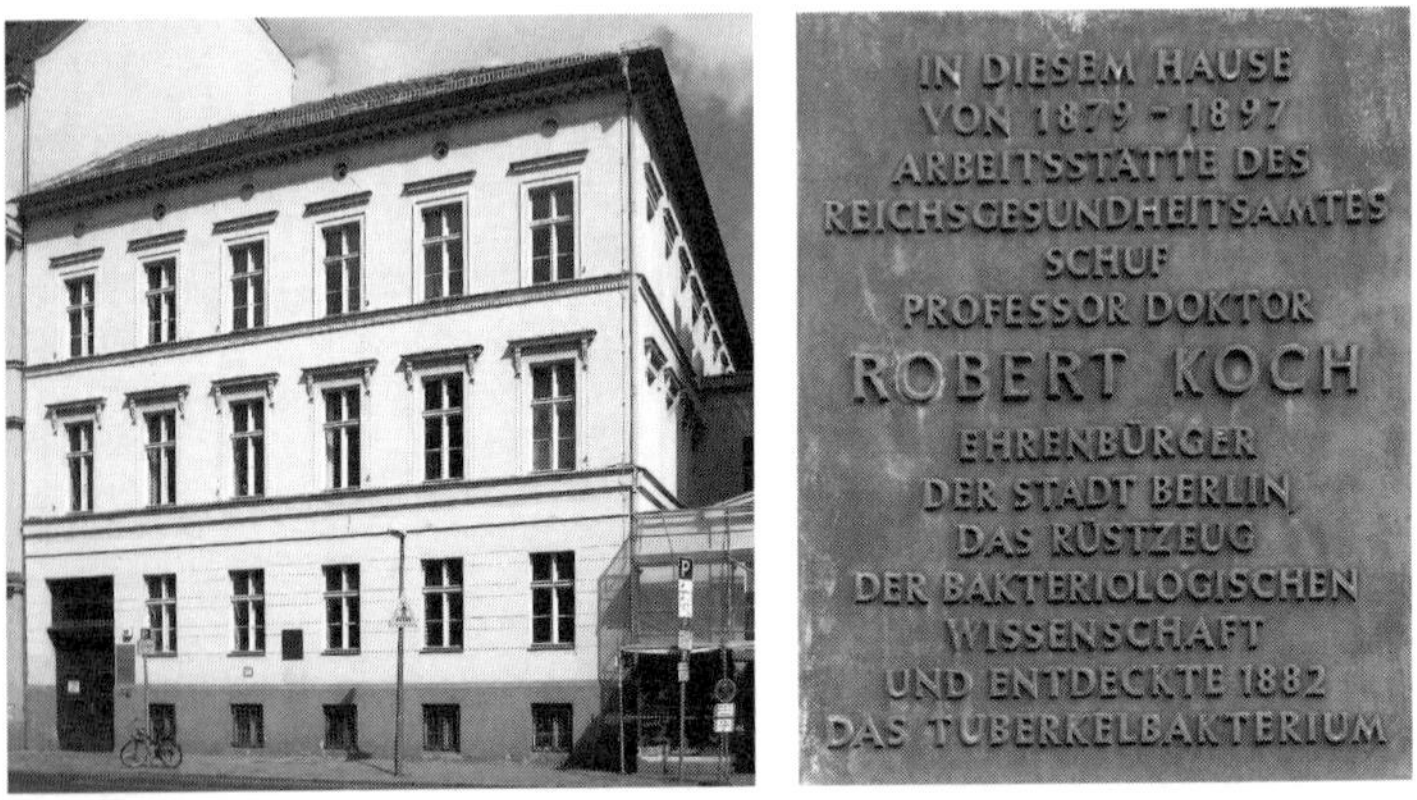

図2-7　ベルリンでコッホ最初の職場となった建物（左）**と銘板**（右）
今もベルリン・ミッテ地区に現存しており、ベルリン医科大学（シャリテ）の施設として利用されている。銘板にはこう書かれてある。「1879～1897年まで王立保健庁の職場だったこの建物で、ベルリン名誉市民たるロベルト・コッホ博士は細菌学の装備を創出し、1882年に結核菌を発見した」

けれど当時三十二歳のコッホは、ヴォルシュタイン（現ポーランド領ヴォルシュティン市）という小さな田舎町で、郡医（市町村の医療・衛生行政を管轄する公務員で診療も行う）として働くかたわら趣味で顕微鏡を覗く生活を送っていただけで、大学に所属していたわけでもなければ、研究の実績を積んでいたわけでもない[55]。何よりそのとき分離した炭疽菌が、ヒトではなく家畜の病気の原因菌だったこともあって、その発見が広く世間の耳目を集めることはなかった。

その後、先述の一病一菌の原理を提唱した創傷感染症の研究をはじめ、病原菌研究の成果を着実に重ねたおかげで、細菌学の重要性に関する意識がドイツ国内でも広がったのだろう。一八八〇年にはコーンの推薦もあって、コッホは王立保健庁の管轄下に新設された細菌局の局長としてベルリンに迎えられている。ただ国の機関の仕事場といっても、市内の小ぢんまりとした私邸の、窓が一つしかない手狭な一室でしかなかったが[56]（図2－7）。

ともあれ一八八二年の時点で、コッホはすでに病原体説《コンタギオン》の新たな旗手として国内ではそれなりの認知を得ていたといえる。そのコッホが今度は人類最大の疫病である結核に手を出したのである。このことは病原体説の否定論者たち、なかでも当時斯界《しかい》の最高権威であったルドルフ・フィルヒョウ（図2－8）にも関心を呼び起こさずにはいなかった[57]。

なぜならこのフィルヒョウが体系化した細胞病理学は、当時の医学界を席巻していたものだったが、その理論は明らかに病原体説と矛盾する病気観を前提にしていたからだ。

それによれば、病気の身体は健康な身体と質的に何の違いもない。私たちがふつう「病理的」と呼んでいる現象は、通常の生命現象が間違った時（異時発生）、ないしは間違った場所（異所発生）に現れることで生じるものにすぎず、身体的現象それ自体に健康と病気の区別はないからだ。それゆえ病気は健康と同じ法則に従うのであり、両者を截然《せつぜん》と区別するコッホの実体論病気観（と細菌中心主義）は、この身体的現象そのものの機序を不当に軽視する誤った考え方といわざるをえない[58]。

図2－8　R・フィルヒョウ（1885年）

結核菌発見講演

誇張はあるだろうが、多くの伝記が伝えるところによれば、結核菌の発見を報告するコッホの歴史的な講演は、こうしたフィルヒョウ流の病気観をたちまち時代遅れにさせるほど会場に大きな衝撃を与えたらしい。大勢の聴衆に交じってコッホの実験報告を聴いていたフィルヒョウも、黙したまま会場を後にしたという(59)。今ここでその講演内容をつぶさに再現することはできないので、要点だけをかいつまんで抽出してみよう。講演で披露された実験は大きく分けて次の三段階からなる(60)。

①結核菌はきわめて小さく、ほとんどの場合その数も非常に少ないため、通常の観察法では見落とされてしまう。そこでコッホは、患部組織のなかで結核菌だけを浮かび上がらせる特殊な染色技術を開発した。すなわちメチレン青を使用し、ヴェズヴィン（ビスマルクブラウン）という黄褐色の染料を注いだのち蒸留水で洗浄する。すると周囲の細胞組織が褐色に染まるなか、桿状の結核菌だけが青く染まって視認可能になる。

②しかし結核性疾患と菌の同居を確認しただけでは、両者の因果関係を証明したことにならない。そこで当該の菌を分離し、培養したうえで実験動物に移植する必要がある。まず固形培地による純粋培養である。牛か羊の血液から作った血清を凝固させると、透明な固形培地が得られる。この培地に結核で死んだ動物から切除した肺組織の小片を植えつける。その後この培地を入れた試験管を孵卵器《ふらんき》で一定温度（三七〜三八℃）に保ち、一〇日から二週間ほど経過させると、肉眼でも菌の集落形成が認められるようになる。

③次に、こうして得られた菌の実験動物への接種（移植）である。健康な動物に、自然感染の結核では見られない腹部、すなわち鼠径《そけい》リンパ腺（ふとももものつけ根）近くに培養された菌を大量に接種する。すると、自然感染ではありえないほど急速に結核症が進展し、しかもその症状は自然感

染で起こる結核結節とまったく同一のものであった。

そこでこう結論される。「これらの事実をすべて総合してみると、結核性物質のなかに存在する菌は、結核性病変の単なる随伴物ではなくて、その原因であり、この菌が本来の結核病毒である、と言明することは正当であろう[61]」と。

見られるとおり、これらはちょうどコッホの原則の三要件に一致するものだ。というより、コッホの原則はこの結核菌実験をモデルにして打ち立てられたものであり、その意味でこの実験は以後の細菌学者の理想的な範例として、その研究を導いていくことになる。

それはともかく、このコッホの結核菌実験には、それまでの病理学と明確に断絶する特徴が見られる。フィルヒョウをはじめとする従来の病理学では、病気現象を診る際に最も肝要なのは症状の経過それ自体であって、その原因の特定ではなかった。そうした立場からすれば、たとえば肺結核は、さまざまな器官で多様な症状を呈するほかの結核性疾患とは異なる、独立した病気ということになる[62]。先述の瘰癧もまたしかりだ。

それに対してコッホの研究は、いわばこの序列を逆転させ、原因（病原菌）の特定を最優先課題とし、それを基準に病気現象の診断を試みるものである。この観点では、症状は原因の延長線上で捉えるべきであって、その逆ではないということになる。いいかえれば、結核がどれほど多様な症状を示そうとも、病原菌が単一である限りは一つの病気として統合されなければならない（一病一菌の原理）。コッホも講演の末尾でこう述べている。

これで、今日まで確実には行いえなかったことであるが、結核症と考えるべき疾患の境界線を定める可能性も与えられる。結核症に対しては一定の診断基準が存在しなかった。〔中略〕今後は、何が結核症で、何が結核症でないかを決定することは、難しいことではなくなるであろう。それは、結節の特有な構造ではなく、結節に血管のないことや巨細胞が存在することでもない。それは、染色反応によって組織のなかでなされようが、凝固血清上の培養によろうが、結核菌の証明によって決定されるのである。この基準を決定的なものとするならば、私の研究によって、粟粒《ぞくりゅう》結核や乾酪性肺炎、乾酪性気管支炎、腸結核、リンパ腺結核、牛の真珠病、動物の自然発生結核と接種結核は、すべて同一のものと解釈されねばならぬ(63)。

いずれにせよこの講演を機にコッホは一躍時の人となり、その名もヨーロッパに留まらず世界中に轟《とどろ》くことになった。講演のわずか三ヵ月後には結核菌の発見が公式に承認され、ドイツ皇帝ヴィルヘルム一世もコッホを王室顧問官に迎え入れる。また同年から翌一八八三年にかけてベルリンで開催された衛生博覧会（第4章で論じる）にもコッホの研究設備が展示され、細菌学の知が世間に浸透するのに大きく貢献した(64)。

しかしこうした絶頂のさなかにあって、コッホは前代未聞のスキャンダルに見舞われることになる。自身が開発した結核治療薬ツベルクリンによる相次ぐ死亡事故である。

ツベルクリン・スキャンダル

図2－9　ツベルクリン開発のニュースを受けてメディアで描かれたコッホの姿　左：「人類の恩人。現代の騎士聖ゲオルギウス〔ドラゴン退治伝説で有名な聖人〕」と題された挿絵。研究という名の馬にまたがり、顕微鏡という武器を手にしてヒドラの姿をした結核に立ち向かう英雄。右：コッホがツベルクリンというスープを調理している。キャプションには以下の文言が見える。「極微小の世界から。細菌が口々に：子供たち、どうかしたのかい？　何があったんだい？　結核菌：いやはや、僕らの料理人〔ドイツ語でKoch（コッホ）。コッホの名前とかけた駄洒落〕がとんだスープをこしらえたのさ。おかげで僕らは絶不調だよ」

一八九〇年八月、コッホが結核治療薬を開発したというニュースが、またたく間に世界中を駆けめぐった。各紙はこぞってこのニュースを大々的に取り上げ、なかにはコッホを人類の救世主として祀り上げる論調も見られた（図2－9）。何しろ結核はそれまで人類最大の敵として君臨してきたのだから、その克服への光明がついに見出されたこと、しかもその開発者が結核の正体を突き止めたコッホ本人だというニュースに、世間の期待は否が応でも高まらずにはいなかっただろう。

実際世間の反応は素早かった。皇帝はコッホに赤鷲大十字勲章を授与し、コッホが学生時代を過ごしたゲッティンゲンの借家には記念の銘板が掲げられた[65]。ドイツの家庭向け週刊誌『ガルテンラウベ』にもコッホを取材した記事が掲載されているが、そこにはこう紹介されている。「コッホ――かつてこれほど短期間にこんなにも有名になり、これほど急速に地球の隅々にまで知れ渡った名はなく、またこれほど無数の希望と期待、望み、切なる願いを一身に集めた名もないだろう！」[66]

コッホ自身の行動もこうした風潮に拍車をかけたと思われる。十一月十六日には文部大臣をはじめとする科学行政の幹部が列席するなかで、ツベルクリン投与の公開デモンストレーションを行っているように、そのプロパガンダ活動を積極的に展開したからだ。おかげでドイツでは国の行政から市井の人びとに至るまでツベルクリンへの熱狂が席巻し、世界中から結核患者がベルリンに殺到してくることになった[67]。

しかし早くもその年の年末には、ツベルクリンの治療効果を疑問視する声が高まってくる。コッホがのちに明らかにしたところによれば、ツベルクリンは純粋培養の結核菌から採取された抽出液を成分とするもので、これを接種すると、健康な人間は無反応だが結核感染者では少量でも発熱発作が見られ、組織が壊疽《えそ》を起こすなど顕著な反応が認められる。コッホによれば、この壊死した組織は結核菌の生存に有害な作用を及ぼすため、適量を接種して人為的に壊疽を誘発すれば結核が治癒するはずだという[68]。

けれどコッホが治癒反応と見なした発熱発作は、実は遅延型過敏症というアレルギー反応の一種であった（のちに「ツベルクリン反応」として知られるようになる）。それゆえこのツベルクリンは、治療効果を持つどころか症状を悪化させ、悪くすれば患者を死に至らしめる危険な薬剤だった。だが当時の医学においては、まだアレルギー反応なるものについては何も知られていなかったのである。[69]

ともあれそうした危険性もあって、コッホのツベルクリンは立て続けに深刻な事故を引き起こしてしまった。ベルリンでは、まず小さな子供が〇・五ミリグラムのツベルクリンを投与したあとに死亡するという事例が見られたが、その直後にふたたび、二ミリグラムを投与した患者が四〇℃の高熱を発して一二時間後に死亡している。その後事態は悪化の一途をたどり、ある臨床医の告発によれば、あのフィルヒョウもツベルクリンを投与した患者二三名のうち一〇名が死亡したケースもあったという。あのフィルヒョウもツベルクリンの追試を行い、壊疽を起こした組織の末端で結核菌が活動しているのを確認したうえで、ツベルクリンは効果がないばかりか危険極まりない薬剤だと非難していた。[70]

また文部省では一連の死亡事故を受けて、一八九一年三月にはもうツベルクリンは失敗したものと見なされ、その販売を規制する動きが広がっていたし、同年四月の内科医学会でも投与した患者の一五％が死亡したとの報告が改めて上がるなど、批判的な論調が支配的になっていた。プロイセン邦議会でこの問題が取り上げられた際には、ツベルクリンが人体実験の一環として利用されているのではないかと疑う発言すら出されている。[71]

たしかにこうした騒動の渦中にあっても、ツベルクリンの価値がすべて否定されたわけではない。結核感染者にのみ発熱発作を引き起こすことから、潜伏期の結核を発見できるという点で、（治療的価値はともかく）その診断的価値は早くから認められていたからだ。[72] その限りでコッホの実験科学者としての面子も一応保たれた格好にはなったものの、このスキャンダルによって彼の名声に大きな傷がついたことに変わりはなかった。

5　コレラ菌のポリティクス

エジプト・コレラの調査

このツベルクリンをめぐるスキャンダルから数年ほどさかのぼり、結核菌が発見された翌年の一八八三年まで時計の針を巻き戻したい。この年の六月、エジプトでコレラの流行が発生し、すでに数万人の死者が出ているとのニュースがヨーロッパ全土を駆けめぐった。いち早く対応したのはフランス政府で、パストゥールの進言を受けてコレラ調査団をエジプトに派遣している（パストゥール自身は調査団に参加していないが）。それにやや遅れてドイツ政府も、八月にコッホを代表とする調査団の派遣を決定、同二十三日にはコッホ一行もエジプトに到着した（図2－10）。

いうまでもなくこの独仏調査団の目的はコレラの病原菌を突き止めることだったが、そこには両国の威信もかけられており、その意味で政治的含意も濃厚に持つ調査だった。特に当時は十余年前の普仏戦争（一八七〇／七一年）の余燼《よじん》がまだ燻《くすぶ》っていただけに、戦争に敗れたフランスは科学面で雪辱を果たすため、またドイツも戦争に続いて科学の勝利を手にするべく、両政府の間にはどちらが先にコレラ菌を発見するかをめぐって、ナショナリスティックな競争意識が強く働いていたのである。(73)

とはいえ現地での実験は難航した。まずドイツの調査団がエジプトに着いたとき、すでに当地のコレラの流行はピークを脱して沈静化しつつあったため、腐敗が進行していない新鮮な死体は手に入りにくい状況にあった[74]。それに加え、夏季のエジプトでの作業も困難を極めた。たとえば人間の体温で液状化するゼラチン製の固形培地などは、エジプトの酷暑では使い物にならない。コッホ自身の報告によれば、これは氷冷蔵庫の扉を少し開けて、庫内の温度を培地の菌の活動を鈍らせず、かつゼラチンも溶解しない程度に調節することで解決したという。しかしほかにも煩わしい問題があった。コッホはこう続ける。

図2-10　コッホ調査団（1884年）　右から3人目がコッホ。

> 不慣れな暑さ以外にも、調査団は仕事中それに劣らず厄介な障害と戦わなければなりませんでした。すなわち、おそろしくしつこい無数の蠅《はえ》どもです。〔中略〕ここでは、この蠅によって顕微鏡観察が異常なほど妨害されたとだけ述べておきましょう。顔や手が蠅の攻撃にずっとさらされていますので、顕微鏡を使う者は大きなガーゼで頭を覆い、手も、作業の邪魔にならないよう指先を切り落とした軽い手袋をはめています。それでようやく少し楽になるのです。実験室ではコレラ患者の糞便が常に大量にありますが、そんな状況すらこの招かれざる客よりはまだ快適だと思わされます[75]。

ただ何より深刻だったのは、実験動物への病気の移植が成功しないことだった。ウサギやモルモット、犬や猫、猿、豚、鼠などさまざまな動物を使って菌の接種実験を繰り返したものの、病気の再現は常に失敗に終わっていたのである。(76)けれどこの事実からコッホが立てた仮説は、その菌がコレラの原因ではない、というものではなかった。むしろコッホは、エジプトのコレラが収束に向かいつつあるという現状を鑑みながら、実験動物でコレラを再現できないのは現地の菌がすでに感染力を失っているからではないかと推察する。

コレラに襲われた場所では、周知のようにすべての個人に感染が広がるはるか手前で、病気の蔓延は収まってしまいます。最終的に大量の病原物質がその場所全体に拡散しても、病気に罹る人間はますます減少し、疫病は感染しやすいはずの多くの個人の真只中《まっただなか》で消えてなくなるのです。この現象は次のように仮定しないと説明できません。すなわち感染物質は疫病の末期になるとその作用力が損なわれる、あるいは少なくともその作用が不確実になるという仮説です。しかし疫病の末期に人間自身がコレラの感染物質に反応しなくなるというのに、実験動物のほうは反応を示すはずだと期待することなどできないでしょう。その動物のコレラに対する感受性については、まだ何も知られていないのですから。(77)

コッホはこうした仮定から、コレラ発祥の地インドへのさらなる渡航を決意し、十一月十三日にはスエズ運河を出立した。まる四週間の船旅を経てインドのカルカッタに到着後、現地の英植民地官僚の協力もあって、コッホらはエジプトよりはるかにめぐまれた環境で実験に打ち込むことができたらしい[78]。しかもインド滞在が冬季だったことも幸いし、ゼラチン培地がつつがなく利用できたことから、翌一八八四年の一月には菌の純粋培養にも成功している[79]。カルカッタに上陸してからわずかひと月弱で挙げられた成果だった。

コレラ菌の「発見」

これが一般に「コレラ菌の発見」と目されている出来事である。けれども、これまでいくつもの研究で指摘されてきたように、コッホはこのコレラの病原菌の同定証明において、結核菌とは異なる奇妙な論証方法を採っている。たとえば菌の分離と純粋培養の成功を告げる報告のなかで、コッホが次のように述べている点が注目される。

もしこうした特殊な性質を備えた細菌が、完全にコレラの症状にしか見られないとしたら、この細菌の出現とコレラの症状との間の因果関係は、ほとんど疑いようがないでしょう。たとえ動物で病気の再現に成功しなかったとしてもです[80]。

この最後の一文はいわば、コッホの原則を構成する三要件（①病原菌の分離、②その純粋培養、③実験動物への菌の接種を通じた病気の再現）のうち、第三の要件をコッホ自身が断念したことを意味する。この一文が書き記された理由は明らかで、エジプトだけでなくインドでも、コッホが実験動物でコレラを再現することに成功しなかったからだ[81]。

それゆえ当該の菌をコレラの原因として措定しようとする限り、その同定証明は当然ながら結核菌とは異なるものにならざるをえない。つまりコッホはコレラの原因に関しては、病気の再現という積極的事実から証明するのではなく、一方の可能性が「ありえない」がゆえに他方の可能性が「妥当である」とする、消去法的な論証に頼らざるをえなかった。今一度コッホの記述を引用しておこう。

この細菌とコレラの関係に関していえば、すでに先の報告のなかで率直に論じたのと同じで、次のどちらかであるということです。すなわち、当該種の細菌はひとりコレラの症状でのみ成長を促され、それゆえ非常に際立った仕方でコレラと結合しているか、あるいはこの細菌はコレラの原因であって、この特殊な細菌が人間の腸内に棲みつくときにのみ病気が発現するか。しかしながら前者の仮定は以下の理由でありえないものです。というのは、コレラに罹った人間はすでに当該種の細菌を自分の消化管のなかに持っていたことになり、さらには、この特殊な細菌がエジプトとインドという互いにかけ離れた二つの土地でも、同じように比較的多くのケースで例外なく確認されている以上、〔第一の仮定に従えば――引用者〕一般に人間は誰しもこの菌を持つはずだ、ということを前提にせざるをえないからです。けれどもそんなことはありえません。すでに論じたように、このコンマに似た細菌はコレラのケース以外には一度も見出されたことがないからです。
〔中略〕この腸内細菌の繁殖が、コレラによって引き起こされることがありえないとすれば、あとは第二の仮定しか残っていません。すなわちこの細菌がコレラの原因であるという仮定です。[82]

コッホは動物実験に裏づけられないおのれの論証を正当化するために、腸チフスやらい病（ハンセン病）の例を持ち出している。これらの感染症も、「これまで一度も動物への移植には成功していない」ものの、「その病気における細菌の現れ方は、どうしても細菌が病気の原因であると見なさざるをえないようなもの」であり、「これと同じことがコレラ菌にもいえる」というわけだ。[83] しかしいずれにせよ、医学史家のクリストフ・グラッドマンもいうように、動物実験の成功がないまま主張されたコレラ菌の発見は、証明されていない仮説に立脚せざるをえなかった点で、やはり盤石とはいいがたい代物であった。[84]

ちなみにコッホの原則は、本来すべての感染症で病気の再現実験の成功を課すものであり、それによって特定の細菌が特定の病気の原因であることが、そのつど科学的根拠を得られるのである。しかしその反面、病気の再現を実験動物に頼らざるをえない以上、この原則に照らすと人獣共通でない感染症は（人体実験でもしない限り）永遠にその根拠を欠落させたままになる。コレラの病因研究もまさにこの罠に陥った一つの顕著な事例であり、その限りでコッホの消去法的論証は、自身の原則が仕掛けた罠から脱するための苦肉の策にほかならなかったといえる。

スエズ運河とコレラ菌

コレラ菌の発見報告に見られたこうした脆弱性は、ヨーロッパでは早くから指摘されていた。特にイギリスでは、『ブリティッシュ・メディカル・ジャーナル』がコッホ報告の英訳を掲載したうえで、その妥当性に疑念を表明している。(85) ドイツ国内でさえ、その報告の不確実さやそれに対する批判の声が、すでにコッホの帰国前から広がっていたのだろう。当時の大手新聞『ベルリナー・ターゲブラット』が、インドから帰国した調査団を慰労する記事(一八八四年五月三日付)のなかで、次のように予防線を張っているのが目を引く。

「ようこそ汝ら勇敢なる勝者たちよ!」という心からの挨拶ではなく、下劣な恩知らずの言葉が帰国した一行に向けられることもあるかもしれない。だがコッホ調査団の当面の結果が、途方もなく疑り深い批判者に認められようが認められまいが、そんなことはどうでもよい。これらのドイツ人研究者の犠牲も厭わぬ勇気こそ、最高の評価を得るに値するのだ。あの発見調査のリーダーやその仲間たちに感謝しつつ、彼らが元のふるさとに無事戻ってきたことを敬意をもって言祝《ことほ》ぐこと、ただこれだけが新聞報道の義務と責任というものだ。(86)

ところがこうしたコレラ菌の発見をめぐる疑念ないし批判と、それに対するコッホ擁護の声は、純粋に科学的な動機から出ていたかといえば、必ずしもそうとはいいきれない。実のところエジプト・コレラに調査団を派遣したのは独仏政府だけでなく、イギリス政府も現地に専門家を送り込んでその原因究明にあたらせていた。ただその目的は、コレラの病原菌の発見ではなく、そもそもコレラの病原体説《コンタギオン》が妥当か否かを検証することにあった。

イギリス政府がそうした使命を調査団に課した真の理由は、当時のエジプトがイギリス帝国主義のなかで持っていた経済的・地政学的意味を鑑みればよく理解できる。とりわけ一八六九年に開通したスエズ運河は、イギリスにとっては対印交易の中継拠点として開通前の予想をはるかに越える重要性を持つようになり、一八八〇年には運河を往来する船舶の八〇%がイギリス国籍で占められたように、イギリスの海上覇権を維持・強化するための最重要拠点の一つに急成長したのである。[87]

エジプト・コレラは、いわばそうしたイギリス帝国主義の要で発生した疫病であり、一歩間違えればその大動脈を閉塞させかねない、政治的にも経済的にもきわめて危険な出来事だった。実際、ヨーロッパへのコレラのさらなる拡大が懸念されるなか、国際社会ではイギリスの船がインドからコレラを持ち込んだと目され、六万人もの死者を出す大惨事となったエジプト・コレラに対してその責任を問う声が上がっていた。このように国際的なイギリス非難が巻き起こるなか、イギリスは自身の潔白を証明しようと、独仏政府に先んじて自前のコレラ調査団をエジプトに向けて派遣したのである。[88]

もしコレラが病原菌とともに移動するなら、エジプトのコレラはたしかにイギリス船舶に乗ってインドから到来した可能性が高く、それゆえヨーロッパへの伝播を阻止するには、スエズ運河で検疫措置を実施するのが肝要ということになるだろう。しかしその反面、検疫は商品の流通を長期にわたって堰き止める措置にほかならず、それが実施されるとなるとイギリス経済に対する打撃は計り知れないものとなる。

それゆえイギリス調査団の出した結論は、ある意味で予想どおりのものだったといえる。すなわ

図2-11　エジプトにおける街路燻蒸の様子（カイロ・1883年）　エジプト・コレラでは、コレラ瘴気説にもとづいて、硫黄とタールを燃やして空気を浄化する燻蒸消毒が行われていた。

ち伝統的な瘴気《ミアズマ》説に則りつつ（図2-11）、コレラはその年のエジプトにおける異常気象が原因で発生した局地的な疫病であり、イギリスの船舶によってインドから運び込まれたわけではない、というものだった。この結論がイギリス政府の思惑とぴったり一致していたことはいうまでもない。調査団の長だった軍医総監ウィリアム・G・ハンターが、帰国後に政府から爵位を授与されていることからもそれは窺える。(89)

だからこそ、その後にコレラ菌発見の報が届くと、イギリス政府のなかで動揺と反発の動きが頭をもたげてくる。このあたりの事情は科学史家の小川眞里子が詳しく分析しているが、それによればコッホがドイツに帰国した翌年の一八八五年五月に、調査団のエジプト派遣を主導したジョゼフ・フェイラー卿という人物が、インド省次官あてに一通の手紙を書き送っている。小川の著書から引用しておこう。

コレラの原因が発見されたという主張は、それが接触理論を強調し検疫の重要性を強調する限り、証明されたわけでもない危険な言説であると私は確信しています。〔中略〕私がコッホ博士の研究に言及するのは、それらを過小評価しようというのではありません。それらは重要な研究ですが、コレラの原因が発見されたという結論や言説を鵜呑みにすることに反対なのです。〔中略〕このいわゆる［コッホの］発見が我々の海上交通や国際交易に影響を及ぼし、それから生じる忌まわしい結果をなんとしても回避しなくてはなりません。(90)

この文章には、コレラ菌をめぐる科学的問題から政治経済的問題への移行がはっきり見て取れる。すなわちコレラ菌の発見は、「証明されたわけではない」（科学）だけでなく、「海上交通や国際交易」に甚大な影響を与えかねない（政治経済）がゆえに、鵜呑みにすべきではないというわけだ。このように当時のイギリスでコレラ菌発見の問題が論じられる場合、「科学」と「政治」の間にはほとんど断絶が存在せず、むしろ両者はスムーズに往来可能な地続きになっていたといえる。

この科学と政治の二つの領域を架橋したのは、ほかでもなくコッホのコレラ菌発見に見られた脆弱性であった。右の手紙の文章からも読み取れるように、イギリス側の陣営がおのれの政治的・経済的利害を死守しようとするとき、コレラ菌の発見が再現実験による証明を欠くという事実はいわば付け入る隙となり、政治の問題に科学的言説を、あるいは科学の問題に政治的言説を呼び込む余地を作り出してしまったのである。

むろん、当時のイギリスでもすでにコッホ理論は広い範囲で受け入れられつつあったし、そもそもコッホの理論を受容することと海港検疫を実施することとは、必ずしも表裏一体であったわけではない。(91) その限りで、この両者を混同したのはイギリス政府の先走りだったわけだが、それでもこのコレラ菌をめぐる国際政治上の動向は、医学理論の持つ政治性を最も顕著に浮き彫りにさせた、一つの典型例と見ることができるだろう。

注

（1）ミシェル・フーコー（渡辺一民・佐々木明訳）『言葉と物――人文科学の考古学』新潮社、一九七四年、一五七頁から引用。
（2）フーコー（一九七四）二八四頁。
（3）長野敬『生命の起原論争』講談社選書メチエ、一九九四年、七三頁。
（4）川喜田愛郎『パストゥール』岩波新書、一九六七年、九七頁。
（5）ポール・ド・クライフ（秋元寿恵夫訳）『微生物の狩人』（上）岩波文庫、一九八〇年、一一一頁。
（6）ピエール・ダルモン（寺田光德・田川光照訳）『人と細菌――17－20世紀』藤原書店、二〇〇五年、一五四頁。
（7）ダルモン（二〇〇五）一五五～一五六頁。
（8）ダルモン（二〇〇五）一二六～一三〇頁。
（9）川喜田（一九六七）六頁。ただしパストゥールは、このときの受験で二二人の志願者のうち一五位という順位になったことに満足できず、高等師範学校（エコール・ノルマル）への入学を辞退している。その翌年に改めて試験を受け直し、四位となって同校に入学した（ジェラルド・L・ギーソン〔長野敬・太田英彦訳〕『パストゥール――実験ノートと未公開の研究』青土社、二〇〇〇年、三七頁）。
（10）ギーソン（二〇〇〇）一一二頁。
（11）川喜田（一九六七）三二頁。
（12）アリストテレース（島崎三郎訳）『動物誌』（上）岩波文庫、一九九八年、三〇二～三〇三頁。
（13）日本でも江戸期の本草学者や農業家の間で「虫の自然発生説」が広く信じられていた（瀬戸口明久『害虫の

誕生——虫からみた日本史』ちくま新書、二〇〇九年、二七～三二頁)。

(14) この雁信仰については、John Buckeridge, Rob Watts, "Illuminating Our World: An Essay on the Unraveling of the Species Problem, with Assistance from a Barnacle and a Goose," *Humanities*, Vol. 1, 2012, pp. 145-165, esp. pp. 151-159.

(15) ヘンリー・ハリス(長野敬・太田英彦訳)『物質から生命へ——自然発生説論争』青土社、二〇〇三年、一八～一九頁。

(16) ハリス(二〇〇三)一三六～一三七頁。

(17) ハリス(二〇〇三)一四〇頁。

(18) ハリス(二〇〇三)一四四～一四五頁。

(19) ハリス(二〇〇三)一四八頁。

(20) ハリス(二〇〇三)一五〇～一五二頁。

(21) ダルモン(二〇〇五)一六一頁。

(22) ギーソン(二〇〇〇)一三四頁。

(23) パストゥール(山口清三郎訳)『自然発生説の検討』岩波文庫、一九七〇年、五二頁。

(24) パストゥール(一九七〇)二一～二二頁。

(25) 以下の白鳥の頸フラスコの実験については、パストゥール(一九七〇)一〇四～一一二頁。

(26) パストゥールは一八六三年、ナポレオン三世に「腐敗性および伝染性の病気の原因を明らかにする」という目標を明言している(川喜田〔一九六七〕一六五～一六六頁)。

(27) パストゥール(一九七〇)二〇一頁。

(28) Christoph Gradmann, *Krankheit im Labor. Robert Koch und die medizinische Bakteriologie*, 2. Aufl. Göttingen 2010, S. 36f.

(29) フーコーはこれを博物学的分類における「植物学の認識論的な優位」と表現しているが、植物学がそうした優位性を持った理由については、こう説明する。「動物の場合には目に見えない多くの本質的器官が、植物では目に見えるため、直接知覚できる可変要素から出発する分類上の認識は、動物の領域よりも植物の領域においてはるかに豊富かつ整合的だったのである」と（フーコー〔一九七四〕一六〇頁）。

（30）Gradmann 2010, S. 48f.

（31）Gradmann 2010, S. 49-51.

（32）Gradmann 2010, S. 52-58.

（33）Ernst Hallier, *Das Cholera-Contagium. Botanische Untersuchungen, Aerzten und Naturforschern*, Leipzig 1867.

（34）Hallier 1867, S. 24.

（35）Gradmann 2010, S. 54.

（36）Gradmann 2010, S. 59から引用。

（37）Robert Koch, Untersuchungen über die Ätiologie der Wundinfektionskrankheiten [1878], in: ders., *Gesammelte Werke von Robert Koch*, herausgegeben von J. Schwalbe, I. Bd., Leipzig 1912, S. 101f.

（38）Gradmann 2010, S. 94.

（39）Koch, I. Bd. 1912 [1878], S. 103.

（40）トーマス・D・ブロック（長木大三・添川正夫訳）『ローベルト・コッホ――医学の原野を切り拓いた忍耐と信念の人』シュプリンガー・フェアラーク東京、一九九一年、八一〜九〇頁。

（41）ブロック（一九九一）八九頁。

（42）ブロック（一九九一）一五八頁。

（43）Gradmann 2010, S. 23.

（44）Gradmann 2010, S. 125-127.

（45）O. Rosenbach, *Arzt cla Bakteriologe*, Berlin/Wien 1903, S. 13-16, und passim.

（46）Rosenbach 1903, S. VI. 強調は原文。

（47）スーザン・ソンタグ（富山太佳夫訳）『隠喩としての病い／エイズとその隠喩』みすず書房、二〇一二年、七〜九二頁。

（48）国立がん研究センターの発表による（https://ganjoho.jp/reg_stat/statistics/stat/summary.html）。ただし同センターの発表は人口一〇万人当たりの粗死亡率になっており、それに従うと男性三六六・〇、女性二四五・七となる。

（49）結核菌は肺や喉頭、腸だけでなく、血管を通じて全身に広がり、多くの臓器に小さな結節を形成することもある（粟粒結核）。逆に一部の臓器に巣くう場合は、脳を取り巻く膜の炎症を起こしたり（髄膜炎）、腎臓を破壊したり（腎結核）、脊椎を冒したり（脊椎カリエス）、顔面の皮膚を破壊したりする（狼瘡）。これらは結核菌発見以前には、結核とは別の病気と見なされていた（ルネ・デュボス、ジーン・デュボス〔北錬平訳〕『白い疫病――結核と人間と社会』財団法人結核予防会、一九八二年、三〜四頁）。

（50）瘰癧を対象としたヨーロッパ諸王の治癒儀礼については、マルク・ブロック（井上泰男・渡邊昌美訳）『王の奇跡――王権の超自然的性格に関する研究／特にフランスとイギリスの場合』刀水書房、一九九八年。

（51）デュボス（一九八二）六頁。

（52）[Emil] Behring, Die Infektionskrankheiten im Lichte der modernen Forschung, in: *Deutsche Medizinische Wochenschrift*, 20. Jg. No. 35, 1894, S. 685-688, hier S. 686.

（53）デュボス（一九八二）二三四頁。

（54）ブロック（一九九一）二二〜四五頁。

（55）ブロック（一九九一）一七〜二一頁。

（56）ブロック（一九九一）七三〜八〇頁。

（57）このフィルヒョウとコッホの間には、それ以前から因縁があった。最初の出会いはコッホが炭疽菌の研究をしていた時期だが、その際は両者の考古学趣味を介してコッホがフィルヒョウに自身のコレクションを紹介したときで、次の出会いはコッホが創傷感染症研究で得た知見を開陳するためにフィルヒョウを訪問したときである。だがこの二度目の会合では、フィルヒョウがコッホの研究を「まったくありえない」と断じ、顕微鏡を覗こうともしなかったため、コッホは「苦い思いを抱いて」辞去したという（ブロック〔一九九一〕二一、七一頁）。

(58) E・H・アッカークネヒト（舘野之男・村上陽一郎・河本英夫・溝口元訳）『ウィルヒョウの生涯――19世紀の巨人＝医師・政治家・人類学者』サイエンス社、一九八四年、一〇二頁。
(59) クライフ（一九八〇）二一五〜二一七頁。
(60) 以下の実験の内容については、Robert Koch, Die Ätiologie der Tuberkulose [1882], in: ders., I. Bd. 1912, S. 433-441.（永坂三夫訳『結核病因論』名古屋大学出版会、一九八二年、八〜一六頁）
(61) Koch 1912 [1882], S. 442.（永坂訳〔一九八二〕一七頁）
(62) Gradmann 2010, S. 38f., 102f., 110f.
(63) Koch 1912 [1882], S. 442.（永坂訳〔一九八二〕一七頁）
(64) ブロック（一九九一）一一八〜一一九頁。
(65) ダルモン（二〇〇五）三七五頁。
(66) Paul Lindenberg, Bei Robert Koch, *Die Gartenlaube. Illustrirtes Familienblatt*, Jg. 1891, Heft 1, 1891, S. 11.
(67) Gradmann 2010, S. 187-189.
(68) Robert Koch, Fortsetzung der Mitteilungen über ein Heilmittel gegen Tuberkulose [1891], in: ders., I. Bd. 1912, S. 669-672.
(69) ブロック（一九九一）一七四頁。
(70) Gradmann 2010, S. 197-202, 215.
(71) Gradmann 2010, S. 216-221.
(72) ブロック（一九九一）一八五頁。
(73) Gradmann 2010, S. 271f.
(74) Gradmann 2010, S. 272.
(75) Robert Koch, *Bericht über die Thätigkeit der zur Erforschung der Cholera im Jahre 1883 nach Egypten und Indien entsandten Kommission*, beabeitet von Georg Gaffky, Berlin 1887, S. 7. この箇所は一九一二年に刊行されたコッホの論集には掲載されていない。

(76) Robert Koch, Berichte über die Tätigkeit der zur Erforschung der Cholera im Jahre 1883 nach Ägypten und Indien entsandten Kommission an S. Exzellenz den Staatssekretär des Innern Herrn Staatsminister von Bötticher erstattet vom Geheimen Regierungsrat Dr. R. Koch, Alexandrien, 17. September 1883, in: ders., *Gesammelte Werke von Robert Koch*, herausgegeben von J. Schwalbe, II. Bd. Erster Teil, Leipzig 1912, S. 3.

(77) Ebd., S. 4.

(78) Gradmann 2010, S. 278f.; ブロック（一九九一）一三五～一三六頁。

(79) Koch, Kalkutta, 7. Januar 1884, II. Bd. 1 Teil, 1912, S. 12.

(80) Ebd.

(81) Ebd., S. 16.

(82) Ebd., S. 15.

(83) Ebd., S. 16.

(84) Gradmann 2010, S. 283.

(85) ブロック（一九九一）一四一頁。

(86) Willkommen, Ihr Sieger! in: *Berliner Tageblatt* [Morgen-Ausgabe], XIII. Jg. Nr. 207, Sonnabend, den 3. Mai 1884, o. S.

(87) 小川眞里子『病原菌と国家——ヴィクトリア時代の衛生・科学・政治』名古屋大学出版会、二〇一六年、二二六～二三〇頁。

(88) 小川（二〇一六）二三二～二三五頁。

(89) 小川（二〇一六）二三六～二三七頁。

(90) 小川（二〇一六）二四八～二四九頁から引用。［　］内は原文での補足。

(91) コッホ自身も主張しているように、コレラの封じ込めに検疫制度はほとんど無意味であり、それよりも煮沸処理をしていない飲料水や不衛生な住環境の改善こそ肝要だった（小川〔二〇一六〕二六九頁）。

第3章

「見えざる敵」の乱痴気

革命の代償

「コレラの微生物」の想像図（1884年）

当時発見されたばかりのコレラ菌を怪物の姿で描いたもの。土台の正面にフランス語で「実物の125,000倍大」とあり、側面には「天津条約」の文字が見える。清仏戦争（1884-85年）のさなかに結ばれた天津停戦協定をコレラ菌の形姿に重ね合わせたもの。

1　ハンブルク・一八九二年

西欧最後の大流行

一八九二年の夏、ドイツは例年にない猛暑に見舞われていた。南のバイエルン地方にあるアンベルクという町は、この年に摂氏三九・八℃を記録しているが、これは一九八三年に破られるまで観測史上で最も高い気温となった。

この焼けつくような暑さのせいで食料もすぐに傷んでしまい、都市部では新鮮な食べ物を口にするのもままならなかった。ただでさえ当時は食品偽装が横行し、食の衛生環境が劣悪を極めていたからなおさらである。ミルクは石鹸やゴムを混ぜて水増しされ、小麦粉はチョークや石膏《せっこう》で代用され、腐った肉やソーセージも染料で色づけされて販売される、そんな時代だった(1)。そこに記録的な猛暑が追い討ちをかけたのである。

けれどもこの年に食中毒のような症状を呈する患者が続出したのは、それだけが原因ではなかった。夏から秋にかけてドイツ随一の港湾都市ハンブルクでコレラが流行したことも、その一因となっていた。

実はこのハンブルクでの流行は、コレラがかつての勢いを減退させるなかで唐突に再発した西欧で最後の大流行であり、その意味でそれは、消えゆく直前に光を増したヨーロッパ・コレラの最後の灯火であった。たしかに第1章で見たように、その後もエジプトやロシア（ソ連）では大規模な流行が発生しているが、ドイツ以西の地域に関しては、これを境にコレラはもはや大きな存在感を発揮することはなくなったといえる。

　ヨーロッパ・コレラの灯火は最後にどんな輝きを放ったのだろうか。

TRAVELLERS FROM HAMBURG INSPECTED AT THE BREMEN RAILWAY STATION.

図3－1　下車させられ検査を受けるハンブルク発の鉄道旅客（1892年）

　むろん最後とはいえ、ハンブルクのコレラは以前の凶暴さをいささかも失ったわけではない。それどころか八六〇〇人余りの犠牲者を出して、[2]当局や市民に一種のパニックを引き起こしている。たとえばこのときコレラ対策として講じられた措置は、単に患者が出た街区を封鎖するだけではなかった。ハンブルク発のすべての郵便物を燻蒸するばかりか、それを運搬する郵便・鉄道職員の衣服も徹底的に洗浄したり、ハンブルクからの旅行者には手荷物に消毒剤を撒布して、その中身を薬液まみれにしていた（図3－1）。もっと極端な場合では、電線を介して感染するという「狂気じみた愚かな恐怖」によって、ハンブルクからベルリンへの電話の通話すら切断されたりしたという。[3]

　このような行き過ぎた対策は往々にして罹患者や流行地域の住民に対する差別意識を伴うものだが、それはハンブルク・コレラでも例外ではなかった。ハンブルクの北に位置する軍港都市キールでは、警察が住民に対してハンブルクからの避難民は受け入れず、そのまま故郷に追い返すよう呼びかけている。ハンブルクの労働者向け新聞『ハンブルク＝アルトナ総合新聞』（一八九二年九月二日付）にこのキール警察の勧告文が転載されているので、ここではそれを引用しておこう。

またしても昨日この町でハンブルクから逃れてきた家族にコレラ患者が確認され、そのまま死亡しています。月曜日にもハンブルク発の汽船で運河の航行中に一名が死亡するというケースがありました。こうした事実を踏まえ、住民の皆さまには次の警告をお忘れなきようお願い申し上げます。すなわち、ハンブルクとアルトナ〔ハンブルクの西隣に位置した都市で、一九三八年にハンブルクに併合された――引用者〕から来た親族や知人を迎え入れることはせず、すみやかに帰郷させるようにという警告です。もし警察の管轄区域に滞在するハンブルク・アルトナ出身の家族から一名でもコレラ患者が出た場合、ほかの住民全員もコレラを疑われる身となり、患者と一緒に兵舎ないしは隔離小屋に連行されることになります。(4)

いうまでもなくこうした過剰な防衛反応は、何よりコレラの感染拡大を怖れてのものだった。ハンブルク市民の体内にはコレラの病原菌が潜んでいるかもしれず、それがいったん外部に漏れ出てしまうと、またたく間に街がコレラに汚染されてハンブルクの二の舞になる。そういった予見が当時の人びとを極度の恐怖に陥れたのである。

図3-2　ハンブルクのコレラ対策の様子（1892年）　煮沸した浄水の配給車（左）と希釈した炭酸水による路面電車の線路消毒（右）。特に貧民層は日常的にエルベ川の汚濁した生水を飲料水として使用していたことから、毎日12万リットルもの浄水が貧民街に供給された。

経済的利害と科学的要請の対立

この種の感染恐怖は八年前のコレラ菌発見によって、当時すでに（まがりなりにも）科学的根拠を有するものとなっていた。ただし、ハンブルク市当局がそうした科学の知見に即してすぐさまコレラ対策に着手したかといえば、実は必ずしもそうではない。むしろそこには明らかに当局の逡巡《しゅんじゅん》があった。ヨーロッパ有数の海上交易都市として栄えるハンブルクでは、経済的利害と科学の要請とが真っ向から対立したからだ。

先述したように、コッホの理論は検疫措置を無条件に求めるものではない。それでもベルリンの中央政府の指示を受けて現地入りしたコッホが、早急に必要なコレラ対策としてハンブルク市議会に提案したのは、ほかならぬ船舶（乗員）の検疫と消毒措置だった。

つまりここでもエジプト・コレラにおけるのと同じ対立構図が再現されたことになる。商品流通を長期にわたって停滞させる検疫は、コレラの蔓延防止にどれほど効果的であろうと、交易を基幹とするハンブルク経済には確実に大きな痛手となるからだ。それだけにハンブルク市当局はコッホの提案をやりすぎだと見てその実行に消極的で、結果として無為無策のままいたずらに時間を浪費してしまう。その当局もコッホとの「不快な衝突」を経てようやく重い腰を上げ、煮沸した浄水の供給、学校の閉鎖、行商の果物販売禁止、感染者の住居消毒、公共の場での集会・寄席の禁止等々、コレラ封じ込めのための一連の措置に踏み切ったのである[5]（図3－2）。

しかしそれらの対策が実施されたのは八月二十五日。ハンブルクでコレラと思しき疫病が広がっているのではないか、という疑惑が浮上してから少なくとも三週間以上、また最初にコレラと診断

表3－1　公式に記録されたハンブルク・コレラの流行状況（1892年）

日付	感染者数	死者数	日付	感染者数	死者数
8.16	2	—	9.15	294	141
8.17	4	2	9.16	344	167
8.18	12	—	9.17	285	130
8.19	31	8	9.18	221	143
8.20	66	24	9.19	237	126
8.21	113	17	9.20	192	112
8.22	249	70	9.21	171	94
8.23	338	89	9.22	160	59
8.24	358	107	9.23	134	96
8.25	608	218	9.24	109	59
8.26	903	313	9.25	91	52
8.27	1,024	414	9.26	70	44
8.28	936	427	9.27	69	45
8.29	925	428	9.28	58	26
8.30	1,008	537	9.29	36	27
8.31	850	435	9.30	46	16
9.1	863	444	10.1	23	22
9.2	843	561	10.2	26	11
9.3	732	426	10.3	15	11
9.4	664	402	10.4	17	10
9.5	627	371	10.5	13	7
9.6	446	308	10.6	6	2
9.7	430	257	10.7	9	6
9.8	362	249	10.8	15	5
9.9	337	202	10.9	8	5
9.10	351	185	10.10	1	4
9.11	325	197	10.11	14	2
9.12	317	168	10.12	2	5
9.13	241	140	10.13	5	3
9.14	286	125	10.14	8	4

された症例が出てから十日が経っていた。その間当局はコレラ対策に二の足を踏むばかりか、コレラ発生という事実そのものすら頑なに否定し、医師に対してもコレラの診断を下さぬよう圧力をかけていた。そうした隠蔽や逡巡が事態の悪化に拍車をかけたのだろう。八月下旬にはコレラの感染者数・死者数はうなぎのぼりに上昇し（表3－1）、結果的にこのときの流行はハンブルクにとって十九世紀を通じて最悪のものとなり、凶暴化したコレラに対する当局の対応もパニックの様相を呈したのである。(6)

交易・造船・移民

ところで、先ほどハンブルクはヨーロッパ有数の海上交易都市だといったが、この点をもう少し具体的に見ておこう。よく知られているように、ハンブルクは中世の昔から北海に流れ込むエルベ河畔に築かれた港湾都市として栄えたが、十九世紀になると一足早く産業革命を経たイギリスとの交易（ドイツの穀物を輸出し、イギリスの工業製品を輸入する）の玄関口としてふたたび繁栄を謳歌することになった。

その成長ぶりを数字で確認してみると、ハンブルク港に入港してくる船舶数の年間平均は一八一六～二〇年で二二〇〇隻、一八五六～六〇年で四八〇〇隻、一八八七年には七〇〇〇隻以上で、一八九〇年になると八〇〇〇隻以上になっている。入港船舶の年間平均トン数は、一八一六～二〇年で七万六〇〇〇トン、一八五六～六〇年では三九万五〇〇〇トン、一八八五年には一気に一〇倍近くの三七〇万トンに跳ね上がり、一八九〇年までには五二〇万トンに達している（その後の一五年でさらに倍増)。

これらの数字から、ハンブルクが十九世紀を通じて海上交易の規模を右肩上がりに拡大させていったことが窺える。実際、世紀末までにハンブルクはドイツのみならず欧州大陸全体で最大の港湾都市に成長しており、ロンドン、リヴァプール、ニューヨークに次ぐ世界第四位の規模を誇っていた[7](図3-3)。

図3-3　ハンブルク港(1882年)

なお、この間に船舶のトン数が著しい増加を見せているのは、単純に入港してくる船舶の数が増えたからではない。世紀半ばに蒸気船の時代を迎えたことで、船体の重量や貨物の積載量が飛躍的に上昇したからだ。

こうした海運における帆船から蒸気船へのシフトは、ちょうどドイツでも産業革命を通じた経済の重工業化が進展していたこともあって、ハンブルクの入港船舶のなかで「メイド・イン・ジャーマニー」が占めるシェアの拡大をもたらした。たとえば一八七〇年代には入港船舶の総トン数の半分以上がイギリス製で占められていたのが、世紀転換までの間にドイツ製が半分を超え、一九一二年には六〇%に達している[8]。

なかでも港湾都市ハンブルクが、ドイツ造船業の中心的な拠点となったことはいうまでもない。ハンブルクにおける工場数の推移を見ても、その工業化の様子がよく分かる。ドイツで産業革命が本格化する前の一八四〇年代には、ハンブルクの市内には二つの工場があるのみで、その労働者の数もわずか一〇〇人程度にすぎず、蒸気機関を使用していたのはそのうち一つの工場にすぎなかった。それが一八七九年になると五六三の工場と一万六〇〇〇人以上の労働者がハンブルクに集中したばかりか、一八九〇年までのわずか十年間でこの数字がさらに倍増している(9)。伝統的な商業都市だったハンブルクは、十九世紀後半に造船業を基幹とする一大工業都市へと変貌を遂げたわけだ。

ただもちろん、だからといってハンブルクが交易都市としての性格を完全に失くしたわけでもない。むしろハンブルクは北海、ひいては大西洋への玄関口として、モノだけでなくヒトの中継拠点であり続けた。

特に世紀後半にロシアや東欧でアメリカへの移民が大きなムーブメントになったことは、ハンブルクの海運業にとっても僥倖《ぎょうこう》だった。まず陸路でハンブルクまで移動し、そこから海路でアメリカに向かうのがこうした移民の主要なルートになっていたからだ。たとえばコレラが発生した一八九二年には、一〇万を超す移民がアメリカに向けてハンブルクを発っているが、当時ハンブルクに拠点を置く最大の海運会社だったハンブルク・アメリカ・ラインは、この移民の輸送だけで年間一〇〇〇万マルクもの利益を上げていた(10)。

つまり当時のハンブルクは、交易で常に大量の物品が往来し、また工業化で近郊の農村から労働力も押し寄せていたが、それだけではなかった。遠くロシアや東欧からの移民もまたこの都市に集中していたのであり、それゆえ陸路からも海路からも膨大なモノとヒトがひっきりなしに行き交う一大ハブ港湾となっていた。

そのためコレラのような感染症の病原菌がいつ何時市内に紛れ込んでも不思議ではなかったし、実際にこの都市で疫病が発生すると、その拡散の恐怖はヨーロッパを越えて、後述のように大西洋を挟んだ新大陸にも及ばざるをえなかった。しかしだからといって疫病を封じ込めるために検疫を実施すれば、ハンブルクだけでなく世界の経済にその影響が波及して大規模な混乱を招きかねない。ハンブルク市当局がコレラの隠蔽を図り、検疫措置に踏み切るのを躊躇したのは、まさしくこうした懸念があったからにほかならない。

コレラの衝撃

だが繰り返していえば、当局のそうした対応が結果として失策だったことは否定できない。当初は散発的に見えたコレラの発生状況が八月下旬に急激に悪化し、ついには罹患率・死亡率ともにハンブルク史上最悪のコレラ禍となったからだ（図3－4）。

十九世紀末ともなれば行政統計もそれ相応に確立されていたので[11]、残された統計史料でハンブルク・コレラが持ったインパクトはある程度まで再構成できる。たとえば一八九二年以前の死亡率（死因は問わない）と一八九二年のそれとを比較するだけでも、大雑把ながらコレラのインパクトの大きさがどの程度か推し量ることは可能だろう。

この点で図3－5のグラフは印象的である。これは一八八六～九三年にかけて記録された、ハンブルクにおける全死因の死亡率の推移を月単位で表したものだが、これを見ると一八九二年の八・

図3-4　ハンブルクの初期対応を批判した風刺画（1892年）「①まず影響力のある問屋たちが疫病を揉み消そう〔ドイツ語の言い回しで「墨汁で塗りつぶす」〕としました。②けれど疫病が目の前で巨大化していくと、③彼らは狼狽する〔同じくドイツ語で「頭を失くす」〕ばかりでした」

九月を除き、死亡率がハンブルク在住者の三‰《パーミル》（千人当たりの割合）を超えた月は皆無であったことが分かる。それが一八九二年八月には突如として八‰にまで急増し、九月にはさらに上昇して一二‰近くにまで到達しているのである。両月ともコレラの死者数がピークに達した時期と一致しているが、月別の死亡率でいえば少なくとも通常の四～六倍になっていたということだ。

ちなみにこうした状況はひとりハンブルクにのみ見られたもので、ドイツ全国に一般化することはできない。いいかえれば一八九二年のコレラ禍は、ハンブルクとその周辺地域にもっぱら集中し

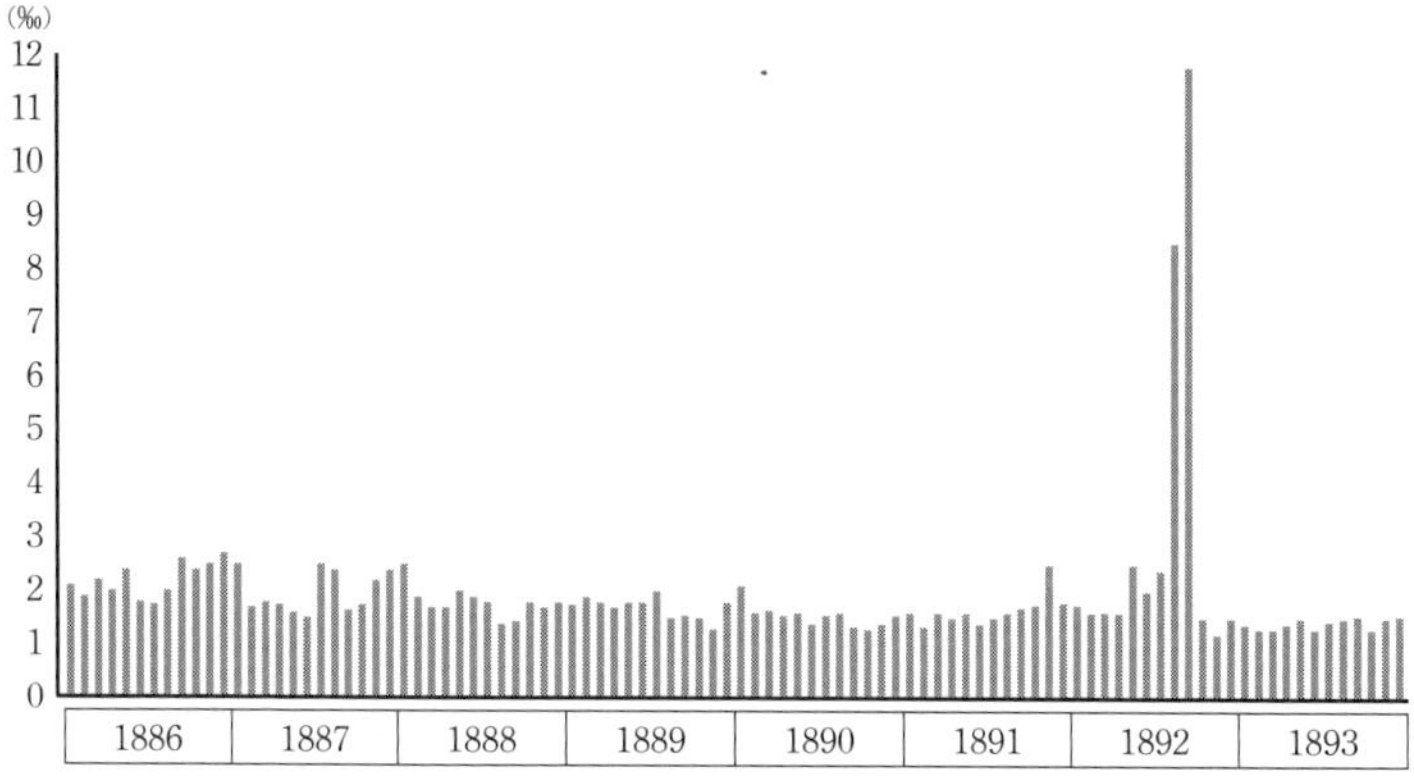

図3-5　ハンブルクの月別死亡率（住民千人当たり。1886-1893年）

ていたのであって、東方のロシアとの国境地帯はおろか、同じ港湾都市でハンブルクと似た環境にあったブレーメンでさえ、諸々の条件が重なった結果ではあったが、コレラによる死者をそれほど多く出さずに済んだのである[12]。

それはともかく、このようにハンブルクの医療統計にはっきりとその爪痕を残したコレラは、具体的にどのような人間を好んで捕食したのか。コレラの犠牲となった人間の属性に目を向ければ、社会階級によってかなり異なった傾向が浮き彫りになってくる。たとえば図3-6は、ハンブルク市民を所得に応じて八つのクラスに分類したうえで、各々のコレラの罹患率と死亡率を示したものである。

このグラフからは、所得が高くなるほど罹患率・死亡率は低くなるという傾向が明確に読み取れるだろう。第1章で見たように、すでに十九世紀初頭のコレラでも犠牲者はもっぱら貧困層に偏っていたが、世紀末になってもそうしたコレラの階級的な嗜好性には特に大きな変化はなかったようだ。

こうした偏向が生じた理由はさまざまに考えられるが、

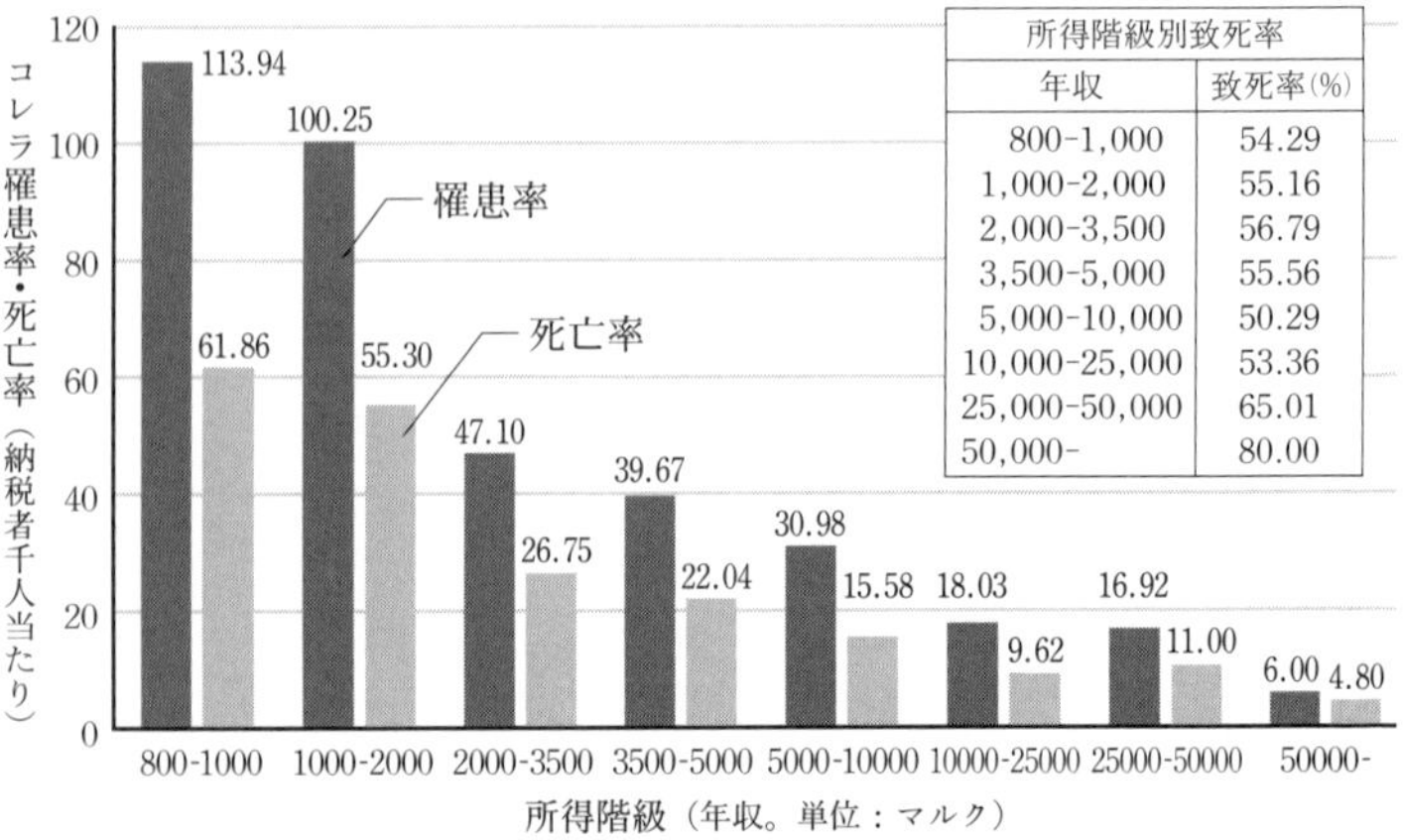

所得階級別致死率	
年収	致死率(%)
800-1,000	54.29
1,000-2,000	55.16
2,000-3,500	56.79
3,500-5,000	55.56
5,000-10,000	50.29
10,000-25,000	53.36
25,000-50,000	65.01
50,000-	80.00

図3－6　ハンブルク・コレラにおける所得階級別罹患率・死亡率・致死率（1892年）

一つには召使いを雇えない労働者の生活様式では、安全な煮沸水を得るために遠方まで重い桶を持って往来する余裕がなかったことがある。当時の医師の目撃証言によれば、労働者街の水道ポンプに使用禁止の張り紙が貼られていても、近隣の女性たちはためらうことなくその蛇口やエルベ川から水を汲んでいた。なぜ禁を破るのかと問うところ返されたという。「誰もそんな張り紙なんか読んじゃいないよ。——どっちにしろまるで読めやしないさ[13]」。

ただしいったんコレラに罹ってしまうと、死に至る確率（致死率）は所得に関係なくほとんど一定だったと見てよい。図3－6に付した所得階級別致死率を見れば、最貧層から富裕層まで感染者の半分以上が死を迎えていたことが分かる。むしろ最富裕層では母数が極端に小さいせいか、逆説的だが致死率は八〇%とかなり高い数値を示している。コレラの社会的な不平等性はあくまで罹患率、すなわち病原菌と出会う確率にあったのであり、一度菌に感染してコレラを発症してしまえば、その凶暴さの前に所得の格差はほとんど何の意味も持たなかったのである。

2 疫禍を生きる

疫病の街

コッホがコレラの実態調査のためにハンブルクに足を踏み入れたとき、「私は自分がヨーロッパにいることを忘れてしまっている」(14)という言葉を漏らしたのは有名だ。コレラに襲われたハンブルクでは、いったいどれほど凄惨な光景が現出していたのだろうか。一八九二年九月二日付の『ハンブルク＝アルトナ総合新聞』には、ハンブルクを訪問したあるウィーンの医師によるレポートが掲載されているので(15)、ここではそれにもとづきつつ当時の市内の様子を窺うことにしたい。

その医師がハンブルクに到着した当日、市街を散策してみると、そこには恐るべき疫病をほのめかす痕跡がまるで見られず、平和そのものだった。どこでも人びとは陽気に雑談し、喫茶店や旅館も賑わっている。市庁舎ではハンブルク市の警察長官に面会していろいろと質問を重ねたものの、答えをはぐらかされるばかりか、セダン戦勝祭の準備で忙しいとすぐに追い返されてしまう。この長官がいうには、「ハンブルクは疫病に驚かされはしましたが、万事すこぶる順調ですよ」とのことだった。

ところが市内で唯一の総合病院であるエッペンドルフ病院を訪ねてみると、印象は一変する。大勢の群衆が病院を取り囲み、警官に追い返されているのだ。そこに馬車がコレラ患者を運び込んでくる。馬車の隅には瀕死の病人が二人ほどうずくまっており、その背後に軽症者と付添人が座っている。「三九番病棟へ」と医師が指示すると、馬車はそのまま病院の敷地内へ入っていく。その後も数分おきに馬車が立て続けに入ってくるが、いずれもコレラ患者を降ろしてはすぐ出発し、少しするとふたたび満員状態で戻ってくるのである（図3－7）。

病院の敷地内には七〇のテント型病棟が置かれているが、うち四〇以上がコレラ患者にあてがわ

図3－7　搬送されるコレラ患者（1892年）

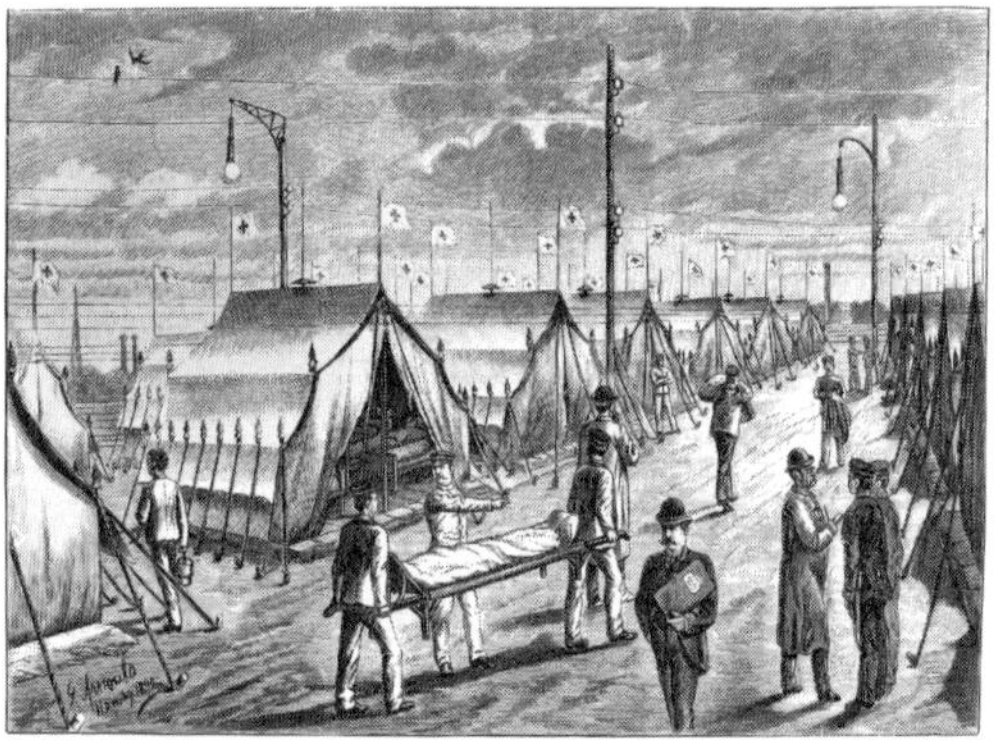

図3－8　エッペンドルフ病院に設置された野外病棟（1892年）

れている（図3－8）。コレラ患者の収容人数は増加する一方であるため、ほかの内科・外科の患者を立ち退かせてはコレラ患者のための場所を作る。病床はほとんど重症患者で埋めつくされ、泣き声、叫び声、うめき声が天幕内に恐ろしく響き渡っている。

死体を安置する棟ではさらに身の毛のよだつような地獄絵図がある。三つの平土間に二〇〇体を超える老若男女の死体が重なり合って乱雑に置かれているのである。「これらの死体はいつからここにあるのですか」と係の者に尋ねると、「今日の午前中からです」との答えが返ってくる。たった一日でこれほどの死体の山ができあがるのである。

火葬を求めて

しかしコレラ患者の死体が山積みになると、そこから病原菌が漏れ出すのではないかという不安が出てきても不思議ではない。事実、ベルリンの市議会では菌の拡散を防ぐべく疫病の際には死体の焼却を認めるべきだという声が上がり、コレラ死者の火葬を認可してもらうため政府に請願書を提出する議決を行っている(16)。

序章で見たように、中世のペスト禍でも死体や家屋の焼却が行われていたが、その動機はあくまで火の浄化作用による「消毒」であって、「殺菌」だったわけではない。それに対してこの十九世紀末のコレラ禍においては、明らかにそこに病原菌を殺す効果が期待されていた。『ハンブルク＝アルトナ総合新聞』から再度引用しよう。

土葬が永続的に墓穴からの細菌の発生を防いでくれるか否か、近い将来ハンブルクの墓地の大量の墓穴から新たに疫病が再発しないか否かという点は、まずは措いておこう。もしこうしたリスクがまったくありえないとしても、急ごしらえでよく閉まらない棺に入れられた死体が、街中の長い道を移送されることには懸念がないとはいえない。〔中略〕何百もの死体がハンブルクで何日間も埋葬されないでいる、長ければ五日間にわたって放置されたままでいるのは疑いない。このような腐敗の進んだ死体がすべて街中を巡らされるのだ。その光景と結果を詳しく述べるのは控えたい。

こうしたすべての障害を回避するのに最も簡単かつラディカルな方法は、死体焼却炉で死体を焼くことだ。〔中略〕もし適切な処理法が必要とされるなかでこれらの炉を備えつければ、それによってこれまで以上に迅速かつ徹底的にすべての感染病原菌を根こそぎにできるだろうし、街中を通って死体を移送することも阻めるばかりか、感染能力を持つ死体に触れる人数も極力少なくできるだろう[17]。

このようにハンブルク・コレラでは、患者の死体は病原菌が付着している可能性が高いことから、「第一の、かつ最も危険な病気の媒介者[18]」として忌避される傾向があった。ただこうした死体を主要な感染源と見なす発想は、実はコレラに限ったものではなく、結核をはじめとするほかの感染症にも共通して見られたもので、当時にあってはそれほど珍しいものではなかった。

そのような事情もあってか、感染症による死者の影響については当時の欧米でも研究が進められていたらしい。ある研究によれば、コレラ菌は埋葬から一二～一九日間検出され、結核菌は一～三ヵ月以上もその毒性を保つという。たしかに墓地近辺の井戸水を調査した研究では、そこから病原菌が検出されなかったことを根拠に、墓地の井戸水が感染性を持つというのは根も葉もない流説だと結論づけられている。しかし感染症に冒された死体が病毒の拡散力を持つ可能性は依然としてあると考えられ、第七回国際衛生会議（一八九二年）では、感染症の死者に対して火葬を認める法改正を各国に促す決議もなされていた[19]。

一般に当時のヨーロッパにおいて、衛生学者を中心に火葬の法的認可を求める運動が盛り上がりを見せていたことも、この決議の背景にあったと思われる。特にドイツは一八七〇年代以降にヨーロッパの火葬運動を牽引する国となり、一九一〇年に南西ドイツのバーデン＝バーデンで死去したコッホも、細菌学の祖にふさわしくその遺体は荼毘《だび》に付されて霊廟に安置された。翌一九一一年にはプロイセン邦議会も、本人による生前同意と検死解剖の実施を条件に、火葬を認める法律を可決するに至っている[20]。

いずれにしても、死体の感染力への不安が細菌学の真新しい感染理論を前提にしていたのは間違いない。興味深いのは、そうやって最新の学説という装いをまとってはいても、「迅速かつ徹底的」な感染防止策として推奨されたのが、死体の焼却（火葬）という古来の呪術的方法だったことだ。細菌学はたしかに疫病の原因に関して知の革命的転換を引き起こし、また感染予防の点でも新たな薬剤や方法の開発を促しはしたものの、他方で昔ながらの習俗をその理論に即して解釈替えすることで、伝統的な疫病対策との両立も図っていたといってよい。

コレラの燻蒸

こうした前近代的な呪術的風習と近代的医学理論との両立の試みは、死体の焼却以外にもさまざまな点で認めることができる。たとえば燻蒸もその一つだが、この場合は両立というより、呪術的習俗に即した医学理論の換骨奪胎といったほうがよいかもしれない。

コレラが水系感染症（水を媒介して広がる病気）であることは、すでに十九世紀半ばから繰り返し指摘されてきた。コッホがインドでコレラ菌を発見した際も、その感染予防には清潔な飲料水の確保が何より先決だと主張していた。一八七〇年以降のカルカッタにおけるコレラ罹患率の劇的低下についても、コッホはこう述べている。「現地の医師の一致した判断によれば、コレラの減少はひとえに上水道の導入によるものだということです[21]」。

そうだとすればコレラ菌は水分のない空間を移動することはなく、それゆえ衣類や手紙を煙で燻《いぶ》すことは、殺菌という観点からはまったく無意味だということになる。実際、コッホはコレラ対策としての燻蒸には何の関心も示しておらず、むしろある会議の席上で左の発言をしているように、その効用については明らかに否定的な見方をしていた。

それゆえ私はこう仮定しています。すなわち水気を含む物質、とはいってもさまざまな種類の物質です――飲料水に限るものではまったくありません――が、それらが何らかのかたちで湿った排泄物によって汚染されると、感染源を体内に持ち込むことになるというものです。反対にコレラの感染源が乾燥した状態で保たれる、あるいは同じことですが、それが空気を伝って伝染するとは思いません。というのは、空気を経由した感染源の拡散というのは、通常乾燥した、塵埃の状態で起こるものだからです。経験からいっても、乾燥状態にある感染源が拡散されることはありえません。なぜなら私たちは、今に至るまでインドからの商品を通じてコレラがヨーロッパにやってきたことは一度もないことを知っているからです。またこれまで何度もあったように、たとえ穴を開けられず燻蒸もされなかったとしても、手紙や郵便物がコレラを持ち込んだことはかつて一度もなかったのです(22)。

図3-9　フランス・パリ駅での燻蒸消毒（1884年）

このように理論的次元ではその効果が否定されたにもかかわらず、行政や民衆の間ではコレラ対策としての燻蒸はその後も生き続けた。たとえばコレラ菌発見直後の一八八四年七月、コレラがエジプトからさらに波及して南仏のトゥーロンやマルセイユに到達したとき、内陸部へのコレラの進出を阻む策が講じられたが、その際検疫措置の一環として南仏からの旅行者にも駅構内での燻蒸消毒が課されたのである（図3-9）。イギリスの大衆週刊誌『イラストレイテド・ロンドン・ニュース』（一八八四年七月十二日付）にその様子を報じた記事が掲載されているので、ここではそれを引用しておこう。

トゥーロンないしマルセイユからパリに到着した人びとは全員、消毒措置を受ける義務を課されている。鉄道駅の待合室で、粉状にした「ニトロシル硫酸」の蒸気を三〇分間吸い込むのである。本記事の版画〔図3-9〕にあるように、それは大きな壺に入れられ、アルコールランプで熱せられたものだ。室内の床には真新しいおがくずが敷き詰められており、旅客の団体が退出するとすぐ撤去されて焼却される。旅客の手荷物は開封され、中身を広げられて燻蒸される。蒸気の煙霧は吸い込んでも全然不愉快ではない。この措置は政府保健委員会やパリ市立研究所の担当者に監督されている。(23)

ところで『ネイチャー』誌（一八八四年十月三十日付）の記事によれば、フランスがコレラ対策として採用した「防疫線・隔離室・燻蒸による陸上検疫システム」は、「あらゆる点でまったく失敗したもの」だった。それらの措置はほとんどすべて、継続不可能と判断されて疫病の早い段階で廃止されたからだ。ただし燻蒸だけは例外で、有効だからというより「公衆を満足させるために」そのまま続行されたという。(24)

つまり燻蒸は、理論上その殺菌効果をほとんど期待できないとしても、一般の民衆に対して「満足感」ないし「安心感」を与えるという心理的効用があったのである。いうまでもなくそうした効用は、燻蒸が長い伝統を誇る疫病対策であり、それゆえ民衆になじみ深いものだったことに由来する。その限りでこのとき実施された旅客の燻蒸消毒も、科学的知見にもとづいた予防対策というより、呪術的性格の強い措置だったと見て差し支えない。

しかしだからこそ燻蒸は、その後も長い間疫病対策として生きながらえることができた。[25] ハンブルク・コレラの場合でも、先述のようにハンブルクを発った者は誰であろうと徹底した燻蒸消毒を課されている。ハンブルクを取材した『イラストレイテド・ロンドン・ニュース』の専属画家も、イギリスへ帰国する道中、ブレーメンをはじめとする複数の駅で強制的に降車させられ、そのつど駅の消毒室で燻蒸を施されたという[26]（図3－10）。

図3-10　ドイツでの燻蒸消毒
（1892年）

もちろん当時のハンブルクで実施された消毒活動が燻蒸に限られたわけではないし、民衆世界でそれが必ずしも歓迎されていたわけでもない。消毒には石炭酸の溶液が使用されることも多く、それがところかまわず散布されて家具や物品を毀損《きそん》するなど、行政の消毒措置に対しては不平不満が続出していた。[27] 特に労働者街でこうした強権的な消毒措置を実施すれば、住民との軋轢《あつれき》や衝突は避けられず、結果的に行政の衛生対策が滞るばかりか、住民が病気を隠匿することも起こりうる。ある検査官はこう注意を喚起している。

すでに述べたとおり、消毒用機械の不十分な出来のために、おもに蒸気によって消毒された物品に損傷を与えてしまった。このため人びとは自分のベッドや衣服等々を消毒されることを怖れている。それゆえそれは、コレラに限らず感染症一般において、病気を隠す直接の理由になってしまっている。私たちはこの問題に特に注意を喚起しておかなければならない。またもう一つ言い添えておくと、私どもの医師によれば、消毒後にずぶ濡れになったベッドの上で眠ることは、新しい病気の引き金になりかねないとのことだ[28]。

このような住民の反発に直面して、行政はやがて衛生対策の強権的な推進よりも、民衆の自発的協力を引き出すために、衛生知識の普及活動に重心をシフトさせていく。これに関しては後段で改めて論じるが、行政措置の効率化を企図したこうした民衆啓蒙運動は、二十世紀以降に細菌学の知が民衆世界に広がっていく一つの主要な経路となって、近代的な衛生観念の浸透・定着に大いに寄与することになる。

3　船上のコレラ

受難の客船

このようにコレラが猖獗をきわめるなかでも、ハンブルクから出港する貨物船や客船が途絶えることはなかった。特にハンブルク市当局がコレラ対策に乗り出す八月二十五日以前には、ほぼ通常どおりの運航が行われていたといってよい。当時大西洋を横断する世界最大の船舶会社だったハンブルク・アメリカ・ラインも、乗員・乗客ともに健康状態に問題がなければ、ハンブルク駐在のアメリカ副領事によって健康証明書が発行され、公式に出港を許可されていたのである。

ところが、ほかならぬこの会社の船でコレラが発生するという事故が相次いだ。(29) 最初は八月十七日にハンブルクを出港した客船「モラヴィア号」がコレラに襲われ、同三十一日にニューヨークに到着するまでに二二名もの死者を出す大惨事となった。だが当時はまだ無線電話の技術が存在しなかったこともあって、モラヴィア号が海上でこのような惨事に見舞われていたことは、ハンブルクの誰にも知る由がなかった。

そのため米副領事のチャールズ・バークは、船舶会社による説得工作もあって、当局がコレラ対策を始めた当日の二十五日に、「ノルマニア号」にも健康証明書を発行している。その裏には、すでに乗客を宿舎で待機させていたため、早急な出港許可が要請されていたという事情があった。またそれと併せて、コレラを市内に持ち込むのは第一に移民であるというコッホの意見も影響していたらしい。いずれにせよ二十六日には、健康証明書を得たノルマニア号がアメリカへ向けてハンブルクを出港している。だがこの船がエルベ川から北海へとつながる河口に到達したとき、船内でコレラの症状を呈する最初の患者が出たのである。

それを皮切りにその後も患者が続出し、三十一日には特別二等船室の乗客（四十五歳男性）が死亡するに至る。けれどもこの最初の死亡例では、死者の社会的地位への配慮からか、あるいはコレラと認めたくないという心理が働いたのか、死因は「糖尿病性昏睡」と説明された。

ただしコレラが船上にあることは、すぐに誰の目にも明らかになった。九月三日にニューヨークに到着するまでに五名の死者が相次ぎ、いずれも疑いなくコレラの症状を呈していたからだ。すでに数日前に到着していたモラヴィア号の惨状を知るニューヨークの当局も、ノルマニア号には沖合で停泊しておくよう命じたが、これが乗客にとっては事態をさらに悪化させることになった。当時のアメリカの政治週刊誌『ハーパーズ・ウィークリー』(一八九二年九月二十四日付)に、この出来事を取材した記事が掲載されているので、(30) それをもとにその後の経緯を追っていこう。

ニューヨークのパニック

ノルマニア号がニューヨークのロングアイランド島沖合に着いたのは、九月三日土曜日の早朝のことだった(図3-11)。しかしそれから三日間ニューヨークの当局は何の動きも見せず、六日の火曜日になってやっと消毒剤が客船に届けられている。つまりノルマニア号の乗員・乗客は、七二時間以上にわたって陸上から何らの支援物資も受けられないまま、船上の死体とともに放置されていたわけだ。しかもその間に船の給仕のなかで新たにコレラが発生し、船長は疫病が一等船客にまで伝染しないよう、彼らに船室の移動を懇願せざるをえなかった。記事は次のように報じている。

その間、ノルマニア号の六〇〇名〔一等・二等船客に限る――引用者〕は、あちこちに転がる死体と一緒に船内に閉じ込められていた。停泊から二、三日間は、汚染されたエルベ川から汲まれたものを除けば水もない状態だった。ほとんど毎時間、三等船室から「新患者」が出たとの噂が立った。これら三等船室の乗客は薄汚い、コレラを運び込んでくる恥知らずであり――まったく! 非感染者にとっては何という拷問だろう――糞尿の悪臭が充満する船尾の区画に詰め込まれているという。そこでは人びとは眠ることもできず、疫病の襲来を予想して終始恐れおののいているのだろうか(31)。

一方でニューヨークの当局は一等船客の処遇を決めかねており、幾日も協議を重ねるばかりで一向に有効な手立てを打てないままでいた。そこで行政の鈍重さに業を煮やした地元の名士が港湾に停泊している別の客船を購入し、ノルマニア号の乗客の避難所として提供を申し出る。そうしてようやく九月十日に、一等船客はその客船へと移動し、疫病が跋扈《ばっこ》するノルマニア号から解放されたのである。とはいえこのときノルマニア号の到着から、すでに一週間が経過していた。

翌十一日には船長の反対を押し切って、小型の水上バスを使って一等船客を上陸させる試みが一日がかりで行われるも、失敗して虚しく引き返している。ファイアーアイランド海峡を経由して、ロングアイランド島南岸のグレートサウス湾から乗客の上陸を果たそうとしたのだが、その海峡は船長たちの間では特に危険な難所であることが知られていた。そのため水上バスは島の沿岸に接近すらできず、乗客たちは激しい船酔いでいたずらに体力を消耗しただけ

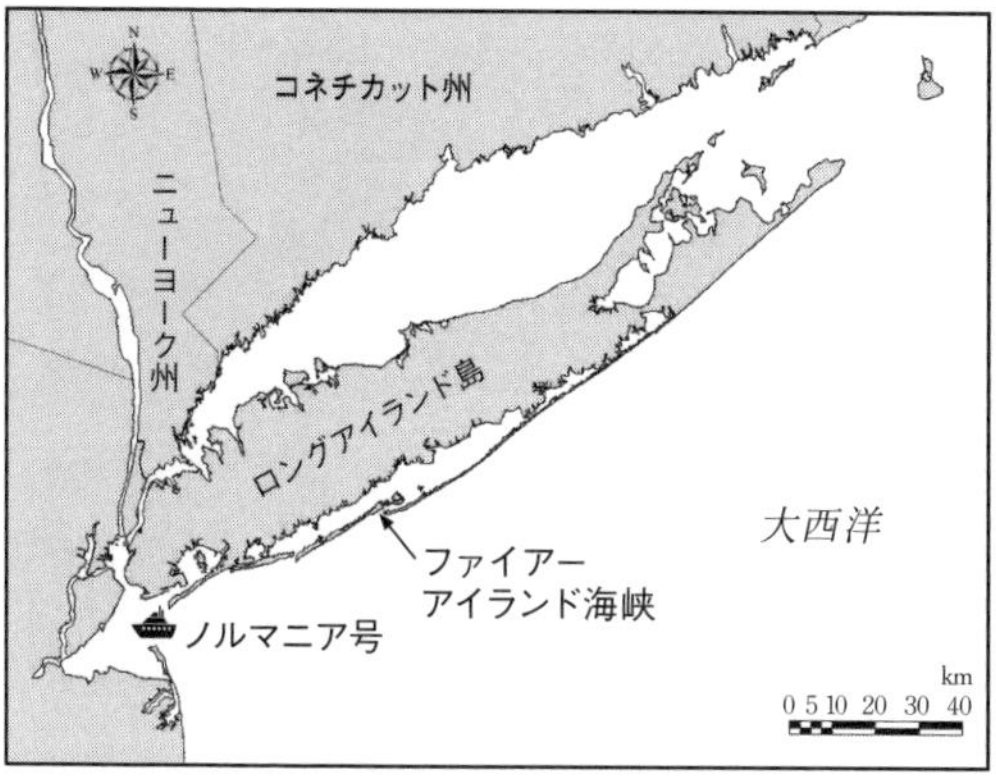

図3-11　ニューヨーク・ロングアイランド島周辺

図3-12　コレラに侵された客船に野次を飛ばすニューヨークの群衆（1892年）

であった。

このように上陸に向けた試行錯誤が繰り返されるなか、陸の上では不穏な動きが目につくようになる。ハンブルクからやってきた招かれざる客の上陸を阻止しようと、十二日に地元で採貝業に従事する労働者の一団が波止場を占拠し、船上の乗員や乗客に野次を飛ばしたり、「ヨーロッパへ帰れ」とシュプレヒコールを上げたりしたのである（図3－12）。

この群衆デモは上陸に反対する地元の弁護士が扇動したもののようだが、元々彼ら自身のなかでもコレラへの不安が燻《くすぶ》っていたのだろう。客船への敵意はあからさまで、船上の人びとがこの群衆に向かって女性や子供にパンを恵んでほしいと懇願しても、波止場の一団はからかうように手にしたパンを左右に振るのみだった。

だがこの地元民の動きに騒動の兆しを見たのか、当局が十三日にようやく上陸禁止令を解除したため、ノルマニア号の乗客は到着から実に一〇日を経て、ニューヨークの地に降り立つことができた。波止場の群衆も当局の解散指令を受けてデモを中止し、三々五々に家路についたらしい。

その後乗客たちは上陸禁止から一転、今度は楽隊も投入されるなど歓迎ムードのなかで迎え入れられる。船上での長い監禁生活からの解放感もあったのだろう、検疫のためにホテルへ向かう道中で、彼らは楽隊が演奏する「コロンビア万歳」に合わせて、涙を浮かべながら陽気に歌ったり笑ったりしていたという。その様子を目撃していた『ハーパーズ・ウィークリー』の記者は、「何と痛ましくも喜ばしい光景だったろう！[32]」と述懐している。

瘴気説時代のコレラ客船

この出来事が印象深いのは、同じくニューヨークの港湾でこれと似た事例が一八六〇年代にも起こっていたからだ。このときもたしかに客船は検疫措置を課されたばかりか、犠牲者の数でいえばノルマニア号のケースよりも深刻な事故だったといってよい。しかしそれにもかかわらず、当時の報道では全体として楽観的な論調が支配し、コレラ客船に対する危機意識はほとんど見られなかった。

ヨーロッパがコレラ流行のさなかにあった一八六五年十一月二日、イギリスの客船「アタランタ号」がニューヨークのアッパーベイ湾に入港した。『ハーパーズ・ウィークリー』や『ニューヨーク・タイムズ』の記事によれば、幼児が激しい下痢症状で死亡したのを皮切りに、ロンドンを出港してからニューヨークへ着くまでに五〇〜六〇名の乗客がコレラを発症し、うち一五名ないし一六名が死亡していた[33]。そうした状況から、アタランタ号はニューヨークで検疫所近くに投錨し、疫病の経過を見守ることになった。

しかし当時は瘴気説《ミアズマ》が隆盛を誇った時代である。アメリカでも、疫病が発生するのは瘴気が生ま

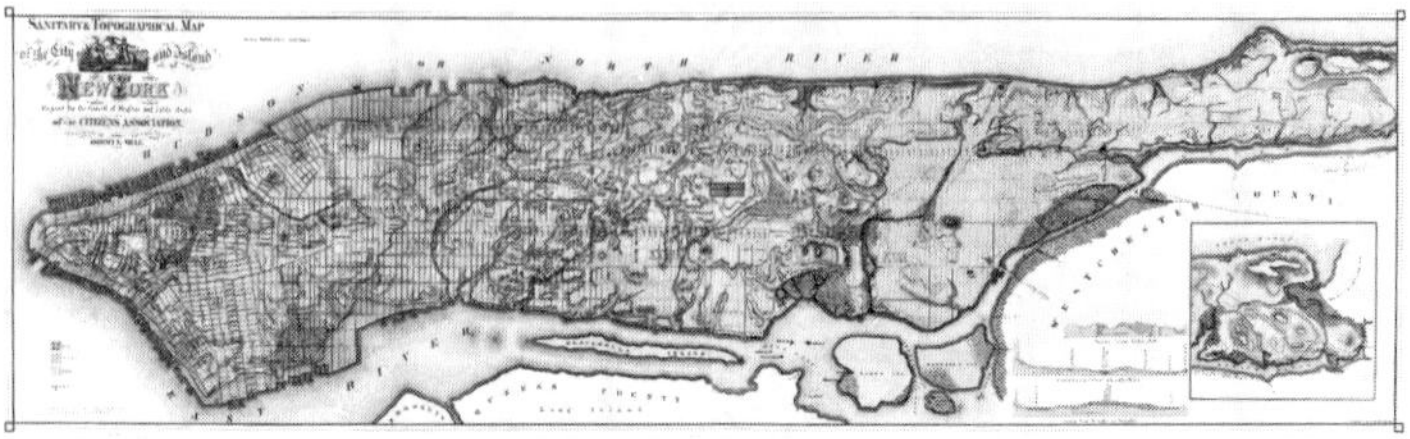

図3－13　ヴィーレ地図（1865年）

れやすい場所、たとえば排水が不完全で水が淀みがちな場所だと考えられており、病原物質とともに疫病が空間を移動すると見る病原体説《コンタギオン》はほとんど支持されていなかった。マンハッタン島の水路や沼沢地を詳細に記した、いわゆる「ヴィーレ地図」として知られる衛生地形地図も、ちょうどこの一八六五年に作成されているが、これも瘴気が発生しやすい場所を知るために作られた一種のハザードマップだった（図3－13）。

そのため当時のアメリカの記者は、いまだにコンタギオン説に囚われている「アジアやヨーロッパの無知な者や野卑な者、迷信深い住民たちにコレラがもたらす恐慌」は、ここニューヨークでは起こらないだろうと予測する。なぜならアメリカでは、「より貧しい者や脆弱な階級の者も、この病気は感染性（contagious）ではないという、今時かつ一般的な確信を抱いている」からだという。アタランタ号でコレラが発生した空間も「移民が詰め込まれている三等船室」だったが、そこは狭く密閉されて通気性も悪い。それゆえそれは、「この疫病の急速な増加にとって考えうる限りで最適な場所」だったのである[34]。

こうしたミアズマ説の立場から見れば、ユーラシア大陸全体に拡散しているコレラも感染によって広がったものではなく、あくまで地理的特性によるものと映る。アタランタ号の状況を取材した『ニューヨーク・タイムズ』の記事は、それまでのコレラ流行の歴史的パターンを総括したうえで、次のようにヨーロッパのコレラが大西洋を越えて到来することはないだろうと見ている。

私どもの海外のニュースは現代におけるコレラの進展状況を示してきた。以前に流行したのと同じ地域が侵犯されており、同じ経路を通ってその爪痕を残しているようだ。しかしながら、私たちが新しい攻撃を受けるかもしれないと仮定するのはまだ穏当だとしても、攻撃されるのは確実だとまで考えるとなると狂気の沙汰というほかない。コレラの跋扈する外国船が検疫されているという事実は、いずれの可能性を示すにせよ、まったく重要なことではない。検疫当局が述べているように、その種の外国船が年間をとおしてずっと、何ら健康への害なく済むような年などないからだ。今回だけでなく、ヨーロッパで起こったいくつものコレラ禍が大洋を横断してくることはなかったし、今現在もそうだろう。(35)

この記事からも分かるように、細菌学以前の時代においては、コレラを載せた客船もニューヨーク市民に恐慌を引き起こした形跡はない。それどころかコレラは広域的な大陸だろうと船舶内部の一区画だろうと、あくまで瘴気のある場所にのみ発生する局地的現象と見られており、それゆえ当時のアメリカにとっては文字どおり対岸の火事にすぎなかった。それが細菌学の登場によってコンタギオン説が勝利を収めると、アメリカでもにわかにコレラの伝播に対する警戒心が芽生え、それがひいては一八九二年のノルマニア号をめぐるパニックをもたらしたのである。

ペッテンコーファーの土壌理論

とはいえこの時期になっても、細菌学の理論が疫病対策で一元的な支配体制を確立できていたわけではない。むしろ疫病の原因をすべて病原菌に帰そうとするその細菌還元主義に対しては、当時の医師や衛生学者の間でなお強い抵抗感が存在していた。特にハンブルクでは、先述のような経済的事情からコッホの提唱するコレラ対策に不満が続出しており、その理論の妥当性に疑いの目を向ける者も少なくなかった。ハンブルク市長ですらコレラ対策を実施するなかで、どれだけ論理的に筋が通っていようとも、それが本当に正しいかどうかは確信できなかったらしい。九月二十日に息子へ宛てた手紙でこう漏らしている。

この前私はコッホ教授と長時間にわたる興味深い会合を持った。彼は自分の理論をとても明晰に、また工夫を凝らして詳しく説明してくれたよ。それは前提さえ認めれば論理的に非の打ちどころがないのだが、まさにその前提に大きな疑問が浮かんだのだ。コンマ菌〔コレラ菌のこと。形態が湾曲してコンマ（,）のように見えるためこう呼ばれた――引用者〕は病気の唯一の原因だといえるのか。それは特定の経路で伝染するのみなのだろうか。「そのとおりです！」とコッホは答える。――するとそれに続いてほかのすべてはおのずと出てくることになるわけだ。[36]

それに代わってハンブルクではコレラ＝ミアズマ説が巷間《こうかん》で根強く主張され続け、医師や統計学者の調査報告書でも、コレラの発生条件として地下水面の状況や気候に関するデータに多くのページが割かれるなど、コッホの見解を論駁しようとするものもあった[37]。その際、彼らがみずからの理論的支柱として好んで持ち出したのが、ドイツ衛生学の泰斗《たいと》マックス・フォン・ペッテンコーファー（図3－14）の「土壌理論」だった。

このペッテンコーファーの理論は、よく「xyz」の図式で表現される[38]。それによると、コレラをはじめとする疫病は病原菌のみによって発症するのではない。この病原菌（x）は単独ではむしろ人体に無害で、それが毒性を持つには地域的・時期的要因、すなわち土壌の汚染度（y）という因子が加わる必要がある。たとえば土壌に含まれる腐敗した有機物が毒素の源を形成するのだが、このy因子こそx因子たる病原菌の発達にとっては不可欠の媒体となる。

図3－14　M・フォン・ペッテンコーファー（1883年）

残りのz因子は、時期によって意味する内容が大きく異なる。ある時期までxとyの結合で産出された有毒物質を指していたが、ハンブルク・コレラでは個体の体質を意味するものとされ、病原菌と外的環境（地理的・季節的要因）、それに内的体質（身体的要因）の三条件が揃って、ようやく疫病が発生すると主張される[39]。しかしいずれにしても、このペッテンコーファーの理論が疫病の局地的ファクターを重視するミアズマ説の流れを汲むものであり、それゆえ単純な細菌還元主義に対するアンチテーゼとなっているのは一目瞭然だろう。

だからこそ当時のミアズマ説支持者も、このペッテンコーファー理論のなかにみずからの正当性を見出し、行き過ぎた細菌恐怖に対して警鐘を鳴らしていたのである。いわく、「われらが信頼すべきペッテンコーファーの警告」には、もっと耳を傾けられるべきである。なぜならコンタギオン説は「コレラに対する気違いじみた恐怖」につながり、ハンブルクの交易や産業に「多大な損害」を与えることになるからだ、と。(40)

ペッテンコーファーがこのようにミアズマ説の代表的イデオローグに祀り上げられたのは、彼が衛生学の草分け的存在として、数々の勲章や貴族の称号「フォン」まで与えられた当代随一の学者だったからだろう。(41) ハンブルク・コレラを受けて帝国指導部が疫病対策を徹底させる新法を構想し、法案の起草に向けて専門家委員会を招集したとき(一八九二年九月二十六日〜十月一日)、コッホとともに彼がメンバーに招聘《しょうへい》されたのも、その高い社会的名声があったからにほかならない。

だがこの委員会の席上でコッホとペッテンコーファーは、いわば長年のコンタギオン説とミアズマ説の対立をそのまま再現するかたちで、真っ向から衝突することになる。コッホがハンブルク・コレラの原因を検疫・隔離の不徹底に見て、新法では国家にさらなる介入権を認めるよう主張したのに対し、ペッテンコーファーは逆に検疫や隔離は無意味と見なし、都市環境の整備を求めたからである。結局このときはコッホの陣営が優勢となり、委員会はペッテンコーファーの主張をほとんど無視するかたちで幕を閉じた。(42)

ペッテンコーファーにとってこの敗北の体験は、よほど屈辱的なものだったに違いない。その直後に彼はあろうことか自分の身体を実験台にして、コッホ細菌学の誤謬《ごびゅう》を証明する実験に着手している。大量のコレラ菌をみずから飲み干して経過を観察するという、医学史上に名高い「自飲実験」である。

自飲実験

一八九二年十一月十五日発行の『ミュンヘン医学週報』(第三九巻第四六号)に掲載されたペッテンコーファーの実験報告は、人体を用いたコレラ菌の再現実験として、当時の学界に大きな衝撃をもたらした。第2章でも論じたように、コレラは人獣共通の感染症ではない以上、動物実験でその病気現象を再現することができない。ペッテンコーファーもこの点を鑑みて、コレラのコンタギオン説が正しいか否かは、「ただ人体実験だけが決定しうる」[43]と考える。そこで彼は、コッホ学派の領袖ゲオルク・ガフキーからコレラ菌の寒天培地を譲り受け、みずからの身体でもってこの実験を遂行しようと決断したのである[44]。

実験が行われたのは十月七日。ペッテンコーファーの報告によると[45]、まず胃酸で菌を殺さないよう二時間半前に食事を済ませておき、一〇〇ccの重曹水を飲む。それから立会人が見守るなか、推定十億匹のコレラ菌を含む一ccのブイヨンを五〇ccの水で割ってひと口で飲み干す。立会人のなかには、ペッテンコーファーに代わって自分が実験台になることを申し出る者もいたが、「実験は無価値な身体で行うべし」(fiat experimentum in corpore vili)という医師の古い格言を引き合いに出し、七十四歳という老齢で、しかも数年来糖尿病を患う自分の身体で行うほうがよいのだと申し出を固辞している。

　しかしその日は特に体熱・脈拍ともに異変は見られず、平常状態のまま二一時半には寝床に就いた。その後も三日間にわたって腹部が鳴る以外に大きな変調はなかったが、十日未明になって、無痛ではあるものの無色で液状の便が繰り返し出た。とはいえ食事の摂取には特に支障はなく、平常どおり夕餉《ゆうげ》にはハムやワインに舌鼓を打ったという。

　それから十五日に至るまで、起床時間・食事内容・体調の状態・就寝時間等々の報告が続くが、そこには腹鳴や粥状の下痢以外に、取り立てて言及するべき情報は記載されていない。十五日に外で仕事を終えて帰宅して以降は、「もはや何の異常も感じられなくなった」として、その日で経過観察は打ち切られている。

　以上の実験結果を踏まえて、ペッテンコーファーはこう述べる。


　八日間にわたって私の腸内にあった数十億ものコレラ菌は、いったいどれだけ多くの毒素を生み出したことだろう！　それでも私は毒に侵されたとは微塵も感じなかったし、むしろ健康そのもので、常に食欲も旺盛で、嘔吐感もなく、体熱も下がらず、尿中にタンパク質が出ることもなかった。すべてが平常どおりだった。自分の排便を見てもこう結論づけられよう。すなわちヨーロッパのものでもアジアのものでも、コレラ菌はおそらく下痢の原因にはなりうるものの、〔コレラの特徴である――引用者〕嘔吐を伴う重篤な下痢を引き起こすことはないと。(46)

これに続いて十七日には、ペッテンコーファーの弟子だったルドルフ・エンメリヒが同じくコレラ菌の自飲実験を行っている。このときはペッテンコーファーの場合より強い症状が出たため少量の薬剤を服用したものの、全体として健康状態は良好で、痛みもなく、食欲にも変化は見られなかった。[47] ペッテンコーファーにいわせれば、これらの結果はいずれも、コレラ菌が単独ではコレラの症状を引き起こせないことを証明している。

では何がコレラを惹起させるのか。つまりxに対するyは何に当たるのか。

彼によれば、それは土壌のなかの地下水の量にある。コレラは季節性の感染症だが、ドイツ北部では四月に最もコレラが少なくなり、九月にピークに達するのに対し、インドのベンガル地方ではこの関係は逆転するという。それは、コレラは乾季に最も強く、逆に湿気の多い雨季には抑制されるからである。

こうしたパターンからペッテンコーファーはこう推察する。乾季にコレラが流行するのは、土壌のなかの地下水の水位が低くなるからだ。コレラ菌はその乾いた地中で、生活排水等々で汚染された土壌の有毒物質を吸収し、毒性を持つ病原菌に変貌するのである。「少なくともヨーロッパの気候では、土壌の湿気が上昇すると、コレラ流行を抑える作用を持つ。反対に土壌の湿気が低下する乾燥の時期は、その流行に好適である」[48]。

これはつまり、コレラは水分の多いところでは発生しにくいということであり、それゆえ（コッホが主張するような）水系感染症などではない、ということになる。なぜならコレラ菌は、川や池に入り込んでもすぐに消滅する運命にあるからだ。

コンマ菌は人間の腸から出て川や池の水に少量だけ入り込んでも、〔中略〕水中であっという間に消えてなくなると思われる。そこでは通常の水生バクテリアと生存闘争が繰り広げられるからだ。それゆえコッホもまた、インドの池沼の岸辺でコレラが消滅した際、その水のなかにコンマ菌を見出すことがもはやできなかったのだ。だからフレンケルが、直前にコンマ菌がコレラ患者からライン河水に入るのを見たとしても、コンマ菌はその水からも即座に消え去ってしまったのである。(49)

こう見るとペッテンコーファーは、コッホのコレラ論をあらゆる点で覆そうとしているように映る。しかしそれはコレラ菌そのものまで否定するものではなく、疫病を発生させる因子の一つとして、その存在を認めている点は注意しておく必要がある。「私はコンマ菌に何が何でも反対というわけではないし、どんな病因論的意義も否定しようというのでもない。私はただ、コンマ菌はあくまでxであり、それがyなしでコレラの流行を引き起こしたり押し広げたりする、などということは不可能だと思っているのだ(50)」。

しかし後世に生きる私たちは、このペッテンコーファー流の衛生学ではなく、コッホの細菌学に軍配が上がったことを知っている。それは単に、二十世紀に入るまでに数々の病原菌（ジフテリア菌・破傷風菌・ペスト菌・赤痢菌等々）が相次いで発見され、病気をめぐる医学的風景を一変させたからというばかりではない。一九一一年には細菌学者のマルティン・キルヒナーが内務省医務局長という、医療行政の中核的要職に就いているように、行政でも主導権を掌握し、細菌学説に依拠した衛生対策を推進できたからでもある。(51)

つまり二十世紀の細菌学は、同時代人の間でなお批判的風潮が渦巻いていたにせよ、疫病対策を取り仕切る実質的な権力を手にしたことで、容易に揺るがすことのできない確固たる地位を築いたといってよい。

健康保菌者の発見

ただペッテンコーファーの自飲実験がミアズマ説の徒花《あだばな》に終わったかといえば、そうともいいきれない。コレラ菌を経口摂取してもコレラを発症しなかったという事実は、やはりそれまでの単純な細菌還元主義に多かれ少なかれ修正を迫るものだったからだ。

たしかにコッホはペッテンコーファーの自飲実験を、素人向けの単なるパフォーマンスだと吐き捨てるように非難している。いわく、ペッテンコーファーのようにコレラ菌について無知な教養人は、コレラ問題の本来の複雑さを顧みず表面的な明確さでもって語るので、素人たる公衆に安直な感銘を与えてしまう。そうして彼らはその道の権威と見なされるようになり、その結果間違ったコレラ認識が世間に跋扈することになると。(52)

ところがその一方でコッホは、この非難を書いた同じ論文のなかで、みずからの細菌学理論にそれまでとは異なる新たなニュアンスを付け加えている。すなわち同じ病原菌の感染でも、その症状の軽重には個人の体質ないし素因をはじめとする、さまざまな諸要因が作用しうるというのである。

同一の感染でも非常に異なった病気の諸段階が生じることもありうる。それがどうして起こるのか、個人の体質における多様性だけによるのか、あるいはまだ知られていない別の影響に帰されるべきものなのか。これは当面未決定のままにしておかなければならない。願わくはさらなる観察と実験によって、この問題に対する答えも見出されんことを。(53)

ここでいわれる個人の体質とは、まさしくペッテンコーファーのいうz因子にほかならない。同じ病原菌の感染でも症状に軽重の違いがあることは以前から認められてはいたが、コッホがその問題を正面から問いなおす姿勢を見せたのは、管見の限り一八九三年七月二十四日の日付を持つこの論文が初めてである。なぜコッホはこの時期に、病原菌の宿主となる個々人の体質というファクターに目を向けるようになったのだろうか。

それは直接的には、一八九二／九三年の冬（十二月六日〜三月四日）に生じたハンブルク・コレラの後流行(54)を調査するなかで、従来の理論では説明できないある事例が発見されたことによる。臨床的には何ら病気の症状が見られないにもかかわらず、体内からは発症に十分な量のコレラ菌が検出されるという、いわゆる「健康保菌者」の事例である。その発見に至った経緯について、コッホはこう振り返る。

ハンブルクの後流行が見せている特徴のうち、最も目を引くもののなかに致死率の低さがある。よく知られているように、コレラの致死率は通常五〇％前後になるものだが、今回は二八％なのである。私の考えでは、通例からのこの逸脱は事実上のものではなく、単に見かけ上のものにすぎない。以前のコレラ統計は、臨床的にはっきりと症状を呈したケース、つまり重度のコレラ患者のケースだけを算入していた。軽度の嘔吐下痢や単なる下痢は、軽症コレラ（Cholerine）として通常除外されていた。しかしハンブルクの後流行で、私たちは初めて、できるだけ完全なやり方で細菌学的診断を実行し、コレラ菌が見出された場合はどんなものでもコレラとして記録したのである。それらのケースでは、以前はコレラの疑いありとか軽症コレラと呼ばれていた者だけでなく、臨床的にはまったく取るに足らない、それどころかまったく症状を示さず、ただコレラ患者と接触したのが明白という理由だけで検査に付された者もいた。さらに今回の流行では、初めて臨床的に疑わしい者以外に病因論的に疑わしい者も検査されたが、これは非常に重要な結果をもたらすことになった。そうした者のなかにもコレラ感染者が相当数存在しており、それはただ細菌学的診断を使ってのみ感染者として見つけ出すことができるのである。(55)

こうした健康保菌者の存在が、コッホをしてz因子、すなわち個人的体質というファクターをその説明に取り込ませたものといえる。いいかえればコッホの細菌学理論は、健康保菌者の問題に直面したことで、ペッテンコーファーの説明図式に接近する方向での修正を余儀なくされたのである。

しかしコッホは、どの因子を重視するかという力点の置き方で、ペッテンコーファーとの違いを際立たせる。端的にいえばコッホにとって重要なのはｚ（体質）よりもｘ（病原菌）である。すなわち「ほとんど下痢もなく、それどころか通常の排便でありながらコレラ菌を有する」健康保菌者は、単にｚの意義を体現しているだけではない。それはむしろ健康という擬態をとったｘそのものにほかならない。「そうした人間もコレラの感染者として、それゆえコレラの感染物質の運搬者として見なされるべきなのは明白だろう(56)」。

ところで健康保菌者発見の契機となったハンブルク・コレラの後流行調査自体が、ペッテンコーファーの自飲実験直後に実施されたものだったことは留意しておく必要がある。この調査が「できるだけ完全なやり方での細菌学的診断」と称して、症状のない人間にまで検査対象を広げたのは、その実験結果を踏まえていたからにほかならない。

その意味で健康保菌者の発見は、ペッテンコーファーの自飲実験を直接の背景にしていたのである。だがそれでもコッホはｘとｚの力点を反転させることで、おのれの理論を正当化した。そればかりではない。次のようにコッホは健康保菌者の発見・隔離と、それを通じた疫病の抑制を、細菌学的診断によってのみ可能なものだとして、細菌学の優位性の根拠にすらしていたのである。

以前のようにまず臨床的に疑わしく、あとから細菌学的にコレラと確認される症例を隔離や消毒で無害化するだけでよしとする場合でも、広がりつつあるコレラの発生源を押さえ込むことくらいはまだ可能だろう。けれども、とりわけハンブルクのように人口が密集した都市で、非常に好ましからざる環境で起こる場合には、〔そのような方法で――引用者〕コレラ胚を根絶しようとしても徒労に終わるだけだろう。そのとき特に懸念されるのは、検査の目を逃れる最も軽症なケースがコレラの侵入に関しては最も危険なものとなる、ということだ。〔中略〕そのような人間たちによって、コレラがいつのまにかある場所から別の場所に移されることもありうるし、またその痕跡もしばしば入念な調査を逃れることができる。そうしたことがいかに起こりやすいかは容易に想像がつくだろう。ハンブルクであれほど徹底的にコレラを最奥の隠れ家に至るまで追い詰め、感染物質のどんな痕跡も見つけ次第無害化していなかったなら、市中にあんなに大規模に広がった火種をコントロールすることなど確実に成功しなかっただろう。私はそう確信している[57]。

5　細菌恐怖症《バクテリオフォビア》

死体運搬夫への不安

しかしながらコッホのこうした戦略は、健康保菌者を「健康者に擬態した感染者」と見なす限りで、強い副作用を伴うものだったといってよい。二十世紀初頭のアメリカを震撼させた「チフスのメアリー」のように、そのような理解はかえって見えざる病原菌に対する人びとの恐怖心をいっそう刺激し、社会が「細菌恐怖症《バクテリオフォビア》」ともいうべき雰囲気に覆われていく一つの大きな契機にもなったからだ。

コッホの祖国ドイツにおいても、行政当局は国内に潜む健康保菌者のリスクに対してかなり神経をとがらせていたように見える。とりわけ感染症患者の亡骸に直接接触する死体運搬夫や死体洗浄婦などは、副業を通じて病原菌を四方八方にばらまく集団として、当局側にひときわ強い不安を与えた職種だった。

たとえばハンブルクの医療顧問官は、一九〇四年に帝国保健庁長官へ宛てた書簡でこう訴える。「三三九名の死体運搬夫のうち二四九名が副業を持っていますが、そのうち七〇名以上が食品流通業に従事しており、ほかに葉巻の売り子や床屋、マッサージ師などもいます。これらはすべて感染症の拡散に好適な職種です(58)」。

また別の解説資料では、感染症で亡くなった死者を清める死体洗浄婦は、「直に、かつ長時間にわたって死体と接触する」がゆえに、棺を隔てて死体と接するだけの運搬夫よりはるかに高い感染リスクを持つ職種だと主張される。「しかもこれらのご婦人たちは、一度ならず死者の衣服や私物を餞別としてもらい受け、それらを消毒しないまま持ち帰るのを常としている(59)」。感染不安が広がるなかで、これほど無神経な行為がまたとあろうか。

ところが死体運搬夫や死体洗浄婦が病原菌を拡散させるという当局のこの不安には、実はそれほど確たる根拠があったわけではない。一九〇七年にプロイセン宗務・教育・医事省大臣が帝国宰相に宛てた書簡では、「食品・嗜好品業界で、どれほどの割合の人たちがプロイセン邦内の死体運搬業に関わっているかは、明確に数値化できていない」と告白されている。それればかりか、運搬夫や洗浄婦を介した「感染症の拡大は、ブレスラウの一事例――そこでは弱冠十五歳の死体運搬夫が猩紅熱の死体で感染した――を除いて捜査すらされてこなかった」というのである(60)。

つまり、運搬夫ないし洗浄婦の間で死体を介した感染がどれほどの頻度で生じているのか、そもそもこの感染ルートが大量現象としての疫病を発生させうるのか否か、そうした実態や可能性はまったく摑めていないに等しい。これほど根拠が薄弱である以上、さすがに当局も「食品・嗜好品業界の人間に対して、死体運搬夫としての活動全般を禁じるような規則を公布するのは難しい」と認めざるをえなかった(61)。

しかしだからといって、何の策も講じないまま手をこまねいて事態を静観するには、公権力における病原菌への恐怖心はあまりに大きく膨らみすぎていた。プロイセンの担当大臣はこうも提言する。

それに対して見込みがあると思われるのは、人びとが上記の死体運搬夫の仕事からできるだけ遠ざけられたままでいるよう、教会墓地の役員やその他の当事者の方々にしかるべき仕方で一意専心働きかけることでしょう。また現行の消毒規則が死体運搬夫に対して厳格に適用されるよう注意することも必要です。後者については、いわゆる死体洗浄婦(死の女たち《トーテンフラウエン》)の場合も同様でなければなりません(62)。

すなわち、行政の直接介入ではなく現場の協力を仰ぎながら、市民と病原菌との(死体を介した)接触可能性をできるだけ回避させること、またすでに保菌の恐れがある人間に関しては、新たな立法・行政措置に頼るのではなく、既存の規則を活用しながら消毒・殺菌を実施すること。ひとえにこれが、ほとんど無根拠の感染不安からかろうじて案出された「公的対策」だったが、直接的にはせいぜいのところ、公権力の昂《たか》ぶった不安感情を鎮める効果しか持ちえなかったと見てよいだろう。

不可触民《バーリア》としての結核患者

もちろん病原菌を携えて街中を歩き回っていたのは、無症状の健康保菌者ばかりではなかった。コレラのような急性の疾患でなければ、感染症を発症した者が健康者と同じ空間に身を置き、日常生活を送ることも普通に見られた。たとえば結核などは、先述（第2章第4節）のように当時最大の罹患率と死亡率を誇る疫病だったが、慢性感染症で症状が緩慢に進行するという特徴を持つだけに、まだ末期に達していない結核患者と公的空間で出会うのも珍しいことではなかった。

しかし二十世紀に入る前後から、この結核患者に対する感染不安について語る言説がにわかに目立ち始める。一九〇二年に刊行されたある啓蒙パンフレットには、日常の生活空間で結核感染への恐怖が蔓延していた様子が報告されている。たとえば家族から結核患者が出た場合、あるいは結核療養所に入所経験がある場合でも、その事実は極力隠蔽される。それが知れ渡れば本人のみならず家族も苛烈な差別の標的となり、家主ならば賃貸契約を解除され、医師ならば大切な顧客を失うことになるからだ(63)。

公共交通機関は、こうした日常世界で暮らす結核患者にしばしば遭遇する空間である。当時の目撃談によると、路面電車で一人の若者が咳き込み、ポケットから携帯用の小型痰壺（図3－15）を取り出すと、近くにいた教養のありそうな婦人が、その若者に侮蔑の視線を向けながら途中で下車していったという。また別の目撃談では、鉄道列車の二等席にて二人の老婦人が目の前の若い女性に親しく話しかけていたところ、その女性が結核療養のためにサナトリウムに向かう道中だと分かった。その途端、老婦人たちは犯罪者を前にしたかのように取り乱し、車掌に頼み込んでむりやり一等席に座席を替えてもらったらしい(64)。

もう一つは海の上の目撃談である。ある航海中の客船にて、船内の広間に一人の若い男性が今にも倒れそうになりながら入ってきた。その若者はやっとのことで椅子に腰を下ろす。片手は小刻みに脈を打つ心臓を押さえており、もう片方の手は血痕で赤く染まったハンカチを握りしめて震えている。数分後にウエイターが駆けつけ、続いてウエイトレスやキャビンボーイも若者の座るテーブルに近づいてくる。だが何のために？

全員がこの不幸な人間を、目を見開いて凝視するばかりだった。しばらくして少年が笑いながら遠ざかっていった。

この哀れな人間はすでに一度喀血しており、二度目の喀血もありうるので広間を汚さないようにと、盥《たらい》を持ってきてくれないかと頼んでいた。

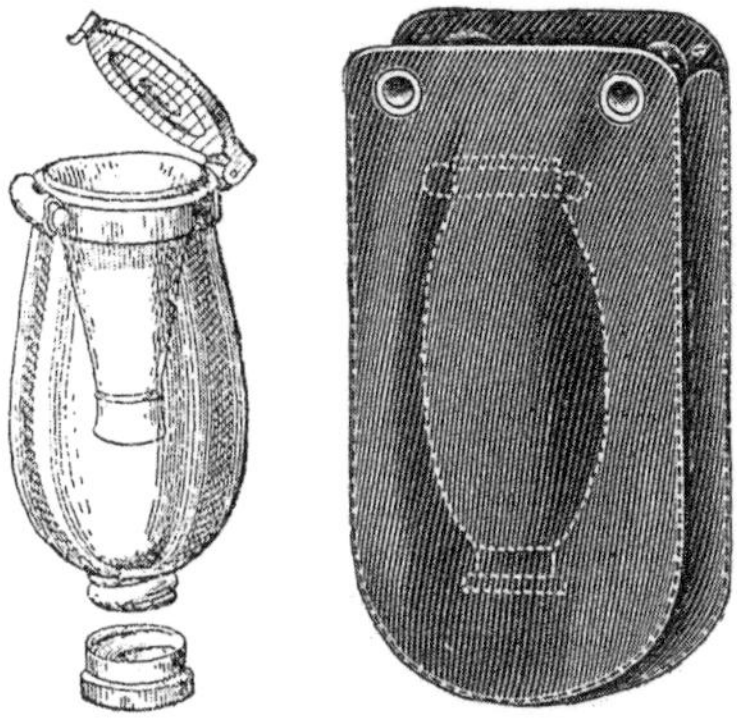

図3-15　携帯痰壺（左）**と収納ケース**（右）
肺結核で生じる痰は結核菌の巣窟と見られて怖れられたことから、患者は路上に痰を吐かないよう小型痰壺の携帯を推奨されていた。左の小瓶は青いガラス製の痰壺で、「青いハインリヒ」と呼ばれた。

しかしながらこの男のいうことは理解されなかった。もしくは理解しようともされなかったのだ。

この哀れな若者が熱で身震いしている間中、その場の人びとは彼をただ見つめるばかりだった。あたかも彼が犯罪者であるかのように！

けれど誰も盥を持ってくることはなかった。それどころかこの瀕死の若者に飲み物を手渡すことすら、そこにいた誰も考えつかなかったのだ。(65)

むろん誇張もあるにせよ、これらの目撃談によれば、当時の結核患者はほとんど犯罪者か不可触民《パーリア》のような扱いを受けていたことになる。実際ほかにも、結核療養所の建設計画が感染や風評被害への不安から近隣住民の反対で頓挫したり、地元の村落が療養所内で死亡した患者の遺体を教会墓地に埋葬するのを拒否するなど（いずれも一九〇四年）、右の目撃談を裏づける事実は数多くある。(66) いうまでもなく結核患者に対するこのような差別的風潮は、彼らの体内に潜む病原菌への過剰な感染不安に由来するものだった。

結核サナトリウムの日常を舞台にしたトーマス・マンの小説『魔の山』（一九二四年）には、療養中の主人公ハンス・カストルプが健康な学生グループと鉢合わせしないように避けたり、同郷人と遭遇することを極端に恐れたりする場面がある。それはこの主人公にとって、自分と彼らとは「お互いに違った世界の人間」であり、それゆえ「どんな交渉も持ちたくなかった」からだという。(67) おそらくマンはこうした心理描写を、単に健康者への羨望の裏返しとして描いたわけではないだろう。

当時の健康者の間で浸透していた結核患者に対する強い忌避感も、その心理の背景として念頭にあったはずである。

感染予防キャンペーン

このような細菌恐怖症が世間に蔓延した原因の一端は、細菌学の知見にもとづいた当時の民衆啓蒙活動にある。そうした専門家の啓蒙を通じて、一般の民衆も細菌学という最新の疫病理論に接し、それを受容していたからだ。

そうした啓蒙活動には、感染予防という観点から病原菌の脅威を説くものが多く、病原菌が潜んでいるかもしれない場所、あるいは病原菌を体内に取り込むかもしれない行為は極力避けるべし、とのメッセージが繰り返し発信されていた。不可視かつ無味無臭の病原菌が生活空間の至るところに遍在する以上、感染を回避しようとするならば、いついかなる時も専門家が定める衛生規則を遵守しなければならない、というわけだ。

ここではその一例として、一九〇〇年に刊行され、「クノップ博士の指南書」として知られた啓蒙本（正式なタイトルは『国民病としての結核とその撲滅』）を取り上げることにしたい（図3－16）。これは、一八九九年五月に開かれた専門家会議「国民病としての結核撲滅会議」が、一般向けの結核予防指南書を懸賞（出版助成金）つきで募集し、半年間の審査を経て受賞した作品である。[68]

それゆえそれは、いわばドイツを代表する結核の専門家のお墨付きを得たものといえ、それ以降の類似の指南書も多くがこの本の内容を範例としていた。それだけにこのクノップ博士の指南書をひもとけば、当時どのような結核感染予防のノウハウが民衆に向けて発信されていたかがよく分かる。

まず日常生活に関しては以下のように説かれる。

患者の痰は結核菌の巣窟だが、床に吐かれたまま放置されると乾燥して塵埃と化す。パストゥールが証明したように、微生物は塵埃に付着して生活空間のなかを漂うため、痰が乾燥した塵埃も結核菌を付着させたまま浮遊する。そして健康者はその塵埃を吸引することで、結核に感染するのである。

Die
Tuberkulose
als Volkskrankheit und
deren Bekämpfung.

Preisschrift,
gekrönt mit dem Preise des Kongresses
zur Bekämpfung der Tuberkulose als Volkskrankheit,
Berlin 24.—27. Mai 1899.

Von Dr. S. A. Knopf, Arzt in New-York.

Herausgegeben vom Deutschen Central-Komite
zur Errichtung von Heilstätten für Lungenkranke.

Berlin 1900.

図3-16 「クノップ博士の指南書」こと『国民病としての結核とその撲滅』（1900年）

そのため患者の部屋は、常に埃を取りやすい状態にしておく必要がある。たとえば絨毯を敷き詰めるような真似はすべきではない。また床は埃を舞い上げないよう、箒《ほうき》ではなく湿らせた雑巾で水拭きしなければならない（図3－17）。家具も複雑な装飾を凝らしたものではなく、すぐに埃を拭き取れる簡素な木製家具がよい。折り目の多いカーテンも使用を避けるべきである[69]。

患者の唾液にも大量の結核菌が潜んでいるため、飛沫感染のリスクも高い。それゆえ結核患者とは近距離で長時間の会話をしてはならない。ましてや接吻は危険この上なく、絶対に避けるべき行為である。患者と会話をするときは、飛沫が届かないよう最低でも一メートル以上の距離を置く必要がある[70]。

さらに結核は人獣共通の感染症であることから、動物にも注意を怠ってはならない。特に牛の結核（胸膜に真珠のような光沢のある結節を多数作ることから「真珠病」と呼ばれる）は、そのミルクを介して人間にも菌を感染させる可能性がある。ドイツでは結核牛のミルクの販売を規制する法律がないため、乳牛が健康かどうかを判断できない場合、ミルクはすべて飲む前に煮沸殺菌したほうがよい。煮沸の際は一〇〇℃で五分、七〇℃なら三〇分で結核菌を死滅させることができる[71]。

こうした生活の細部にわたる感染予防の指南は、ときに伝統的な習俗のあり方にまで及ぶこともある。たとえば身体に刃を入れる刺青《いれずみ》と割礼（男性器の包皮を切除する通過儀礼）も、結核予防という観点から危険視される。なぜなら結核菌は傷口から感染することもあり、もし彫師や割礼執行者が結核に感染していれば、着色剤や刃に付着した菌が、傷つけられた皮膚を介して体内に潜り込むことも起こりうるからだ。

図3-17　塵埃感染（1915年）　当時は飛沫と並んで塵埃が結核の主要な感染経路と考えられていた。

> 結核に罹った彫師が刺青を入れる作業を通じて、同じように結核をうつすケースが多々ありました。刺青を生業にする男性たちには、皮膚に入れる着色剤を唾液で溶かすという慣習があるのです。ですから決してそのように野蛮な皮

図3－18 「割礼」（1912年）
金貨を切り取るユダヤ人。割礼の風習と強欲なユダヤ人イメージを同居させた風刺画。

膚の装飾をしたいと考えてはなりません。
一部の地方では、自治体やラビ〔律法学者でユダヤ教の宗教的指導者――引用者〕によって選ばれた素人が、ユダヤ人の子供たちに儀礼的な割礼を施すことがいまだに見られます。この素人たるや、しばしば直接唇で傷口を吸うのです。もしこの儀礼執行者が結核なら、いうまでもなく無実の子供に結核がいとも簡単にうつされてしまう、ということもありうるのです[72]。

このように感染予防のための啓蒙のメッセージは、古来の文化的風習に対して抑圧的な機能を持つことも多い。特に割礼は、西洋世界のただなかで独自の伝統や宗教的慣習を保持する東方ユダヤ人（終章）が行っていた儀礼の一つで、ヨーロッパ人の間ではユダヤ人の野蛮性ないし後進性を表すものとして強く嫌悪されていた（図3－18）。当時の啓蒙活動は、「ユダヤ人問題」というかなりきわどい領域にも足を踏み入れていたのである。

ともあれ細菌学とは、このように清掃の仕方からコミュニケーションのあり方、食品の調理法や身の回りの調度品に至るまで、日常のありとあらゆる生活様式に容喙《ようかい》しようとする知であった。宗教上の伝統儀礼もその例に漏れず、衛生の観点から検証されたうえで、感染リスクが高いと見なされれば排除の対象とされたのである。

もちろん燻蒸のように、民衆世界の伝統的心性に深く根を張っていたために、細菌学理論の換骨奪胎を通じて生き延びた呪術的風習もある。また火葬や検疫（隔離）のように、古くから行われてきた疫病対策が細菌学によって改めて正当化された例もある。けれどもその一方で、この知が衛生上の配慮という名目のもとに、多くの伝統的な習俗を抑圧しようとする傾向を持っていたことは明白であり、それだけにそうした習俗を持つ集団の社会的排除を助長する面も持ち合わせていたことは無視されるべきではない。

いずれにせよ細菌学は、生活空間に充満している病原菌の存在を人びとに告げ、昔ながらの儀礼や風習の危険性を語ることで、日常世界の「脱呪術化《エントツァウベルンク》」（マックス・ヴェーバー）を推し進める駆動力になった。私たち現代人が細菌学以前の「非科学的」疫病対策に違和感を抱くのは、感染予防を一つの基準としながらそうした古い慣習を取捨選択してきた結果であろう。

しかしその反面、序章でも述べたように、見えざる細菌の感染恐怖はどこまでも原初的な呪術的心性から脱却しきれるものではない。そうである以上、社会のさまざまな場で実践される感染対策もまた、実際には「再呪術化」、つまり科学的実証に裏打ちされず、規則以外に根拠のない儀礼的・呪的なタブーという様相を帯びざるをえなかったといえる。

注

（1）南直人『〈食〉から読み解くドイツ近代史』ミネルヴァ書房、二〇一五年、二〇五〜二四〇頁。

（2）公式に記録された死者数（八六一六人）に限る。ハンブルク・コレラを詳細に分析したリチャード・エヴァンズによれば、流行初期に見落とされていた「隠れコレラ死者」などを含めると、少なくとも九〇〇〇人、多く見積もれば九八〇〇人に達するという（Richard J. Evans, *Death in Hamburg. Society and Politics in the Cholera Years*, Penguin Books 2005 [first published from: Oxford University Press 1987], p. 603）。

（3）*The Illustrated London News*, No. 2787, September 17, 1892, p. 355; Evans 2005 [1987], pp. 374–376.

（4）Hamburger Flüchtlinge, in: *General-Anzeiger für Hamburg-Altona*, Nr. 206/7, Freitag, den 2. September 1892, o. S.

（5）Evans 2005 [1987], pp. 310–314.

（6）Evans 2005 [1987], pp. 285–298, 304. 一八九二年のハンブルク・コレラは、同市における過去のコレラ死者をすべて合計したのと同程度の犠牲者を市民から出した（Evans 2005 [1987], p. 293）。

（7）Evans 2005 [1987], p. 28f.

（8）Evans 2005 [1987], p. 29.

（9）Evans 2005 [1987], p. 31. 一八八二年時点で、ハンブルクにおける工業部門の労働者のうち三五％は造船ないしは船舶修理関連の仕事に従事していた（Evans 2005 [1987], p. 52）。

（10）Evans 2005 [1987], p. 30.

（11）十九世紀における統計調査の普及を考察したものとしては、イアン・ハッキング（石原英樹・重田園江訳）『偶然を飼いならす――統計学と第二次科学革命』木鐸社、一九九九年。とはいえ医療統計における死因分類スキームは、まだ邦《ほう》（現在の州に当たるが独立性は高い）によってかなりばらつきがあり、邦相互のデータ比較はきわめて困難だった（Barbara Leidinger, W. Robert Lee, Peter Marschalck, "Enforced convergence: political change and cause-of-death registration in the Hansestadt Bremen, 1860–1914," *Continuity and Change*, vol. 12, No. 2, 1997, pp. 221–246）。

（12）エヴァンズによれば、これはいくつかの条件が同時に重なった結果であった。まず、コレラの徴候が出始めてすぐにブレーメンがプロイセン式の厳格な検疫に踏み切ったこと、次にかねてから都市の給水設備として（元来の目的は違ったものの）細菌の侵入を効果的に防ぐ砂濾過システムを採用していたことから、コレラ菌を含まない飲料水の確保ができていたこと、また市内の住環境もハンブルクほど過密ではなかったこと等々である（Evans 2005 [1987], pp. 299–304）。

（13）Evans 2005 [1987], p. 410.

（14）Evans 2005 [1987], p. 313 から引用。

（15）Zur Cholera-Epidemie in Hamburg, in: *General-Anzeiger für Hamburg-Altona*, Nr. 206/7, Freitag, den 2. September 1892, o. S. [Titelseite]

（16）Cholera und Leichenverbrennung, in: *General-Anzeiger für Hamburg-Altona*, Nr. 214, Sonntag, den 11. September 1892, o. S. [Titelseite]

（17）Ebd.

（18）Ebd.

（19）大日本私立衛生会編『万国衛生年鑑』忠愛社、一八九三年、一四四〜一四六頁。

（20）Paul Julian Weindling, *Epidemics and Genocide in Eastern Europe*, 1890–1945, Oxford University Press 2000, pp. 42–45.

（21）Robert Koch, Berichte über die Tätigkeit der zur Erforschung der Cholera im Jahre 1883 nach Ägypten und Indien entsandten Kommission an S. Exzellenz den Staatssekretär des Innern Herrn Staatsminister von Bötticher erstattet vom Geheimen Regierungsrat Dr. R. Koch, Kalkutta, 7. Januar 1884, in: ders., *Gesammelte Werke von Robert Koch*, herausgegeben von J. Schwalbe, II. Bd. 1. Teil, Leipzig 1912, S. 13.

（22）Robert Koch, Erste Konferenz zur Erörterung der Cholerafrage am 26. Juli 1884 in Berlin, in: ders., II. Bd. 1. Teil 1912, S. 20–60, hier S. 41.

（23）"The Cholera in France," *The Illustrated London News*, No. 2360, July 12, 1884, p. 30.

（24）"The Cholera Epidemic of 1884," *Nature*, Vol. 30, No. 787, October 30, 1884, pp. 629–630, here p. 629.

（25）手紙や郵便物の燻蒸は、一九七〇年代に至るまで行われていた（Klaus Meyer, Die Desinfektion von Briefen. Ein Teil der Abwehrmaßnahmen gegen Seuchen, in: *Beiträge zur Geschichte der Pharmazie*, 40. Jg. Nr. 2/3, 1988, S. 18–

30, hier S. 29f.)。

（26）"The Cholera at Hamburg," *The Illustrated London News*, No. 2787, September 17, 1892, p. 355.

（27）さらには消毒隊員による家具の盗難などの被害も続出していた（Evans 2005 [1987], pp. 322–324）。

（28）Evans 2005 [1987], p. 325 から引用。

（29）以下の船舶における一連のコレラ発生事件については、Evans 2005 [1987], pp. 316–319.

（30）Casper W. Whitney, "The Days with the Cholera Exiles," *Harper's Weekly. A Journal of Civilization*, Vol. 36, No. 1866, September 24, 1892, p. 919–920, 934.

（31）Whitney 1892, p. 919.

（32）Whitney 1892, p. 934.

（33）『ハーパーズ・ウィークリー』の報道によると死者は一六名、『ニューヨーク・タイムズ』では一五名となっている（"The Cholera," *Harper's Weekly. A Journal of Civilization*, Vol. 9, No. 464, November 18, 1865, p. 721; "The Cholera on Shipboard," *The New York Times*, November 4, 1865, p. 4）。

（34）*Harper's Weekly*, Nov. 18, 1865, p. 723.

（35）*The New York Times*, Nov. 4, 1865, p. 4.

（36）Evans 2005 [1987], p. 491 から引用。

（37）Evans 2005 [1987], p. 495.

（38）以下のペッテンコーファーの土壌理論の説明については、Edgar Erskine Hume, *Max von Pettenkofer. His Theory of the Etiology of Cholera, Typhoid Fever & Other Intestinal Diseases. A Review of His Arguments and Evidence*, New York 1927, pp. 45–106; Anne I. Hardy, *Ärzte, Ingenieure und städtische Gesundheit. Medizinische Theorien in der Hygienebewegung des 19. und 20. Jahrhunderts*, Frankfurt a. M. 2005, S. 125f.

（39）Max von Pettenkofer, Ueber Cholera, mit Berücksichtigung der jüngsten Cholera-Epidemie in Hamburg, in: *Münchener Medizinische Wochenschrift*, 39. Jg. No. 46, 15. November 1892, S. 807.

（40）Evans 2005 [1987], p. 493.

(41) カール・ヴィーニンゲル(植木絢子訳)『知られざる科学者ペッテンコーフェル——環境医学の創始者』風人社、二〇〇七年、二六五~二七六頁。
(42) この専門家委員会については、Evans 2005 [1987], pp. 494–497.
(43) Pettenkofer 1892, S. 807.
(44) 以下のペッテンコーファーの自飲実験については、Pettenkofer 1892, S. 808–809.
(45) Pettenkofer 1892, S. 807.
(46) Pettenkofer 1892, S. 809.
(47) Pettenkofer 1892, S. 810.
(48) Pettenkofer 1892, S. 812.
(49) Pettenkofer 1892, S. 814.
(50) Pettenkofer 1892, S. 814.
(51) Silvia Berger, *Bakterien in Krieg und Frieden. Eine Geschichte der medizinischen Bakteriologie in Deutschland 1890–1933*, Göttingen 2009, S. 168–170.
(52) Robert Koch, Die Cholera in Deutschland während des Winters 1892 bis 1893 [zuerst: 24. Juli 1893], in: ders., II. Bd. 1. Teil 1912, S. 260f.
(53) Koch 1912 [1893], S. 216.
(54) この後流行での罹患者は六四名、死者は一八名である(Koch 1912 [1893], S. 207)。
(55) Koch 1912 [1893], S. 215.
(56) Koch 1912 [1893], S. 215.
(57) Koch 1912 [1893], S. 216f.
(58) Bundesarvchiv Berlin-Lichterfelde [BArch], R 86/1008, Brief des Medizinalrats an den Präsidenten des Kaiserlichen Gesundheitsamtes, Herrn Wirkl. Geh. Oberregierungsrat Dr. Köhler, Hamburg, den 4. November 1904, Bl. 1–2.
(59) BArch, R 86/1008, Zusammenfassende Darlegung Über die Nebenbeschäftigung der Leichenträger in Preußen [o. O., o.

J.], Bl. 1–5, hier Bl. 5.

（60）BArch, R 86/1008, Brief des Ministers der geistlichen, Unterrichts- und Medizinal-Angelegenheiten an den Reichskanzler, Berlin, den 20. Juni 1907, Bl. 1–2.

（61）Ebd., Bl. 2.

（62）Ebd.

（63）Emil Thurgau, *Lungenschwindsucht und Ansteckungs-Furcht*, Bamberg 1902, S. 17.

（64）Thurgau 1902, S. 19f.

（65）Thurgau 1902, S. 22.

（66）Syvelyn Hähner-Rombach, *Sozialgeschichte der Tuberkulose. Vom Kaiserreich bis zum Ende des Zweiten Weltkriegs unter besonderer Berücksichtigung Württembergs*, Stuttgart 2000, S. 234–237.

（67）トーマス・マン（関泰祐・望月市恵訳）『魔の山』（上）岩波文庫、一九八八年、四八九頁。

（68）募集から同作の受賞に至るまでの経緯については、B. Fränkel, Vorwort, in: S. A. Knopf, *Die Tuberkulose als Volkskrankheit und deren Bekämpfung. Preisschrift, gekrönt mit dem Preise des Kongresses zur Bekämpfung der Tuberkulose als Volkskrankheit, Berlin 24–27. Mai 1899*, Berlin 1900, S. 3f.

（69）Knopf 1900, S. 9–14.

（70）Knopf 1900, S. 13f., 16.

（71）Knopf 1900, S. 16.

（72）Knopf 1900, S. 17.

第4章

衛生博覧会

啓蒙のスペクタクル

ドレスデン国際衛生博覧会（1911年）

フランス革命時代に端を発する博覧会は、19世紀を通じて一大娯楽メディアに成長し、やがて科学の知識を社会に普及させるための媒体としても利用されるようになった。なかでも公衆衛生をテーマにした衛生博覧会は、啓蒙と娯楽の混合イベントとして20世紀前半に大きな人気を博した。

1　民衆の啓蒙

民衆の抵抗と反医学的心性

第3章でも触れたように、ハンブルク・コレラではしばしば感染地域の住民が、強権的な消毒措置を課す衛生当局に反発するという事態が見られた。当局が燻蒸と並んで消毒液を感染家屋内で所かまわず散布し、それが住居や家財を著しく毀損したことから、住民の間で「上から」の衛生対策に対する不満が渦巻いていたからだ。

ただもちろん民衆と当局とのそうした軋轢は、ハンブルクに限られたものではなかった。むしろコレラのような疫病が流行した地域では、ほぼ至るところで見られた普遍的現象といってよい。たとえば、ハンブルクと同じく一八九二年にコレラ禍に見舞われたブダペスト（オーストリア＝ハンガリー帝国）でも、地域住民と行政権力とが真っ向から衝突するという騒動が起こっている。

この「コレラ騒動」を報じた当時の記事によれば[1]、同年十月六日にブダペストで最初のコレラが発生したが、その地域は非常に貧しく、無学の民衆が集住する街区だった。そこに住居の消毒を実施しようと消毒隊員が赴いたところ、六〇〇世帯もの近隣住民が徒党を組んで抵抗したため、消毒隊員は繰り返し門前払いされる羽目になった。住民たちは、患者の家財一式が衛生上の理由から焼

図4-1　ブダペストのコレラ騒動（1892年）

却処分されること、また消毒措置によって自分たちの所有物まで毀損されることを恐れたのである。

それに対して市長は消毒隊員を援護すべく、三二人の騎馬警官と同数の徒歩警官を現地に派遣したが、これがかえって住民側の反発を強めることになった。感染家屋の住人たちはバリケードを築いて警官隊の進入を阻み、警官に向かって腐った果物や野菜、ごみくず、糞尿などを雨あられと投げつけたのである。警官隊も、処分された家財はすべて弁償されると数時間にわたって説得を試みたが虚しく、最終的には力ずくでバリケードを破壊し、家屋に押し入って消毒を実施せざるをえなかった（図4-1）。

こうした騒動の裏には、明らかに都市労働者の反医学的メンタリティが横たわっていた。一八三〇年代のコレラでも都市民衆の間で毒物投与説が流布し、警察署や病院の襲撃、また医師に対する暴行事件が各地で発生していたが、そうした出来事を支えた民衆世界の心性は、この十九世紀末においてもなお色褪《いろあ》せていなかったのである。

それは居酒屋における労働者たちの雑談からも窺える。

一八九二年のコレラ流行を機にハンブルクの政治警察は監視体制を強化し、集会だけでなく労働者が集う居酒屋にも私服警官を潜入させて、そこでの会話を記録していた(2)。その警察史料には政治に関わるものだけでなく、日々の仕事や家賃、食事、病気、家族、夜逃げや犯罪等々、日常生活全般にわたる会話内容が記載されている。この史料に目を通せば、医師を貶める定型化された古い噂が当時も変わらず労働者の間で囁かれていたことが分かる。すなわち、医師は貧乏人の身体を使って人体実験を繰り返しているという噂である。

一人の労働者がいう。「科学のための殺人がますます増えてるってよ。なぜかって学者や医者どもはいつも新しい謎とやらと睨《にら》めっこしていて、この病気の症状を研究するのに実験台が必要だからさ。悲しいかな、苦しんでいる人間の福祉なんてものは人間性を超えていくもんだ。人間を助けるために学者どもは動物を苦しめなきゃならないだろ。だが研究者の連中が動物実験で満足するなんて思ったら大間違いだ。本当のところ動物実験は人体実験にも行き着くものなのさ。よく耳にするじゃないか。病人は病院とか色んな所で極悪この上ない危険な実験に使われるって。もう大勢の人間が科学の犠牲になっているんだぜ」。

別の労働者がいう。「医者どもや科学の研究者連中は人間への同情心なんか持っちゃいないさ。残酷なことでもやっていくうちに慣れちまえば、どんな哀れみの情も殺しちまうんだからな。病院とか診療所とかの病人たちは、そこでお勉強中の医者どもにとっちゃあ、またとない安上がりな実験材料なんだよ(3)」。

このように十九世紀末の民衆世界でも、相変わらず医学や行政の衛生対策に対する不信の念が深く根づいていた。そのため行政が消毒・予防措置を実施する際には、あからさまな暴動までいかなくとも、ほとんど常に住民の非協力的態度に阻まれ、その貫徹が困難となる状況が各地で見られた。特にハンブルク・コレラの例が示しているように、急性の疫病が発生した場合、対策の遅れが致命的な結果をもたらしかねない。そうした事態を回避するには、当然住民側の自発的な協力が不可欠となる。

そこでこの時期には民衆向けの衛生啓蒙運動が盛り上がりを見せるようになった。なぜ疫病が発生した際に消毒措置が必要になるのか。感染症の原因は何であり、どのような住環境や生活習慣が感染予防に適しているのか。このような感染症に関する基本知識を一般に広めることで、疫病の発生を未然に防ぎ、かつ発生時には住民が行政の衛生対策にも進んで協力するよう仕向ける。――これが、当時衛生啓蒙運動にたずさわっていた官吏や医師たちの狙いであった(4)。

博覧会の時代

だが専門的な科学の知識を民衆に届けるのにふさわしい媒体とは何だろうか。明らかに文字言語ばかりの分厚い専門書ではない。それは情報の伝達に適した媒体の一つではあるが、専門家ならぬ身の一般市民には敬遠されがちである。ましてや普段から読書に慣れ親しんでいない層は最初から除外されてしまう。けれど衛生啓蒙運動で主要なターゲットとして想定されたのは、まさにそうした読書習慣を持たない階層の人びとだった。

そこで注目されたのが博覧会というイベント形式である。なぜならこのイベントは文字情報より視覚情報を中心に置くスペクタクル・メディアであり、高度なリテラシーを身につけていない人間にも馴染みやすいだけに、民衆啓蒙に適した媒体と考えられたからだ。ドイツで衛生啓蒙運動を精力的に推進した企業家カール・アウグスト・リングナー（後出）も、その啓蒙の戦略について以下のように説明している。

　ほぼ十年来、私は大衆に衛生上の知識を効果的な仕方で伝達するという問題に取り組んでいます。微に入り細を穿《うが》つような試みを無数に繰り返したあと、〔中略〕私は次のような確信を堅く抱くようになりました。すなわちこの衛生教育は、明晰かつ単純な形で設計された実見教習によってのみ可能であること、そしてこの単純な実見教習は、成人した住民の場合、立体的なオブジェの展示によってのみ成就できるということです。つまり健康な臓器や罹患した臓器のありのままの展示、それらの機能の適切な説明、病原菌の姿を見せる展示、その感染のしやすさや、感染の帰結、実行可能な感染対策、そうした予防措置によってこれまで獲得されてきた成果等々です。このように並べて整理してみれば、大衆の衛生教育が採るべき形式はおのずから明らかでしょう。博覧会という形式です(5)。

衛生啓蒙の装置として博覧会形式が採用された背景には、もちろん時代的文脈もある。まだ映画もテレビもない十九世紀の世界においては、このイベントが最も身近な視覚メディアとして隆盛を誇っていたからだ。

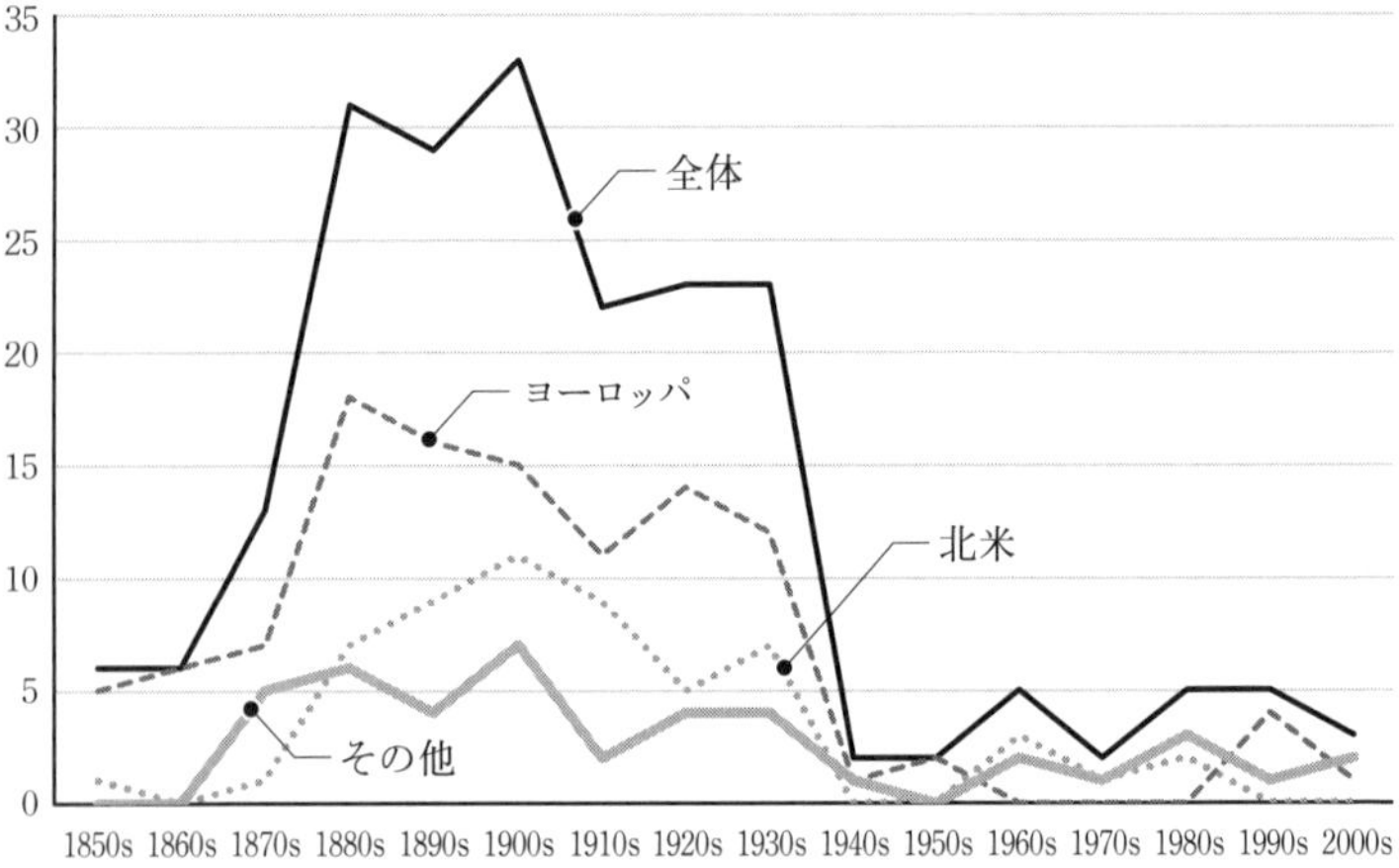

図4－2　世界における国際規模の博覧会の開催数（1851-2010年）

周知のように西洋では、一八五一年にロンドンで史上初の万国博覧会が開催されて以降、各国の主要都市で数年おきに万博が繰り返され、そのブームは第二次世界大戦前夜まで続くことになる。これを受けて社会学者の吉見俊哉は、一八五一〜一九四〇年を博覧会の時代と定義しているが、[6] たしかに世界におけるその頻度をグラフにして見ると、この時代、特に一八八〇年代から一九〇〇年代をピークとして（ヨーロッパでは一八八〇年代、アメリカでは一九〇〇年代）、国際規模の博覧会が集中的に開催されていたことがはっきり見て取れる（図4－2）。

とはいえいうまでもなく、この時期に開かれた博覧会イベントは万博に限られていたわけではない。むしろ当時は絢爛豪華な万博と並んで、大小さまざまな博覧会が此処彼処《ここかしこ》で日常的に催されていた。ドイツの経済学者ヴェルナー・ゾンバルトによれば、「街を出歩けば必ず何か一つの博覧会に出くわす」ような具合だったといい、そのあまりの数の多さから、「もうすぐ博覧会方式の博覧会という、新手の博覧会も出てくるだろう」と冗談めかした記述も残している。[7]
いずれにしてもヨーロッパ近代を「博覧会の時代」と呼べるとすれば、それはこれら無数の中小博覧会群が、その巨大さゆえに数年おきにしか開催されない万博の空隙を埋める形で常時存在し、日常生活の一部として当時の人びとに親しまれていたからだ。
したがって衛生啓蒙の手段として博覧会形式を選択することは、当時にあってはそれほど突飛な戦略だったわけではない。むしろ勧業博覧会や植民地博覧会、都市博覧会など特定の主題に特化した特別博覧会、[8]さらにはもっと小規模の展覧会[9]も常日頃見られた時代では、一般市民にとって敷居の低い、生活に溶け込んだイベントにほかならなかった。そしてまさにそれゆえに、博覧会形式は衛生啓蒙運動でも民衆の教育に最適な媒体と見なされたのである。

コッホの顕微鏡写真

ところでコッホ細菌学の実験手法それ自体も、この博覧会という視覚メディアと高い親和性を持つものだった。病原菌研究におけるコッホの最大の貢献が実験手法の技術革新にあったことは先述したが（第2章第3節）、とりわけ写真技術の応用によってミクロの病原菌の可視化と撮影に成功したことは、病原体説《コンタギオン》の説得力を大いに強め、細菌学の勝利に少なからず寄与したといってよい。

もちろん医学研究に写真技術を導入したのはコッホが初めてではない。一八三九年にダゲレオタイプの写真技術（銀板を感光材料として使用する撮影法。銀板に直接現像するため複製できない）が開発されてから、早くも一八四〇年代には臨床医学で患者を撮影することが行われるようになっていた。[10] コッホが新しかったのは、写真機を顕微鏡に備え付けて、そのレンズを微生物が住まうミクロの世界へと向けた点にあった。

コッホがこのように写真技術を研究活動に取り入れたのは、みずからの一病一菌の原理から導き出された一つの帰結にほかならない。結核のように特定種の細菌が一つの病気を引き起こすなら、その形姿を可視化することはそのまま病気の原因を同定し、かつその存在を証明することも意味している。だからこそ、その可視化にはできる限りの正確さが要求されるのであり、コッホは研究者による手描きのスケッチなどよりも、世界をありのままに映すと見られた写真技術のほうが、細菌可視化の手段としてより適切だと考えたのである。

微生物の研究で最も大事な意味を持つのは、その姿を写真に収めることである。純粋に客観的な、どんな先入観にも囚われない解釈が必要なところがあるとすれば、それはまさにこの領域である。〔中略〕顕微鏡の対象物のスケッチは写実的とはほど遠い。それらは常に現物よりきれいで、明確な輪郭線を持ち、現物より濃い陰影もある。適当な場所でそうした明確な輪郭線ないしは濃い陰影を作り出せば、その画像はまるで別物になってしまうだろう。〔中略〕写真の画像であればそうしたことがありえないのはいうまでもない。ここではプレパラート〔顕微鏡観察用に調製された試料――引用者〕それ自体の陰影が画像として固定され、顕微鏡の対象物もありのままの姿を見せる。その際、画像の各部分を修正しようと手を加えることなどまったくできない。[11]

むろん当時の技術では顕微鏡写真の撮影もそれほど簡単だったわけではない。手順としては、まず顕微鏡に取り付けた撮影用カセットに感光剤を塗布したガラス板をセットして露光を行う。通常の陽光であれば露光時間はおよそ四、五分程度で、それが終わり次第すみやかに暗室に移動して現像し、それから露光の出来具合が点検される。そこで不備が見つかれば同じ手順を最初から反復しなければならない。しかも光源は太陽光に頼らざるをえなかったため、撮影は天候に大きく左右されることになる。そこでコッホが撮影を行っている間は彼の妻が外に出て、雲が陽光を遮らないか絶えずチェックしておく必要があった[12]。

図4－3　カール・ツァイス社（光学器械会社）が開発した顕微鏡写真機（1882年）
右端に細菌のプレパラートが据え付けられ、顕微鏡を介して左側の写真機で撮影される仕組みになっている。

それでもコッホは企業と共同しながら顕微鏡写真機の改良を重ね（図4－3）、写真画像の精度の向上に多くの時間と労力を費やした。コッホにとって写真とは、顕微鏡が映し出した像を正確に再現するというその特長を通じて、複数の研究者がまったく同一の認識を共有することを可能にする唯一の媒体だったからだ。

> 写真は、ごくわずかな錯覚もありえず、顕微鏡の像を焦点・倍率・照明それぞれにおいて、撮影が行われた状態を正確に再現する。写真画像が写しているものについて合意を得るほど簡単なことはないだろう。どれだけ観察者が多くとも、これまで銘々でしか接することがなかったものを、全員で同時に目にすることができるからだ。

それが何であろうと、観察対象を指で示すことも、コンパスで測定することも、あるいは同一の物または別の物を写したほかの写真画像と直接比較することもできる。つまりは、当該の対象についての合意形成に役立ちうるすべてのことが、写真によって可能になるのである。(13)

いいかえれば顕微鏡が映し出した病原菌の姿は、写真によってそのままの形で実験室の外に持ち出され、他人と共有することが可能となった。つまり狭い実験室空間から切り離されて、いつでもどこでも誰でも同一の病原菌を、しかも同時に目にすることさえできるようになったのである。まさしくこの可視化技術の利用という点に、コッホ細菌学と博覧会との親和性があったといえる。コッホが取り入れた病原菌の証明方法は、それが写真画像に体現される「視覚的客観性」を志向していた限りで、当時の代表的な視覚メディアである博覧会にも容易に転用可能なものだった。

事実、衛生啓蒙を目的とした博覧会では来場者に病原菌の存在を知らしめるツールとして、その姿を写した写真も積極的に活用されていく。まさに百聞は一見に如かずで、人びとは博覧会場に展示された「証拠写真」によって、普段肉眼では目にすることのできない病原菌の姿を目撃し、それが本当に存在することを百の言葉によるよりもはるかに強く説得されることになる。少なくともこれが、博覧会で期待された顕微鏡写真の効用だった。

2 陳列される微小世界

カール・アウグスト・リングナー

とはいえ当時の衛生博覧会で最たる呼び物になったのは、この顕微鏡写真ではない。むしろ主催者の目には、静止した平面の写真は展示物としてのインパクトに弱く、それだけでは興行的成功は見込めないと映っていたようだ。そこで企画されたのは、実際に生きている病原菌をオブジェとして展示するというものだった。

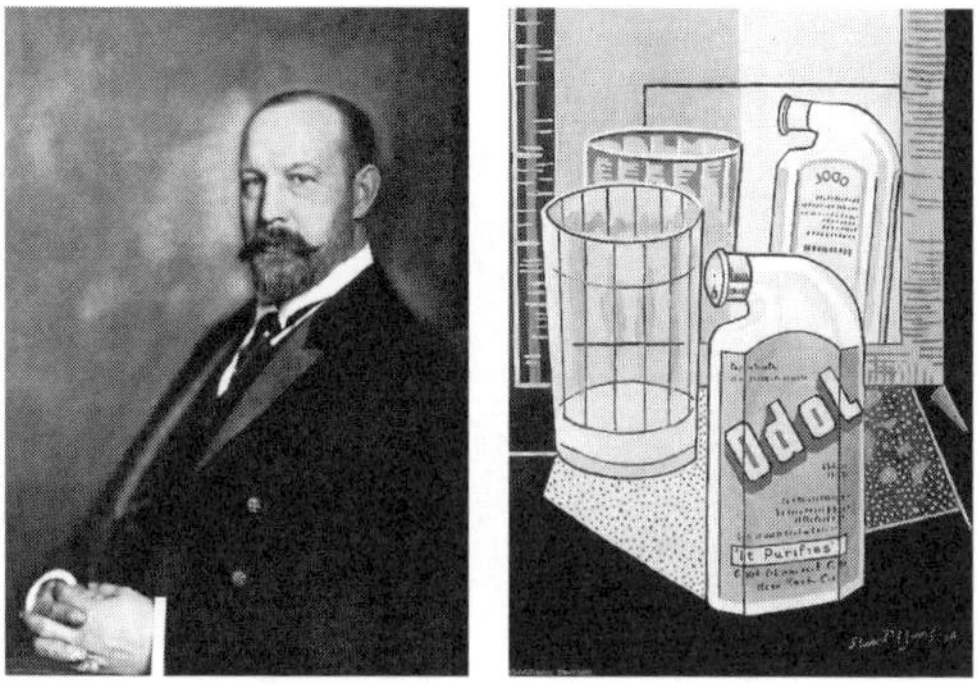

図4－4　K・A・リングナーと世界初のマウスウォッシュ「オドール」　このオドールは今でもドイツで親しまれている衛生商品のブランドである。

このアイデアは、ドレスデン（ドイツ）の一企業家カール・アウグスト・リングナーの発案によるものであった。この人物は、知り合いの化学者が開発した殺菌剤を利用して、一八九二年に世界初のマウスウォッシュ「オドール」（Odol＝歯を意味するギリシア語の*odous*と油を意味するラテン語の*oleum*を組み合わせた造語）として商品化し、その成功によって巨万の富を得た、いわば細菌学革命の申し子のような企業家だった[14]（図4－4）。

そのためリングナーにとって、細菌の生態やその感染予防に関する社会全体の知識の向上は、自身の経済的利害にも深く関わる問題であり、それだけに彼もまた衛生啓蒙運動にはひとかたならぬ関心を寄せていた。というよりリングナーがそうした関心を持つようになったのは、正確にはオドール開発前の一八八四年にロンドン国際健康博覧会を訪れてからのことで、その博覧会での体験から衛生商品の開発と広告の重要性を認識したといわれる[15]。

いずれにせよオドールの成功を機に「二十世紀は衛生の世紀になる[16]」との予見のもと、リングナー自身も地元のドレスデンで衛生啓蒙運動を積極的に展開していくことになる。その最初の試みとして結実したのが、一九〇三年のドイツ都市博覧会で企画の一つとして採用された「国民病とその撲滅」特別展だった。

この特別展でリングナーが基本方針としたのは、「現代の研究者が研究室や実験室で獲得したものを、我々自身の手ですみやかに実践的価値に転換させる[17]」ことであった。つまり科学研究の最新の成果を一般社会ですぐに応用できるよう仲介する、いいかえれば理論と実践をつなぎ合わせることが、展覧会の基本にして最大の目標とされていたのである。

リングナーはその動機として、民衆の無知に起因する当時の衛生対策の困難さを挙げている。すなわち、「消毒活動を実施する場合、感染症の病人は、医師が当局から指示するよう義務づけられている住居の消毒の不快さに身をゆだねるよりは、医師の治療から逃れようとすることを、私たちは日々体験している」。このような「住民の偏狭さ」のせいで、これまで「ペストやコレラの流行時に衛生上の措置を施そうとしても、衛生官は暴徒たちから石を投げつけられる始末であった[18]」。

それゆえ行政の衛生対策が効果的に実施され、社会の健康を維持できるようにするには、何より疫病についての正確な知識、つまりコッホ細菌学の理論の習得が民衆に求められる。とはいえこの理論には特有の難しさがある。すなわち人間の五感では病原菌を感知できないという問題であり、一面ではそれが細菌学に関する民衆の理解を阻害している。それどころか、「細菌など本当は存在しないとの見解が今日なお広く蔓延し、それがやぶ医者どもによって故意に煽られる」[19]という状況すらもたらしている。現に生きている病原菌を来場者に直接見てもらうというアイデアは、そうした細菌学に固有の問題に起因するものでもあった。

生きた病原菌の展示

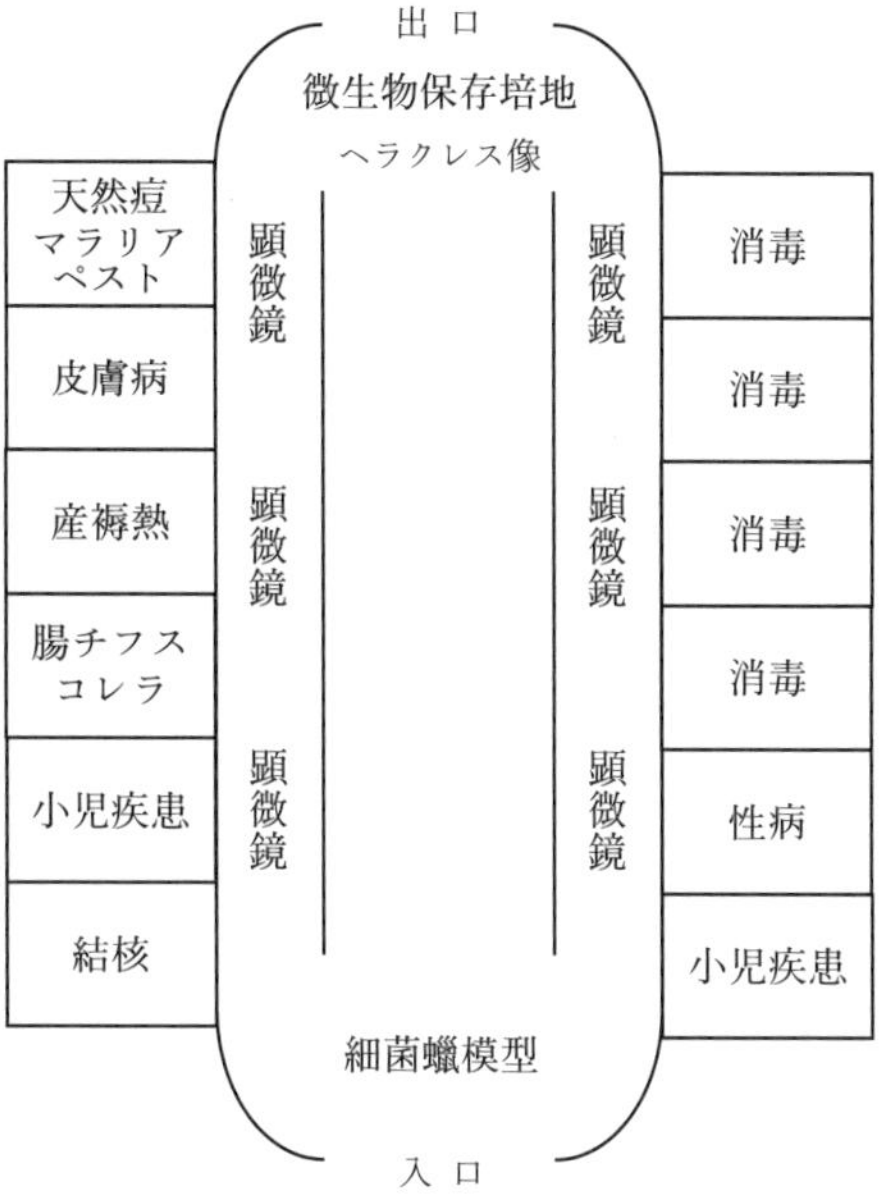

図4－5　「国民病とその撲滅」特別展の会場レイアウト

リングナーによれば、「国民病とその撲滅」特別展は会場（図4－5）を一冊の本に見立て、「文字テキストを立体的な展示物に置き換え、それぞれのブースが章となる」よう整えられている。本の章立ては三章構成となっている。第一章は病原菌の説明にあてられ（中央ホール）、第二章は主要な諸疾患の症状の説明（出口に向かって左翼）、第三章は消毒機材などの衛生対策ツールの紹介（同右翼）である。[20]

図4－6　「病原菌」の部の展示ホール（1903年）

そのほかにも、序章として展示会場の入口に細菌の形姿を模した蠟模型が置かれ、また付録として展示されたパストゥール研究所から借用した微生物の保存培地が展示された。まずはこれらのオブジェによって、来場者は肉眼で見えない細菌がどのような姿かたちをしているのか、また実験室ではどのような環境で生きているのかを知ることができる。(21)

しかし来場者が会場で目にするのは、そうした蠟模型や試験管にとどまらない。それらはいずれも「本物」の細菌の姿を直接的に可視化しているわけではなく、あくまで細菌の存在を間接的に示すだけのものにすぎない。

この点で見どころなのが、第一章に相当する「病原菌」の部である（図4－6）。その展示物は会場の中央に位置する大きなホールに置かれていたが、そこに足を踏み入れるとすぐ奥にそびえ立つ大きな彫像が目に飛び込んでくる。これはギリシア神話の英雄ヘラクレスが怪物ヒドラと戦っている姿を象《かたど》ったもので、病原菌との戦いに勝利する科学の叡智を寓意的に表現した彫像である。(22)

とはいえそれはあくまで装飾にすぎず、このホールでメインとなる展示物はその彫像に通じる通路の両側にある。そこには八〇台もの顕微鏡が陳列されており、それらのレンズの下にそれぞれ生きた細菌のプレパラートが置かれている。ホールを訪れた来場者は、この顕微鏡を順次覗いていくことで、多種多様な細菌が実際に動いている様子を眺めることができるのである。

リングナー自身、「一般人に生きて動いている細菌を披露するというのは、私たちが特にこだわった点だった[23]」（強調原文）と語るように、この顕微鏡展示は特別展のなかでも最大のハイライトだった。たしかに顕微鏡の操作はそれ相応の熟練を要するもので、医学生でもその操作に苦手意識を持つ者が少なくない。ましてや医学の知識が皆無の来場者が、展示物の顕微鏡を操作しながら細菌のプレパラートを観覧するというのは、とうてい期待できるものではない。

リングナーは詳細を明らかにしていないが、この問題を解決するべく、あらかじめ調節された顕微鏡に「簡単な器具」（ガラス製のカバーとねじストッパーか）を取り付けることにしたという。それによって来場者による不測の操作を防ぎつつ、細菌を展覧に供することが可能となる。「この器具によって初めて、顕微鏡の扱いに不慣れな一般の公衆にも生きた細菌を披露することができるようになった。そのおかげでこの部はまた、公衆の間で最も大きな話題をさらったのである[24]」。

特別展の開催に当たってリングナーに協力したルートヴィヒ・ランゲなる医師も、会場での講演で細菌プレパラートの実物展示の意義をことさら強調している。実験室の外の世界では、それまでせいぜい静止したスケッチや写真画像でしか細菌の姿を目にする機会がなかった。それが今やこの展示物によって、来場者は実験科学者と同じく、対物レンズの下で繰り広げられる微小世界のスペクタクルを目撃することになる。

図4-7　キール港における特別展の船内展示（1906年）　船舶の右舷に「国民病とその撲滅」展の文字が見える。キールでの展示は埠頭に接岸した船内で開催するという趣向が凝らされた。

> たしかに顕微鏡のプレパラートは、一般人には十二分に利用したり評価したり活用したりできないものではありますが、一つのことだけはなしえます。すなわち、細菌は罹患した臓器のなかでいかにして発見され目にすることができるのか、これについて来場者が納得できるようになること、そしてその結果、病気を引き起こすという細菌の役割についてそれ以上疑いのまなざしを向けられなくなることです。概して教養ある人びとにおいては、もう長いこと細菌の驚異の世界への興味関心が大きくなっていますので、顕微鏡の下でさまざまなかたちの細菌たちが楽しくはしゃぎ回ったり、蛇行して進んだり、せかせか動いたり、ただ静かに震えていたりするのを観察できるなら、それこそ最高の驚嘆と感嘆の念に満たされることになるでしょう[25]。

実際この特別展での顕微鏡展示が世間でも大きな話題になったことから、五月から九月の開催期間中、わずか四〇〇〇平方メートルの小さな会場に、都市博覧会全体のおよそ半分に当たる二二万人もの来場者が押し寄せることになった。そのあまりの人気ぶりから、博覧会閉幕後も数年間は特別展だけ国内の主要都市を順次巡回し（一九〇四年フランクフルト、一九〇五年ミュンヘン、一九〇六年キール）、いずれも盛況を博している（図4－7）[26]。

こうした成功体験から、リングナーは博覧会形式が衛生啓蒙で持ちうる目覚ましい効能を確信し、今度はさらに規模を拡充させた博覧会イベントを構想するようになる。のちに、衛生運動史上に名高い「ドレスデン国際衛生博覧会」として結実する構想である。

国際衛生博覧会の構想

おそらく一九一〇年前後に起草されたと思われる、リングナーの手になる国際衛生博覧会の企画書がベルリンの州立図書館に保管されている。ザクセン王国政府（ドイツ帝国を構成する邦の一つで、ドレスデンはその首都）とドレスデン市議会に向けて執筆されたこの企画書には、企画の動機としてリングナーに衛生啓蒙の必要性を痛感させた当時の社会状況、つまり疫病をめぐる同時代人の混乱ぶりが記されている。

それによれば、コッホ細菌学のもたらしたものは、リングナーの目にすら単に福音だけとは映っていなかった。むしろ細菌学が社会の感染不安を焚きつけたことによって、かえって細菌学の主張を否定するという、反動形成（無意識下の本心とは裏腹の態度をとる心的傾向のこと）にも似た抵抗の動きが社会の側で生じてしまったという。リングナー自身の言葉を引用しておこう。

ドイツの衛生学は特にペッテンコーファーによって新たに生命を吹き込まれたが、その衛生学に対してはここ数十年来の偉大なる科学的発見、とりわけロベルト・コッホの細菌学研究によって、まったく新しい領域が切り拓かれることになった。しかしまさしくこの発見や、そこから出てきた実際上の帰結は、下層の民衆において多大なる混乱を招いてしまった。それは、この下層民から遠く離れた多くの衛生学者が感じている以上の混乱である。このまったく新しい微小世界の、えもいわれぬほど不思議な光景、途方もなく澄みきった微生物の組織、これらは普通の想像力でも容易に理解できるものである。そして、病気はいわば実体のかたちをとって外から体内に入り込み、そこで広がり、それから一定の、傍目にも見える症状で気づかれるようになる、という非常に安直なイメージが人間の脳裏に浮かぶようになり、それが幾百万の人間の衛生観念全体をあっという間に独り占めするに至った。

ここから大袈裟に誇張された感染恐怖が頭をもたげてきて、まず多くの層で激しい不安が呼び起こされたが、それによって細菌学の成果全体をいかさまにすぎないと主張する、これまた雑な反動が方々で起こってきたのも当然だった。そうして救いがたいほどの諸見解の混沌状態が生じたのであり、社会全体のためにも可及的すみやかにそうした混乱を解きほぐすことが求められるのである。(27)

それだけに衛生博覧会は、専門知識を持たない一般人の興味関心を引きつけるものでなくてはならない。しかしリングナーによれば、同時に専門家や研究者を満足させるような水準も維持しなければならない。社会全体の衛生観念を向上させるには、官僚や医師の間にも衛生学の理論と実践に関する理解を広げる必要があるからだ。(28) そこでリングナーは展示を「一般」「科学」「歴史」「産業」の四つの部門に分け、来場者のタイプに応じて複数の観覧ルートが可能となる構成を描いている。たとえば細菌学に関心を持つ若い医師なら、まず科学部門で多様な研究資料や全種類の顕微鏡を観覧する。直接感染症を扱ったものなら、一般部門で顕微鏡のプレパラートが展覧に供されているし、顕微鏡の供給元について知りたいなら産業部門を訪ねればよい。学童を含めた一般人はただ一般部門だけでも構わないし、関心があれば歴史部門も併せて観覧してもよい。専門知識を持つ行政官ならまずは科学部門を、工場や会社の経営に携わっている人は産業部門を訪れたほうがよい[29]。いずれにせよこの博覧会は、どんなタイプの来場者も満足させるものでなくてはならない。

とはいえやはりリングナーにとって、市民の圧倒的多数を占める非専門家へのアピールこそ、衛生博覧会にあてがわれるべき最重要課題だった。なぜなら「当局の側で講じられる衛生対策が、今日なお純然たる無知から抵抗に直面していることは、よく知られた事実」だし、実際「住民が社会衛生の指令に不承不承でしか従わなかったり、少なくとも消極的な抵抗を見せたりすることも、私たちは毎日のように見聞きしている」からだ[30]。

したがってきたるべき博覧会では、「非常に乏しい教育のせいでほとんど理解力のない多くの人びと[31]」を対象とする一般部門こそ、四部門のなかでも中軸の位置を占めることになる。この層の民衆の衛生知識を向上させれば、行政の衛生対策も著しく効率化できるし、民衆自身が疾患リスクの高い生活習慣の改善や感染症予防を心がけるようになれば、疾病保険の支出額を削減できるというメリットもある[32]。リングナーはこうした論法でもって衛生博覧会の社会的・財政的意義を訴えかけ、ザクセン王国やドレスデン市にその開催に当たっての理解と支援を求めたのである。

3　衛生のテーマパーク

図4－8　ドレスデン国際衛生博覧会のポスター（1911年）
中央の目は顕微鏡やレントゲンをはじめ、肉眼に隠された微小世界や身体の内部を見透かす科学のまなざしを表している。

ドレスデン国際衛生博覧会

こうしたリングナーの働きかけも功を奏したのだろう、ドレスデンの国際衛生博覧会はザクセン国王フリードリヒ・アウグスト三世の後援も得て、一九一一年五月六日に無事幕開けとなった。しかもそれは歴史的な盛り上がりを見せ、十月三十一日に閉幕するまでの六ヵ月弱の間に来場者数は累計五五〇万人に上り、ザクセン王国の人口四七〇万人を大きく上回った[33]。万博はさておき、特定の主題に特化した特別博覧会としては未曽有の成功といってよく、その名はユーゲント・シュティールの旗手フランツ・フォン・シュトゥックが制作した広告ポスター（図4－8）とともに、ドイツの衛生運動のなかで後々まで語り種になっていく。

ではこの博覧会を訪れた来場者は、実際にそこでどんな体験をしたのだろうか。

まず基本情報から確認しておくと、王室大庭園のうち衛生博覧会に供された土地の面積は三二万平方メートル、東京ドーム約七個分の広さに相当する。しかし屋内面積は計七万五〇〇〇平方メートルで、博覧会の敷地全体の四分の一弱にすぎない[34]。つまりこの衛生博覧会は、空間比率という点だけで見れば、通常の博覧会のように屋内展示を主にしているわけではない。反対に来場者が屋外

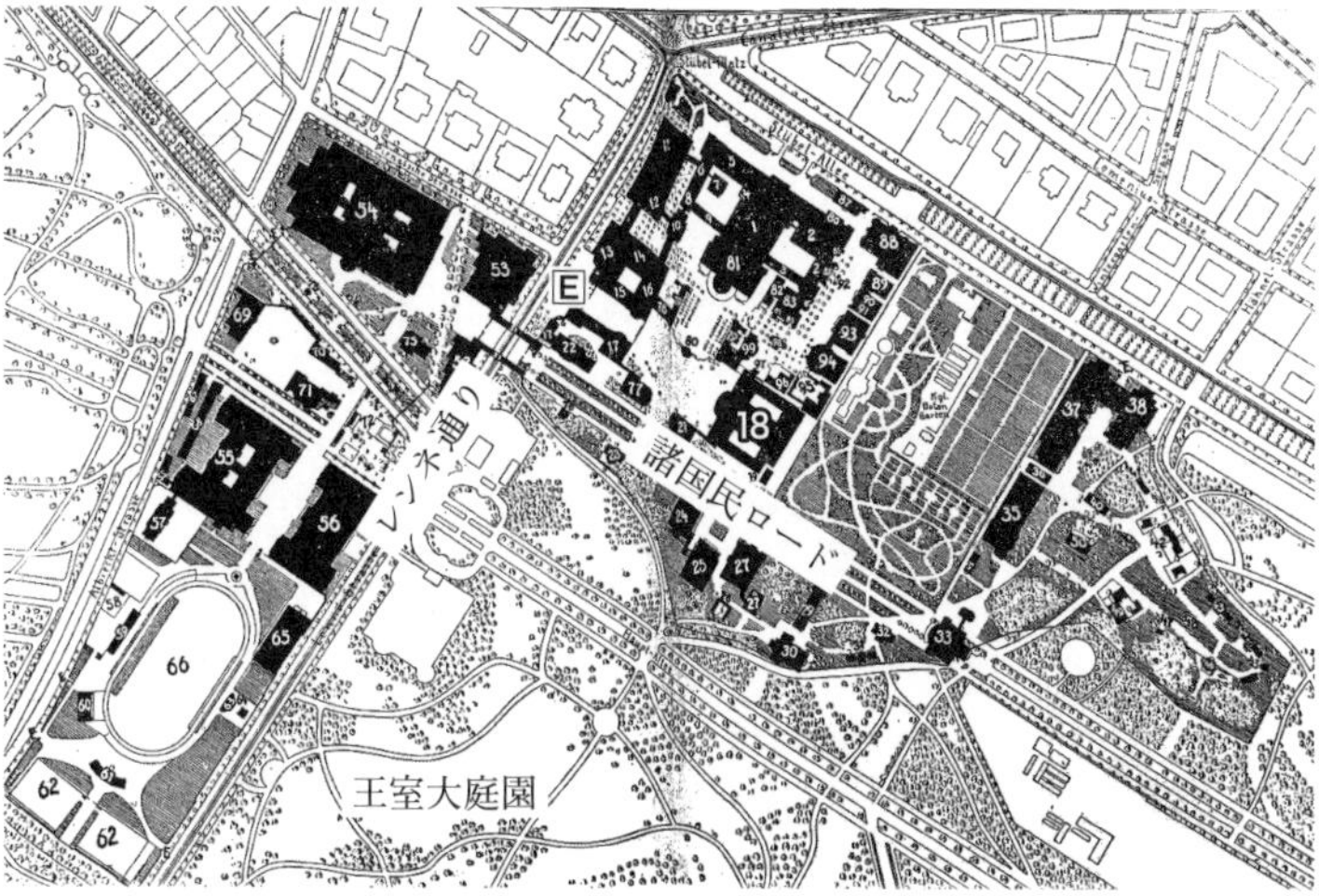

図4－9　ドレスデン国際衛生博覧会場地図（1911年）　黒の部分が屋内会場。地図の中心よりやや左上に中央ゲート（E）があり、その南東にある18番の建物が「人間」展示館である。会場全体は北から南西の方角に延びる道路（レンネ通り）を挟んで二つの区画に分かれている。

でも多くの時間を過ごすよう設計されていると見ることができる（図4－9）。

先述したように博覧会が視覚（展示物の観覧）を中心とするイベントだとすれば、これはいささか奇妙な比率である。なぜ屋外空間がこれほど広い面積を占めたのか。

当時来場者に販売された公式ガイドブックを見ると、その理由はすぐに分かる。この博覧会では屋外で数多くの娯楽イベントが常時催されていたからだ。博覧会を訪れた者は、ただ単にパビリオンのなかに展示されてあるオブジェを観賞しただけではない。休憩や気晴らしのために、会場に設けられた高級レストランや老舗喫茶店、バー、ボデガ、アラビアン・カフェ等々でくつろげたほか、ボーリングやリュージュ、ダンスに興じたり、劇団の寄席や人形劇、プロムナードコンサートやレストランコンサー

トなどの演奏会、はたまた各種スポーツの対抗試合など、諸々の催し物にも足を運ぶことができたのである。(35)

たとえばスポーツ行事をいくつか取り上げてみると、もっぱら週末に集中して次のようなものが行われていた。

五月七日（日）　ホッケー　ドイツ大学別選手権大会（決勝戦）
五月七日（日）　サッカー　都市対抗試合　ベルリン対ドレスデン
五月十三日（土）　サッカー　グラスゴー・セルチック対ドレスデン
五月二十一日（日）　モータースポーツ　モーターボート航行　ピルナ＝ドレスデン間
五月末　飛行スポーツ　ザクセン王国飛行船協会主催ザクセン一周飛行
六月四日（日）　サッカー　ドイツ選手権大会　決勝
六月十八日（日）　体操　大体操祭
六月十八日（日）　水泳　国際水泳祭
六月十八日（日）　ボート競技　国際レガッタ大会
七月九日（日）　自転車競技　大博覧会杯
七月十六日（日）　陸上競技　国際試合
八月二十日（日）　スポーツ祭典　ドイツ・オリンピック大会帝国委員会主催
十月一日（日）　自転車競技　大ザクセン杯

十月十五日（日）　サッカー　国際試合　ドイツ対フランス

これらの行事は来場者の間で大変な好評を博したようで、博覧会閉幕後にリングナー自身がこの試みを振り返って、「国際衛生博覧会のスポーツ行事によって、ドレスデンは第一級の競技場になった」と自負している。ただしこうしたスポーツ・イベントは、衛生博覧会の内容とまったく無関係な娯楽として用意されたわけではない。それはあくまで、「スポーツと身体管理は直接つながっている」という理念にもとづいた催し物であった[36]。

とはいえその一方で、これらの娯楽イベントがこうした建て前上の理念で汲み尽くされるわけでもない。むしろこの種のスポーツや演奏会などの催し物は、万博を含む博覧会一般の見世物興行としての性格を引き継いだものと見てよいだろう。一八九六年のアテネに始まるオリンピック大会も、当初はあくまで万博の余興として開かれていたように、スポーツ・イベントはすでに国際衛生博覧会以前から、集客のためのアトラクションとして知られていたものであった[37]。

アミューズメント空間

ところでこうしたスポーツ行事以外にも、博覧会の敷地内にはリクリエーションを目的としたさまざまな仕掛けが用意されていた。この衛生博覧会を訪れた米海軍の軍医が体験レポートを公表しているので[38]、それをもとに博覧会場の様子を引き続き窺うことにしよう。

まず巨大な円柱が立ち並ぶ中央ゲート（図4−10）を抜けると、「祝祭広場《フェストプラッツ》」と呼ばれる開放的

図4-10　国際衛生博覧会の中央ゲート　ゲートの奥に一般部門のパビリオン「人間」展示館が見える。

図4-11　電飾を施された「諸国民ロード」

な空間が目の前に広がる。そこには音楽堂や庭園レストラン、テラス付きのワインレストランが並び、来場者は早々に美味に舌鼓を打つことができる。さらに左手にはリクリエーション広場が広がっており、そこにはバイエルン風レストランのほか、曲馬場、ダンス場、日本茶屋やインド茶館などもある。レポートを書いた軍医の印象では、それらの施設は「溢れかえった来場者を収容し、彼らに休憩やリフレッシュの機会を与え、同時に博覧会の生真面目な雰囲気を気にせずに、色とりどりの風景や興趣を見せてくれる」ものであったという[39]。

前方には一般部門の「人間」展示館がそびえ立つが、その館内の様子は後段に譲ることとして、ここではまず右手に曲がって進んでみよう。すると南東から北西に延びる一本の並木道に出る。この四〇メートル幅の道に沿って中国、オーストリア、ロシア、日本、スイス、オランダ、スペイン、イタリア、フランス、ハンガリーなど各国のパビリオンが林立していることから、「諸国民ロード」(rue des nations) とも呼ばれるが、ここにも来場者を魅了する仕掛けがある。道の両側から並木にぶら下げる形で小さな電球がふんだんに飾られていたため、夜間になると光のトンネルが現出し、諸国民ロードはひときわ目を引くイルミネーションスポットになるのである[40](図4-11)。

博覧会の公式ガイドブックにも、この並木道のイルミネーションは誇らしげに紹介されている。「私たちが散策しているこの王室大庭園をひときわ素晴らしいものにしているのは、霊妙な木立や小道、芝生や噴水、池や彫像だけではありません。〔中略〕夏の夜には、この『諸国民ロード』は何千もの小電球によっておとぎ話の世界のようにライトアップされ、上品なカフェやレストランとともに国際色豊かな第一級の散歩道に変わるのです[41]」。

この並木道に沿って北西の方角へ歩を進めると、レンネ通りという広い道路に行きあたる。この道路を境として博覧会場は二つの区画に分かれているが、道路の上には陸橋が架けられており、来場者はこれを伝ってもう一つの区画に移ることができる。ただこれも単なる陸橋ではなく、側面にオートスロープがつけられており、二・五セントを払うとこれに乗って橋の上を歩かないまま移動できるのである[42](図4-12)。

図 4-12　オートスロープが設置された陸橋

図 4-13　造波プール（デュッセルドルフ・1926年）　人工的に波を発生させるプールはその後の衛生博覧会でも恒例のアトラクションとなった。

さて第二区画には、労働環境や住宅、食品等々に関する展示館と並んで、テニスコートやプール、陸上競技場など来場者がスポーツを楽しむ施設も集中している。特に楕円形の競技場の傍らには「ウンドーザ」（Undosa＝ラテン語で「流水」の意）と名づけられた露天水泳場があり、その名のとおりプール槽には三フィート（一メートル弱）の波を人工的に起こす機械が装備されている。プールにいながらにして海岸のようなダイナミックな波の動きを楽しむことができ、かつ水泳運動による健康効果も得られるのである。[43] アトラクションと健康の増進を融合させた、まさに一石二鳥の施設というわけだ（図4－13）。

このようにドレスデン国際衛生博覧会では、展示とは直接関わりのない屋外空間も、数々の娯楽イベントや幻想的なイルミネーション、最新技術を駆使した遊戯施設が立ち並ぶテーマパークに仕立てられていた。この博覧会の主催者たちは、まずはこうした仕掛けを屋外のあらゆる場所に隈なく設置することで、衛生の素人たる大衆を博覧会へと誘致しようと企図していたといえる。

けれどその反面、肝心の展示物が陳列されるパビリオンの内部では、こうした形で人を熱狂させる祝祭的なアトラクションはふさわしいものではない。屋内にあっても来場者の関心をつなぎ止めるには、かまびすしいお祭り騒ぎとは別の仕掛けが求められるのである。

「人間」展示館

先述したように、この衛生博覧会は一般・科学・歴史・産業の四部構成になっており、それぞれの部門に、住居・飲料水・食糧・感染症などのテーマを扱うブースや個室が置かれていた。[44] こうした編成は衛生の専門家である衛生学者や医師、官僚と、素人の一般人とを同時に受け入れられるよう考案されたものであり、あらゆる職業・年齢・性別の人間をターゲットにするという博覧会のモットーに即したものだった。

とはいえメインのターゲットはやはり後者の一般人であり、それは一般部門のパビリオンが中央ゲートを抜けてすぐ眼前の場所に置かれていたことからも窺える。円錐形の屋根を持ち、高さ一一

図4−14（左）「人間」展示館

図4−15（下）「人間」展示館の前に並ぶ来場者の行列

メートルの六本の円柱に支えられる巨大なファサードに「人間」（DER MENSCH）という金文字が刻銘されたその外観は、ドレスデン国際衛生博覧会のシンボルとしてさまざまな媒体で描かれたことから、ドイツ衛生運動史上で最も有名な建築物の一つになったものである（図4−14）。

ただしこの展示館が有名になったのは、その外観に理由があったわけではもちろんない。屋内展示物が博覧会の開催期間中から来場者の間で大きな話題となり、連日長蛇の列を作るほど高い人気を博したからである（図4−15）。リングナー自身も博覧会の閉幕後に満悦しながらこう回顧している。「炎天下に何千もの人びとが『人間』展示館前の砂利道で自分の順番が回ってくるのを辛抱強く待ち続ける。そんな光景を目にするのは何とも感動的だった」[45]と。

いったいこの展示館の何が当時の来場者をそれほど引きつけたのだろうか。この点を確かめるために、今度は公式カタログ（前出の公式ガイドブックとは異なる）の内

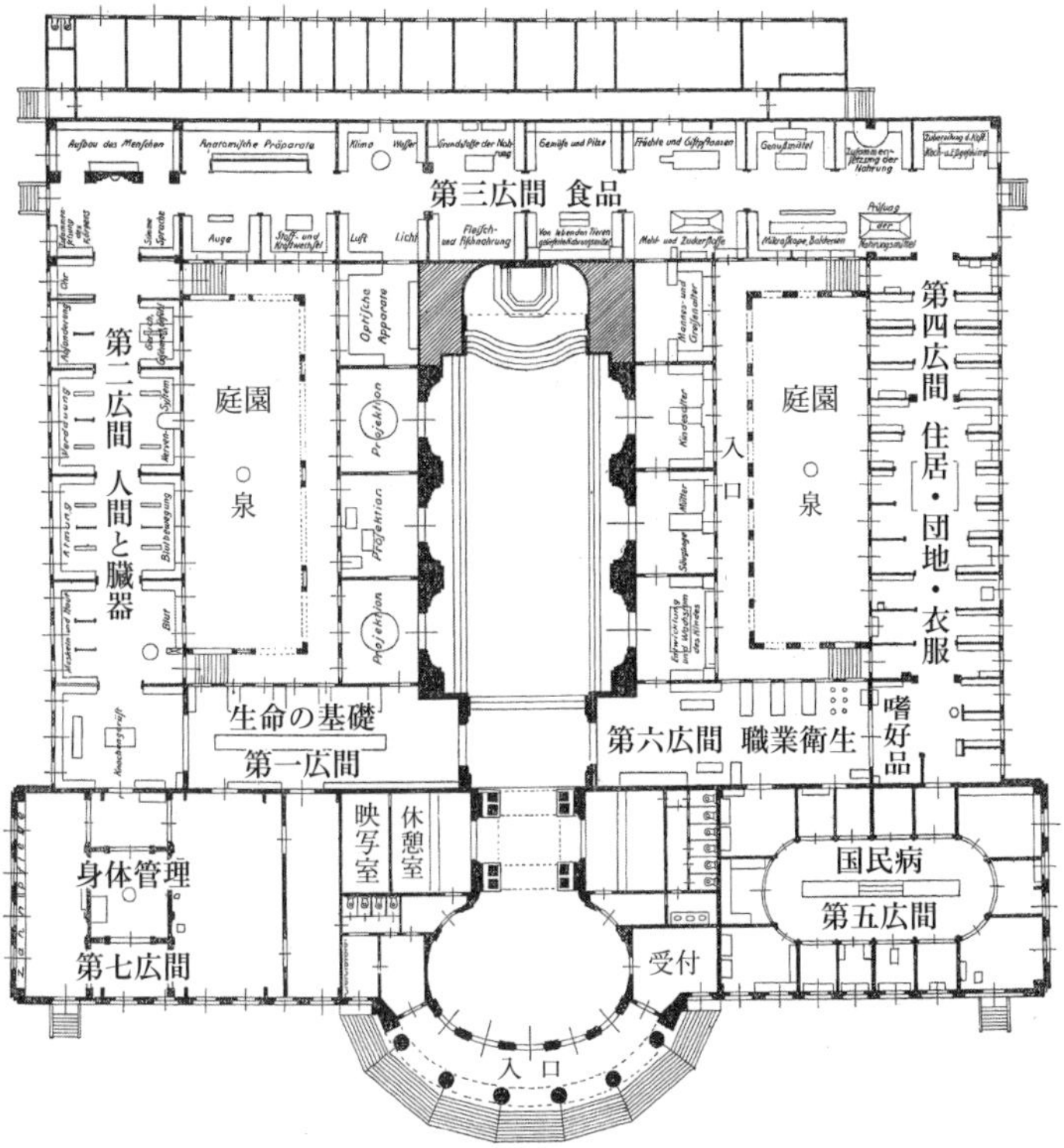

図4-16　「人間」展示館の見取り図

容に即しながら「人間」展示館の館内の様子に目を向けてみよう。

この建物は全体で計七つの広間からなり、時計回りで展示を観覧するよう設計されている。また各広間には、①生命の基礎（細胞の生命活動）、②人間と臓器、③食品、④住居・団地・衣服、⑤国民病、⑥職業衛生、⑦身体管理をテーマにした展示物が並べられている（図4－16）。

展示の仕方も素人の理解を助けるための工夫が凝らされている。たとえばすべてのオブジェに解説パネル

図4－17　機械仕掛けの心臓とガラス容器

図4－18　「国民病」広間の顕微鏡展示

を付け、「最も素朴な人でも自分の身体の芸術的な仕組みを理解できるよう」、なるべく簡潔明瞭な説明を心掛けること、また複数の広間で同一の模型や標本を繰り返し使用することによって、来場者が「人間身体における特に基本的な現象を記憶に強く刻み込む」[46]ように誘導すること等々である。

しかしとりわけ目を引くのは、それらの展示物に施された「仕掛け」である。たとえば心臓の仕組みを再現したオブジェには、三六五リットルの液体（カタログの説明によれば心臓が三〇分間で血管に流す血液量と同等だというが、一時間の誤りだろう）を容れた巨大なガラス容器を設置し、この小さな臓器がいかに大きな活動を担っているか視覚的にイメージさせる。また、心臓の鼓動には「脈を打つ合間に心拍時間の六分の一というごくわずかな中休みがある」という最新の研究成果にもとづき、その動きを正確に再現した機械装置を置くことで、来場者が心臓の運動・構造・機能を目で直接観察できるようにしていた[47]（図4－17）。

このほかにも、「国民病」広間では実験研究で使用される顕微鏡を大量に展示し、来場者が生きた病原菌の姿を実際に目にすることができるように調整されていた[48]（図4－18）。

前節で見たように、顕微鏡プレパラートの展示は八年前の「国民病とその撲滅」特別展ですでに試みられ、大きな成功をもたらしたものだった。けれど一九一一年の時点でも、世間ではいまだに細菌学の知見が根づいておらず、病気感染に関する迷信・俗信が色濃く残っているという判断から[49]、リングナーは顕微鏡の台数をさらに増設したうえで改めてプレパラートを展示したのである。ちなみに「人間」展示館のほかに科学部門の感染症ブースでも、顕微鏡写真やカラーのスケッチと併せて、プレパラートを実見できる細菌学実験室が再現されていた[50]。

「人間」展示館が大きな反響を呼び起こすことができたのは、たしかに「目で見る」ことを前提とするこれら一群の展示物が、それを観賞する者にある種の視覚的な享楽を提供していたからだといえる。ただしよく観察してみると、来場者がこの展示館で享受していた楽しみは、視覚的なものだけにとどまらなかったらしい。機械仕掛けの心臓にしても、来場者は何もその動作をただ拱手しながら眺めていたわけではない。むしろこの心臓は、「博覧会の来場者自身の手で作動させることができる[51]」という仕掛けになっていた。つまりこの客体《オブジェ》は、いわばそれを見る主体の能動的な働きかけを待って、初めて十全に機能するように設計されていたのである。

おそらくこうした来場者による展示物への介入可能性も、「人間」展示館の成功をもたらした大きな要因になっていたのだろう。実際それは、この衛生博覧会を紹介した雑誌記事を見ても裏づけられる。たとえば当時のドイツで最もポピュラーな家庭雑誌だった『ガルテンラウベ』にも、国際衛生博覧会のレポートが掲載されているが、そこでは「人間」展示館の工夫を凝らした仕掛けが次のように称賛されている。

ここでは科学的・技術的に見て完璧といえる標本に沿って、人間身体とそのすべての組織の性質が、一般人にも分かりやすく、かつ独創的な仕方で紹介されています。来場者は生命の機能や、身体に対する光・空気等々の影響について、自動で行われる実験を通じて楽しみながら教わることになります。一例を挙げるだけで十分でしょう。指で一つのボタンを押すとします。すると、空気の塊が地表ないし物体を一平方センチメートルにつき圧迫するのと同じ圧力を加えるには、どれだけの力が必要か、誰でもすぐに分かるという具合です。こうしたものがまだ沢山あるのです。「人間」宮殿は、大衆向け衛生学の壮大な訓練場といえましょう。そこでは誰もが何の説明書もなしに、いかに健康で働ける状態を維持できるか、さらにはいかなる病気や危険に日々さらされているか、そしてそれらをいかに予防できるかを学ぶことができるのです[52]。（傍点引用者）

いわば観覧する来場者と観覧される展示物との相互作用、そしてそうした「主客合一」を経由した衛生知識の身体的・体験的な把握。それがこれらの仕掛けによって可能になるのである[53]。いうなれば、知的な理解（対象を主体から切り離して頭で理解する）を斥けて、逆に対象の直観的な操作にもとづいた体験型の学習を目指す「遊戯性」の戦略である。

概して当時の博覧会イベントには、現実を正確に模倣したオブジェや絢爛豪華な建築物、また電気技術を駆使したライトアップなど、視覚に訴える装置がふんだんに盛り込まれていた。それだけに近現代の博覧会に関するこれまでの研究に、その「スペクタクル性」や「視線の組織化」などを強調する傾向が顕著に見られたのも無理はない[54]。

けれども国際衛生博覧会を訪れた人びとが享受したのは、何も展示物をただ目で眺めるだけの受動的な娯楽に限られていたわけではない。屋外ではオートスロープや造波プールをはじめ、それこそ来場者の身体的な体験に志向するアトラクションが用意されていたし、屋内でも機械仕掛けの心臓のように、来場者自身に展示物への能動的な介入を促す遊戯戦略が張りめぐらされていた。この博覧会で動員されたのは、単に視覚という一感覚器官だけでなく、むしろそれを含めた全《まった》き身体そのものにほかならなかったのである。

4 恐怖の煽動

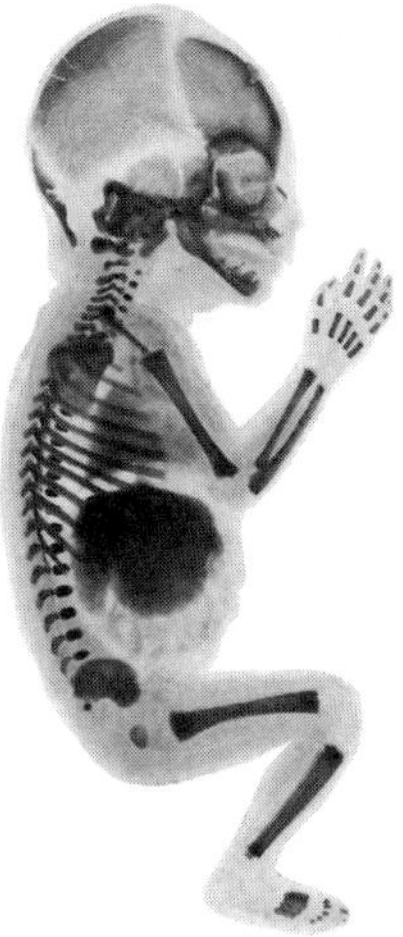

図4-19 シュパルテホルツの胎児標本

とはいえもちろん、国際衛生博覧会で視覚の重要性が低かったわけでは決してない。顕微鏡プレパラートで細菌の形姿を来場者に見せる展示はいうに及ばず、プロジェクターを使って生きて動いている原生動物や血液中の抗体を見せる映写室、またヴェルナー・シュパルテホルツ

蠟製標本《ムラージュ》

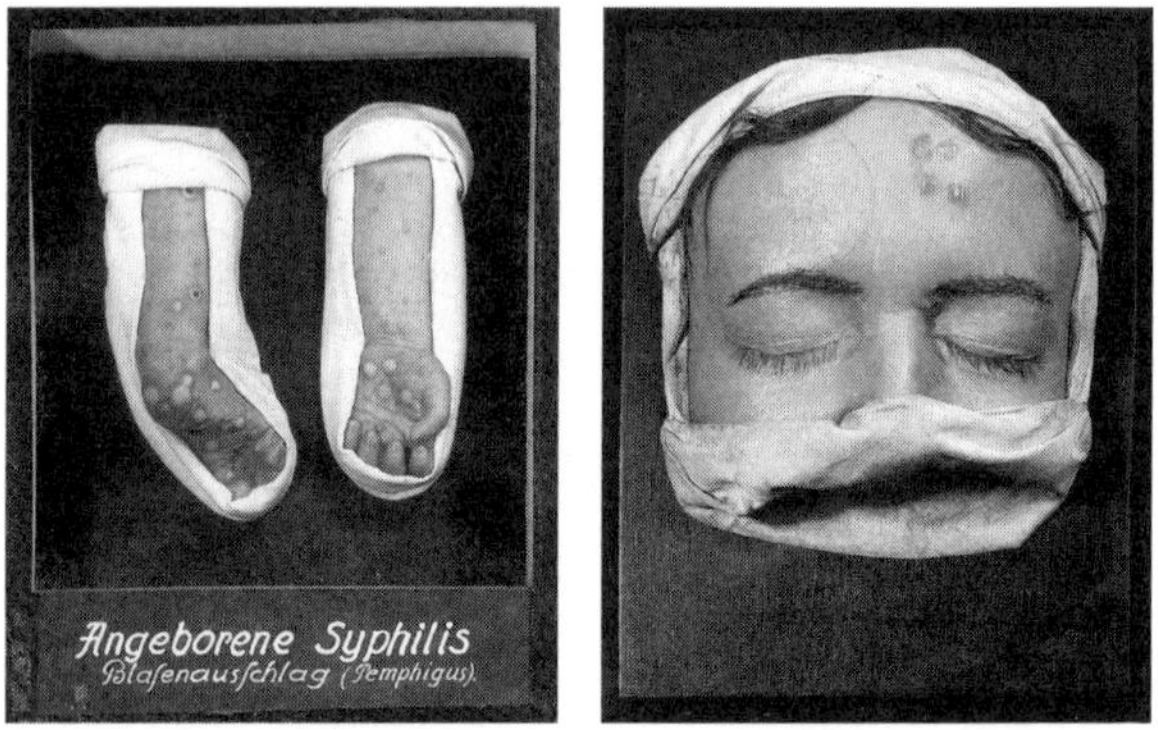

図4－20　先天性梅毒（左）**と丘疹性梅毒**（右）**の症状を再現したムラージュ**

という解剖学者が案出した、組織や臓器、胎児の半透明標本（図4－19）など、「人間」展示館のなかにはもっぱら視覚に依拠する展示物も数多く見られた[55]。

さらに「人間」展示館から離れてほかのパビリオンに目を向けてみると、体験型の遊戯性は背景に退き、来場者の視線を釘づけにしようとする展示のほうが多くなる。なかでも国際衛生博覧会でそうした視覚戦略を最も成功させたのは、いわゆる「ムラージュ」と呼ばれる、病気の患部を生々しく再現した蠟製の標本だった（図4－20）。

ところでこのムラージュの直接的な起源は、十八世紀の解剖学で考案された蠟模型にさかのぼる。こちらは正常な身体を見本とした模型で、当初はボローニャやフィレンツェなど北イタリアの諸都市を中心に製作されていた。その後、十八世紀末に臨床医学が確立されてからは、身体の表面に現れる症状に特化して疾患部位を再現した蠟製標本が登場し、おもに皮膚科学や性病学の領域で定着していくことになる。

とはいえこれらのムラージュは、専門家の間では臨床研究・教育のためのツールとして知られていたものの、その用途の範囲は長い間医療の現場を越え出ることはなかった。その後、十九世紀後半になって衛生啓蒙運動が広がり、さらにこの運動が博覧会形式と合流するに及んで、これら医療用のムラージュが持つ民衆啓蒙ツールとしてのポテンシャルが新たに発見されるに至ったのである[56]。

事実リングナーも、すでに一九〇三年の「国民病とその撲滅」特別展で、この医療用ムラージュを展示物として取り入れていた[57]（図4－21）。

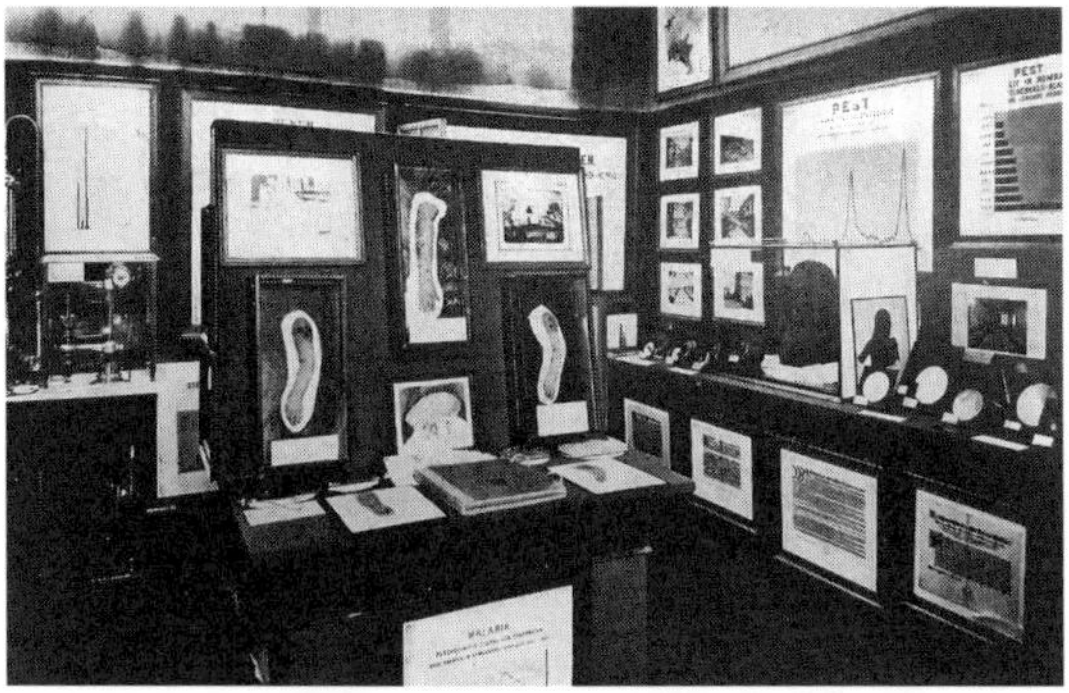

図4-21　天然痘・ペスト・マラリアの症状を再現したムラージュ（「国民病とその撲滅」特別展、1903年）

このようにムラージュの有用性はすでに衛生啓蒙運動で広く知られていただけに、国際衛生博覧会が来場者の視線をつなぎ止めるオブジェとしてムラージュを大量に動員したのも自然な成り行きだったといえる。「人間」展示館はもとより、科学部門の「熱帯衛生」「歯科疾患」「感染症」「乳児保護」「アルコール中毒」「結核」などの各グループでもこうしたムラージュが積極的に展示され、なかでも感染症のブースでは、一〇六七点の展示物のうち約一六〇〇点（一五％）がムラージュで占められていたという[58]。

ちなみにこれらのムラージュは、博覧会に合わせて作られたものもあったが、そのほとんどが展示のために外部の医療機関から借用されたものであり、本来は不特定多数の人間に公開する目的で製作されたわけではなかった。しかしそれだけに、これらの標本には最も重症化した末期の症例を再現したものが数多く含まれており、そうした事情がかえって悲惨な症状を見慣れていない一般の来場者をいっそう震え上がらせることになった(59)。

恐怖の部屋

ガイドブックやカタログを見る限り、国際衛生博覧会の展示物で来場者を最も恐怖に陥れた(少なくともそう期待されていた)のは、性病(性感染症)を扱ったブースであったらしい。その説明を読むと、あたかも読者に前もって注意を喚起するかのように、このブースのおぞましさが事あるごとに強調されているからだ(60)。

まず冒頭から「大変興味深いがあまり気分のよくない場所、そう、はっきりいえば身の毛もよだつ展示」として性病の特別グループが紹介されている。そこでは最初にスピロヘータ(一九〇五年に発見されたばかりの梅毒病原菌トレポネーマ・パリダムのこと)、動物性梅毒、それに第一期にある遺伝性梅毒の症状を再現した展示物が並べられるが、「それに続いて第二期に入った当該疾患のおぞましい姿」が不意に現れ、観覧している来場者を驚かせる。だがそのすぐ後にも「恐るべき症状を呈した淋病」が控えているばかりか、「冷酷ないかさま医師が引き起こし、悪化すらさせた梅毒のすさまじい症状」や、「〔無資格の〕『治療師』が仕損じてしまった事例」などもムラージュで生々しく再現される(61)。

これらの酸鼻をきわめた性病ムラージュの傍らに、グラスや試料、性病関連の法律や社会改革、性病の歴史等々、説明的な展示物が添えられてはいるものの、ガイドブックの著者にとってここのブースはやはり、「衛生博覧会の恐怖の部屋（Schreckenkammer）と呼んで差し支えない」場所であった[62]。

それゆえ国際衛生博覧会、特に性病ブースのムラージュの一群は、ただリアルさだけを求めて展示されたわけではない。それに加えてもう一つ、いわゆる「見せしめの原則[63]」と呼ばれる恐怖の煽動が、これらの展示物を貫く原理原則となっていた。病気の悲惨な末路を再現したオブジェの数々は、それを見る者に自分自身の破滅的な未来を指し示す。もし博覧会が発する警告に従わなければ、誰にでも降りかかる劫罰というわけだ。

衛生啓蒙運動におけるこうした見せしめの原則は、たとえば売春撲滅を謳う性病展覧会を舞台としたブレヒトの短編戯曲『闇の光明』（一九一九年）にも戯画的に描かれている。この戯曲のなかに、展覧会の主人が来場者を前にして即興の演説を披露するシーンがあるが、その内容はいわば見せしめの原則のエッセンスを詰め込んだものであり、したがって国際衛生博覧会の「恐怖の部屋」のメッセージを代弁するものでもあった。

親愛なる若い友人諸君、皆さんはただいま悪徳の報いである、売春によってもたらされた恐るべき病気をごらんになりました。〔中略〕（左の標本ガラスをさし上げて）腫瘍によって口蓋がまったく蝕まれてしまったこの口もかつてはあなた方の口と同じように教会で見事に賛美歌を歌ったものです、この形も崩れてしまった頭をかつては母の手が君たちの頭を撫でるのと同じように撫でさすったのであります。この胸は（蠟の模型に屈み込んで）潰瘍で穴だらけですが、かつてはここに諸君の胸と同じように十字架がかかっておりました。そしてこの目は（別の模型に屈んで）ふくれてすっかり蝕まれておりますが、この目が初めてぱっちりと開いたときには、諸君の目と同じようにご両親の心を喜ばせたものだったのです。これを忘れないでいただきたい！　絶対に二度と忘れないでいただきたい、誘惑が皆さんに近づき悪魔が誘いをかけるときも。(64)

恐怖心を煽ることで衛生観念の向上を図るこの啓蒙のメッセージに対して、一般の来場者たちはどのような反応を見せたのだろうか。その点を探るためにここではもう一つ、性病関連の展覧会に関する報告レポートを取り上げてみよう。

この展覧会は国際衛生博覧会の閉幕後、性病ブースの展示物を再利用してドイツ東部の都市ブレスラウ（現ポーランド領ヴロツワフ）で開かれたもので、(65)それゆえそこには国際衛生博覧会とほとんど同じ光景が現出していた。それだけにこのイベントも大変な人気を博し、「特に夕刻になると、場合によっては命に関わるほどの混雑が生じた(66)」という。そうした会場でレポートの作者が目撃した恐怖におののく来場者の姿にも、衛生啓蒙運動における性病関連の展示が当時の市民に与えたインパクトの大きさを窺うことができる。

多くの来場者、それも最高によい社会にいる人たちが、恐ろしいことにこれらの病気について想像すらしてこなかったことは間違いありません。〔中略〕最も興味をそそられるのは、医師のガイドが行われるときの様子を観察してみることです。そこでは多くの場合、説明しているガイドの口から自分の死刑宣告を聞いてしまうのではないか、と戦々兢々として顔を真っ青にしている人がいますし、またその傍らには、圧倒的な資料群を前にしながら、疚《やま》しさからか、それとも昔の、長い間忘れていたことを思い出したのか、今また頭の痛い思いをしている人も見つけ出せるのです！(67)

このように、身体を蝕む性病はおぞましい姿をしたムラージュを通じて単なる医学的現象であることをやめてしまう。それはいわば、過去の性的放蕩という倫理的・道徳的な罪業に対する「自然の報復」と化して、ムラージュを眺める者にかつての悪徳への懺悔を迫り、きたるべき誘惑を斥けるための恐怖心を植えつける。それゆえこれらのオブジェに備わる視覚的な生々しさは、単に来場者の好奇心を刺激したばかりではない。むしろそうした刺激によって、過去に対する後悔の念と未来に対する不安感を倍加させ、もって衛生博覧会が発信する道徳的メッセージを効率よく貫徹させる効果もあったといえる。

病気に対する好奇の視線

とはいえ国際衛生博覧会におけるこうした道徳的な論調は、何も性病のブースに限定されていたわけではない。それどころかこの博覧会が発するありとあらゆるメッセージには、終始一貫して道徳論の色彩が強く見られる。たとえば乳児保護の領域における「人工ミルク」をめぐる問題（当時は加工食品に対して強い社会不安が存在していた）(68)でも、その議論が行き着く先は結局のところ無知な両親の「罪と罰」である。

いわく、人工ミルクで育った子どもは、母乳で育った子どもと比べて二〇倍も高い死亡率を示す。たとえ運よく死を免れたとしても、その子は虚弱体質のために就学を一年は延期せざるをえないだろう。だがその遅れを取り戻そうとすればするほど、この子にとって勉学は大きな苦痛となり、ついには学校を去らなければならなくなる。職に就いたところで、もっと強健で有能なライバルとの競争にさらされるため、彼はすぐに脱落を余儀なくされ、ふたたび家族に負担を強いる結果となるだろう。(69)

この両親が衛生に関して啓蒙されていれば、子どもの未来は母乳にかかっているということを知ることもできたであろうに。また、まずは少なくとも子どもを自然な形で育てられるよう、あらゆることを試そうとしただろうに。〔中略〕この両親はそうしてあらゆる手立てを講じようとするまさにそのとき、人間が持ちうる価値ある財産とは健康にほかならず、ただ健康な身体にのみ健全な精神が宿りうるのだ、という衛生の根本思想から出立したであろうに。(70)

こうした道徳的な色調を帯びる悪因悪果論は、健康と病気をめぐる個人衛生の領域では特に珍しいものではない。歴史を振り返ってみても、十八世紀後半に芽生えた身体を自己統制する主体というブルジョワ的理念が、十九世紀に台頭した統計学の「平均」モデルと結びついて、健康と病気を「正常と逸脱」ないし「中庸と放縦」という規範的言説にずらしていったという経緯がある。(71) あるいは人類学が教えるように、汚穢《けがれ》とは何かを定義する分類基準や禁忌の設定基準が、それぞれの文化の価値体系に依存するものならば(72)、そもそも健康・衛生・病気の問題系そのものが、文化的な道徳規範のあり方と相即不離のものである、ということになる。

その限りで国際衛生博覧会における見せしめの原則は、それ自体でこのイベントの特徴を体現していたわけではない。そうではなく、あくまでムラージュのような視覚装置で来場者に破滅の未来をより「リアル」に体感させることこそ、衛生博覧会というイベントが持つ強みの一つにほかならなかった。先述のようにそこではたしかに視覚を含めた全き身体が動員されていたが、それでもやはり視覚が演じた役割を過小評価すべきではない。

ところで、一般に視覚性が強調される博覧会というイベント形式は、十九世紀ヨーロッパの都市生活を「見世物化」するのに大きく貢献したといわれる(73)。すなわち、博覧会で展示されたオブジェのスペクタクル性がそのまま現実世界に投影され、逆に現実世界のほうがあたかも博覧会のごとくスペクタクル化されていく、つまり現実の日常空間そのものが一種の見世物的様相を呈するようになる、というわけだ(74)。

もしそうだとすれば、衛生博覧会も健康や病気の問題を、道徳や医学を超えて新たに「見世物」の領域へと連れ出すことになった、といえるかもしれない。現実世界で蔓延する性病などの病気は、衛生博覧会を通じてもはや悪徳の報いとして個人がこうむる劫罰にとどまらなくなる。それはむしろ、好奇の視線で眺められるセンセーショナルな何ものか、積極的に衆目にさらされるべきスペクタクル性を帯びた何ものかになったのではないか。

実際、当時の人びとが国際衛生博覧会に殺到したのは、何も一様にみずから進んで啓蒙されようとしたためではなかった。これらの来場者のなかにも、ただの啓蒙や学習とは異なるある種のセンセーションを求める者がいたからこそ、この博覧会はあれほど大きな成功を収めることができたのである。(75)

ここでふたたびブレヒトの『闇の光明』を引き合いに出すと、そこでも次のように性病に対する「怖いもの見たさ」の心情が来場者の口を借りて語られている。堅苦しい道徳論でも医学論でもなく、好奇心をくすぐる珍奇な見世物を覗き見たいという欲求、これが衛生博覧会の時代に病気現象が直面した、ヨーロッパ社会の新たな視線だったのではないか。

女　梅毒よ。いいわよ、梅毒だけで。あれが一番ものすごいんでしょう、ね。
パドゥーク〔展覧会の主人――引用者〕梅毒だけの観覧はだめです。講演は淋病から始まるんですからね。だから淋病も買ってください。
女　私の妹なんか一晩寝られなかったんですって、それほど興奮しちゃったのよ。
別の女　私も一度は入ってみなくちゃと思ってね。ふだんは木曜は映画に行くんだけど。(76)

5　奇怪の祭典

「いかがわしさの極致」

いずれにせよこうした呼び物が奏功したこともあって、国際衛生博覧会は盛況のうちに幕を閉じた。とりわけ教育関係者の間で好評を博したようで、（リングナーの言葉を信じれば）大学教員から展示物を今後も学生に見せる機会を作ってほしいとの要望が出たり、臨床医師からは、ある医学生は「人間」展示館を繰り返し訪問したおかげで、わずか数週間で丸一学期間以上のことを学ぶことができた、という声も上がっていたという[77]。

このような声に後押しされるかたちで、リングナー自身も博覧会の展示物を引き続き公開できるよう、今度は恒久的な展示を可能にする「博物館」設立の構想を練るようになる。そもそもリングナーにとって博物館という形式は、博覧会に比べて民衆教育により適している。「大規模博覧会の期間の短さとテーマの幅広さでは、表面的な印象しか持つことができないし、自分にとって大事なことでも散発的にしか記憶できないのに対し、博物館では博覧会のような憂さ晴らしや気分転換が省かれる代わりに、もっと強烈で長期に及ぶ効果をもたらすことができる」からだ[78]。

図4-22　現在のドイツ衛生博物館（ドレスデン）　1945年2月のドレスデン爆撃で建物の8割が破壊されたが、戦後に再建された。

こうして一九一二年には市民向けの衛生啓蒙の拠点として、建物不在のままドレスデン市議会が衛生博物館の設立を認可し、当面は「移動博物館」として全国各地に展示物を巡回させながら活動を進めることになった[79]。その後、第一次世界大戦をはさんだヴァイマル共和国期の一九三〇年に、ドイツ人建築家ヴィルヘルム・クライスの指揮の下にようやく博物館の建物が竣工、現在に至るまでドイツを代表する衛生啓蒙施設として、一般市民はもとより国内の小中学生も社会見学の一環で訪れる場所になっている（図4－22）。

ところがひるがえって日本では、この衛生博物館ないし衛生博覧会というジャンルはほとんど知られていない。知られていないばかりか、今日では奇妙なことに衛生博覧会という日本語にはどこか怪しげなニュアンスが含まれ、その名を冠したイベントも大々的に催されることはない。たとえば二〇一七年には横浜中華街で「横浜衛生展覧会」というイベントが開催されたが、その際も中華街の裏路地にある小さなギャラリーでひっそりと展示が行われたのみだった。そのイベントを紹介した数少ない記事の一つには、次のような謳い文句が掲げられている。

かつて「衛生展覧会／博覧会」という見世物があったことを、ビザール系がお好きな方ならご存じだろう。あくまでも庶民啓蒙の体裁を取りながら、その実は人体解剖模型から病理標本に瓶詰め畸形児まで、おどろおどろしい雰囲気に満ちた猟奇的な見世物催事である。いまから半世紀以上前に消滅した衛生展覧会が、11月の2週間だけ、横浜中華街の小さなギャラリーに甦る。(80)

こうした衛生博（展）覧会の「アングラ」イメージは、以前からさまざまな媒体で語られてきた。たとえば終戦直後の大阪を舞台にした手塚治虫の漫画『どついたれ』（一九七九／八〇年）にも衛生博覧会が登場しているが（図4－23）、そこで手塚が付した解説はこうである。「昭和二十年代のはじめ、『衛生博覧会』という見せものがあった。おもてむきは性病予防の展示なのだが、なんのことはない、エロとのぞき趣味をかねたチャチな写真の陳列で、目玉商品がせいぜいマネキン人形のヌードだったのだ。それでも当時はかなりきわどいものだった。たいてい、広場に小屋がけをして、香具師《やし》がとりしきっていた」[81]。

また一九八五年八月発行の『文藝春秋』臨時増刊号にも次のような文章がある。

図4-23　手塚治虫『どついたれ』より（©手塚プロダクション）

博覧会という文字に、なんとなしにいかがわしさのようなものを感ずるようになったのは、いつごろからだろうか。

もしかしたら、終戦後焼け跡の広場を巡業してまわった「衛生博覧会」の影響であるかもしれない。

これはもう、いかがわしさの極致だった。「衛生」といったってセックスに関係のある展示ばかり。梅毒でただれた患部の、ロウ模型などが並べてあり、かならず奥に「未成年者入場禁止」の特別コーナーつき。「だから不潔な性交に気をつけなさい」というわけ。つまりは医学のよそおいをした「説教エロ」であって、夜

店の見世物の「親の因果が子に報い……」に似たムードがただよう。よくぞ「博覧会」とは名づけてくれた！(82)

「親の因果が子に報い」とは、戦前の見世物小屋で「身体的に奇異」とされた人間が観衆に披露される際の口上で、「生まれいでたるこの姿」と続く。衛生博覧会の展示はフリークショーを彷彿させるというわけだ。

ともあれ現代の日本人にとって衛生博覧会とは、このようにひとえに「覗き趣味」を事とする「いかがわしさの極致」であって、繁華街の中心で大っぴらに開催できるような代物ではないのである。

学童の社会見学にも開かれたドイツの衛生博物館とは、まるで正反対のイメージといってよいだろう。こうしたイメージに囚われてか、日本人の手になる衛生博（展）覧会の数少ない研究書である田中聡の『衛生展覧会の欲望』（一九九四年）と荒俣宏の『衛生博覧会を求めて』（一九九七年）には、いずれも「医学的装いをほどこされたいかがわしい見世物」(83)、あるいは「俗悪なエロ・グロ・ナンセンス」(84)の側面を強調する傾向が顕著に見られる。これは欧米の衛生博覧会研究にはあまり見られない、日本に特有の傾向と見てよい。

なぜ「いかがわしい衛生博覧会」という偏ったイメージが日本で定着したのだろうか。その形成・定着の過程を丁寧にたどるとなると、本書の主題を大きく逸脱してしまう。そこで以下では、日本における初期の衛生博覧会に照準を絞って、そうしたイメージの起点となった契機を探ってみたい。

東京大正博覧会

日本で「衛生」の名を冠した展覧会が最初に開かれたのは一八八七年（明治二十年）、大日本私立衛生会（会頭・佐野常民）主催の「衛生参考品展覧会」だったといわれる。しかしこのときの展示は公衆の興味関心を引こうとする工夫がほとんど見られず、一般向けの催し物とは必ずしもいえないものだった。[85]その後、大正期になって衛生博覧会ブームが到来、それとともにその展示も見世物興行としての傾向を強め、やがて日本の衛生博覧会は「猟奇の殿堂」と化していくことになる。[86]おそらくそうした傾向の出発点の一つを画したのが、一九一四年（大正三年）に行われた「東京大正博覧会」だった。

この博覧会は、秋に控えた天皇嘉仁《よしひと》の即位の礼を記念して、東京府の主催で上野恩賜公園において三月二十日に開幕したものだ（ただし四月の皇太后崩御のため即位の式典は一年延期）。開催期間は七月三十一日までの四ヵ月、趣旨としては新たに始まった大正の御世を祝賀し、かつ「我が邦開《くにかい》闢《びゃく》以来にない長速《ママ》の進歩発展を促した所謂《いわゆる》開国以来六十年間の国家産業が、如何なる順序に依《よ》って、如何なる程度まで進んで来たかを一目瞭然たらしむる」ことを企図したものだった。[87]

そうした博覧会の理念を反映して、屋外会場はドレスデン国際衛生博覧会と同じく、産業技術の粋を集めた一大テーマパークの観を呈していた。たとえば二つの区画に分けられた会場のうち、第一会場にはサークリングウェーブと呼ばれる乗り物が置かれ、特に子供の間で人気を博したという

図4－24　サークリングウェーブ

図4－25　エスカレーター付き陸橋

（図4－24）。東京府庁が作成した報告書によれば、それは「回転ト上下運動トヲ結合セルモノ恰《あた》カモ大船ニ乗シテ波濤ヲ横断スルノ想アラシムル乗用娯楽機」であり、「一回転毎ニ三回宛《ずつ》上下一丈二尺〔約三・六メートル〕ノ大波状運動」をしたというから[88]、相当に大きく揺れるスリルライドだったらしい。

　また第一会場と第二会場の間には、両者をつなぐ陸橋（全長七五〇尺＝約二二七メートル）が架けられたが、そこにも「四個ノ脚車ヲ有スル滑動車台」を階段とする電気昇降機（エスカレーター）が装備されて話題を呼んでいた（図4－25）。報告書によれば、「素《もとより》『エスカレーター』ハ本邦トシテハ斬新ノ装置ニ加フルニ第一第二各会場ノ近道トシテ便利ナリシヲ以テ料金ノ比較的廉《れん》ナラサリシニ拘《かか》ハラス盛況ヲ極メタリ」という。ちなみに試乗料金は大人一〇銭、子供五銭であり、エスカレーターの設置費用は九万八〇〇〇余円であった[89]。

　このような体験型アトラクションのほかに、視覚型のイルミネーションも用意されていた。第一会場には一万三〇〇〇灯、第二会場には三万灯にも及ぶ電灯が灯され、さらに「明滅彩色諸種ノ工夫」も凝らされたことで、博覧会では夜のとばりが下りた後も煌々と輝く「一大不夜城」が現出していた(90)(図4-26)。ただいうまでもなく電灯やガス灯、白熱灯などを利用したこのイルミネーション装置は、博覧会イベントでは決して珍しいものではない。先述のようにドレスデン国際衛生博覧会でもイルミネーションは使われていたし、もっとさかのぼって十九世紀の万博においても視覚的幻惑の装置として知られていたものだった(91)。

図4-26　東京大正博覧会第二会場夜景

ほかに一風変わった呼び物としては「美人島旅行館」なるものがあり、コンセプトは「世界ノ一隅ニ美人島アルヲ仮想シテ其ノ主要部分ヲ現ハシ〔中略〕各所ニ棲息スル奇怪不可思議ナル幾多美人ノ変幻出没ヲ観覧セシムルニアリキ」とされる。例を挙げれば「火中美人」「幽霊美人」「蛇体美人」「馬頭美人」等々があり、来場者はそれらの美人たちが余興でダンスを踊るさまを観覧するのである。報告書にいわく、「内容貧弱ナリシニ拘ハラス人ノ好奇心ヲ騙《たばか》リテ頗《すこぶ》ル殷賑《いんしん》ヲ呈セリ」という(92)。

東京大正博覧会のガイドブックを見ても、やはりこの美人島旅行館の奇抜さは群を抜いていたらしい。この出し物を紹介する項目には次のような記述もある。

ところが就中《なかんずく》第一に挙げねばならぬのはこの美人島旅行館でせ

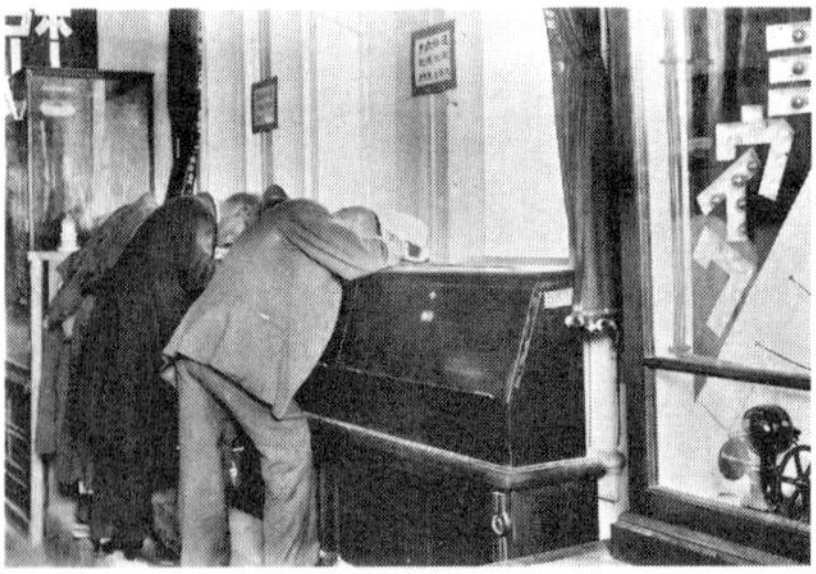

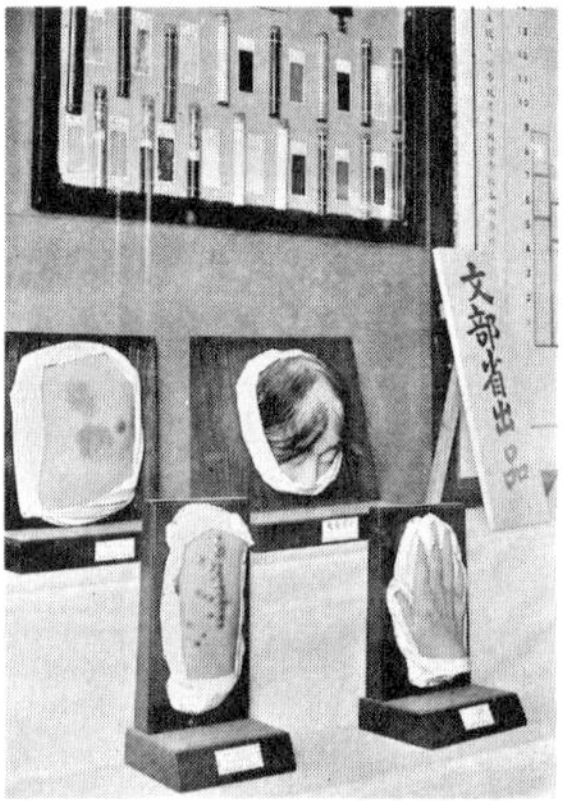

図4－27（左）**「通俗教育・顕微鏡覗」** 木製のケースに納められた顕微鏡を覗く来場者。

図4－28（右）**東京大正博覧会に出品されたムラージュ**

う。「数千尺の天空に美人飛ぶ、この種絶世の大奇観」と大きなビラを市内到る処《ところ》の要所々々に掲げて博覧会のまだ始まらぬ中《うち》から切《しき》りに人の気を唆《そそ》つて居《お》りました、挑発的の色彩を放つたその建築に、東叡山《とうえいさん》上美人島出現といふ大看板を懸けて好奇心を誘ふ事に於てはこれが随一であります。〔中略〕更に女王宮殿の裏手へ廻りますと、美人島旅行中最も悽愴《せいそう》の趣向を凝らした幽霊美人《ゴーストレデー》といふのがあります。荒涼たる原野、墓石累々として倒れたる上に、窶《やつ》れ果てた白装の美人が現はれ、路《みち》行く人を見てニヤニヤと笑ひ、忽《たちま》ちにして煙の如く消えるという物凄いものなど、実に奇々怪々な珍趣向のものが多いといふことであります[93]。

屋外空間がこれらのかまびすしいアトラクションで満たされていた一方、屋内では視覚型の展示物が中心を占めていた。たとえば「教育及学芸館」と称されたパビリオンでは、二階の会場に木製ケースに収納された顕微鏡が展示され、来場者が生きた細菌の姿を観覧できるようになっていた（図4－27）。またムラージュなどの解剖模型もこのパビリオンに出品されており、来場者は梅毒、トラホーム（結膜に炎症を起こす感染性の眼疾患）、結核等々に冒された患部をリアルに再現したこれらのオブジェで、それぞれの感染症がどのような症状を引き起こすのかを直接視認することができた（図4−28）。

なおこの博覧会の出品物は、文部省によって独創性や目的、意匠の観点から審査され、優秀作品は賞牌によって顕彰されていた。その審査報告書によると教育及学芸館の模型には、「何《いず》レモ皆其形態ノミナラス其色調モ亦《また》其ニ最モ巧妙ニ作製セラレ吾人ノ之ヲ観ルトキハ正ニ真物ニ接スルカ如キ想ヲ起ササルコトナシ」と高い評価が与えられ、「解剖生理」の部門（第一一目）において蠟製皮膚疾患模型（ムラージュ）が名誉大賞牌を受賞したのをはじめ、金・銅の賞牌も軒並み解剖模型が独占している。(94)

それに対して顕微鏡は、「其ノ製作品ハ未タ大ニ推賞スヘキ程度ニ達セスシテ自然科学ノ厳密ナル研究ニ用フルコト能ハス〔中略〕其ノ製作一般ノ精巧ノ度ハ未タ外国品ヲ凌駕スルニ至ラ」ないと辛口の評価を受け、「衛生細菌学」の部門（第一〇目）のなかでかろうじて銅牌を授与されるにとどまっていた。(95)

このように日本の審査官の間では顕微鏡よりムラージュのほうが好評を博したようだが、ともあれこれらのオブジェがいずれも、ドレスデン国際衛生博覧会と大きく重複することに変わりはない。その限りで東京大正博覧会の教育及学芸館は、その三年前に開催された国際衛生博覧会の理念をかなり正確に受け継いだパビリオンだったと見ることができる。

ところがこの教育及学芸館は、その名のとおりあくまで啓蒙教育を中心とした展示物で占められており、見世物として来場者の好奇心をくすぐるような工夫はさほど認められない。衛生博覧会の「見世物化」ないし「猟奇化」に関しては、同じ東京大正博覧会でも実はこれとは別の展示がその傾向をいち早く体現したといってよい。東京府の正式な公認を得ないまま短兵急に設置された、「衛生館」なる非公式パビリオンである。

通俗衛生博覧会

この衛生館の設立経緯については、記者にして東京市会議員だった中村舜二なる人物の私家版自伝『呑牛撲稿』(一九六一年)に詳しい。[96] それによれば、著者が新聞社・二六新報に勤めていたところに東京大正博覧会が開催されることになったが、交通館・産業館・電気館等々が企画されながら、衛生がまるで無視されたことを憂えた秋野公顕《きみあき》なる青年医師の訴えに触発されて、第二会場正門の外側、不忍池の水上に衛生館を設置したという。会場の敷地外、それも水上バラックという形になったのは、このイベントを発案したときにはすでに東京府が上野公園の敷地を隈なく押さえており、陸上にはもはや立錐の余地もなかったからである(図4－29)。

しかしこの「通俗衛生博覧会」と銘打たれたパビリオンの展示は、とにかく奇怪な代物だった。特に二階の一角に設けられた「特別秘密室」には、稀代の毒婦として知られる高橋お伝の全身の皮膚(刺青)や元総理大臣・桂太郎の頭骨、民間の病院長・金杉英五郎がブダペストから持ち帰ったという人間の生首約一〇級、果ては象皮病で肥大化して重さが八貫(三〇キログラム)あまりにもなった男性の睾丸等々、グロテスクな珍品奇品がところ狭しと並べられていたのである。[97]

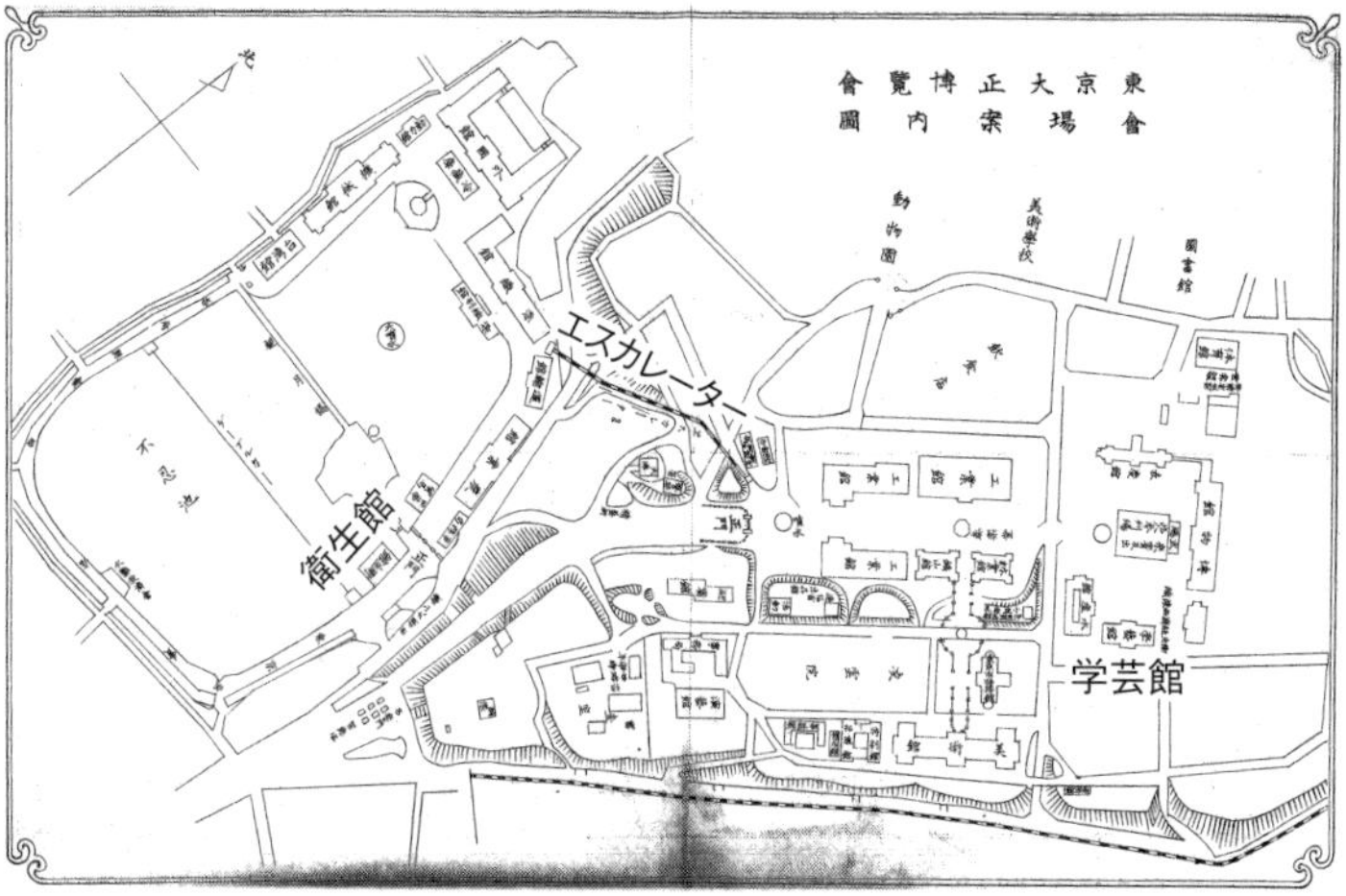

図4-29　東京大正博覧会会場案内図　東側が第一会場、西側が第二会場で、両会場をエスカレーター（陸橋）がつないでいる。第一会場の東奥に「教育及学芸館」(この地図では「学芸館」と略記)がある。第二会場正門のすぐ外側、不忍池の岸辺に「衛生館」が見える。

しかも当初はこれらに加えて、爆弾テロに遭って切断された大隈重信の右足まで展示候補に挙がっていたらしい。「偉人傑士の殉国精神を通じて、衛生博の人気を煽って、衛生思想の普及発達に資したい[98]」というのがその言い分だったが、これは結局その足を保管していた大隈の主治医・青山胤通《たねみち》に貸し出しを断られたため実現しなかった。その際に青山が述べた謝絶の理由は次のようであったという。

睾丸や瘤とは違って、爆弾で股から下をちぎられたあの隻脚《せっきゃく》の、折れ口の凄い実物を見せたら、大概ビックリする、気の弱い白人種などに見せると脳貧血を起さないとも限らない代物である、これ許《ばか》りは断じてイケない、グロテスクなものをかき集めて人気を呼ぶのは経営上からは必要か知ら

んが、我々科学者の立場として、許す訳には行かん。(99)

ここで青山に見透かされているように、実はこれらのグロテスクな展示物は、バラックの建設費用が嵩《かさ》んで通常の入場料では回収できる見込みが立たなくなったため、窮余の策として「特別秘密室」を設けて特別料金を徴収するべく蒐集されたものであった。だがその思惑が当たって通俗衛生博覧会は連日千客万来の大繁盛となり、約二ヵ月の会期でおよそ二〇万人の来場者を数えることとなった。その評判に誘われて先の逓信大臣で医師でもあった後藤新平も来場し、ホルマリン漬けにされた巨大な睾丸の前で、供をしていた伊東巳代治《みよじ》に象皮病の由来を得々と説明していたという。(100)

こうした盛況に通俗衛生博覧会の主催者たちが欣喜雀躍したのは当然だろう。特にこの私営博覧会を権威づけようと、石黒忠悳《ただのり》や佐藤進など当時の医学界の大御所に会長就任を打診しながら、いずれにも固辞されていただけに、(101)なおさら関係者は溜飲が下がる思いだったに違いない。この博覧会実現のために奔走した中村が、その成功の歴史的意義を次のように強調したのは、その意味でも無理からぬことであった。

〔通俗衛生博覧会の成功は――引用者〕当時未だ甚《はなは》だ幼稚であった我国の衛生思想普及啓蒙に貢献し、それが契機となってその後、随時随所に衛生関係の展覧会や講演会が開かれ、今日の普及発達の大勢を導いた二六社の功績は相当高く評価されて然るべきである。(102)

啓蒙の理想と俗悪な猟奇性

たしかに日本社会全体の衛生観念の向上を、このようにひとり二六新報の功績に還元するのは誇張が過ぎる。とはいえこれはあくまで元記者による自費出版の自伝の一節で、そうした誇張をあまり咎め立てするのも野暮というものだ。

それよりもここで注意すべきは、館内にあれほど珍奇でいかがわしいオブジェを陳列しておきながら、「衛生思想普及啓蒙」の理念を堂々と謳っていた点だろう。これはもちろんひとり中村に限ったことではない。前節でも論じたように、民衆啓蒙という理念とオブジェそのものが持ついかがわしさとの同居は、ドレスデン国際衛生博覧会をはじめ衛生関連の展示イベントには多かれ少なかれ見られた、いわば宿命的な二律背反だった。いいかえれば、衛生博覧会はどれだけ高邁な啓蒙教育の理想を掲げようとも、それ自身のうちに俗悪さを呼び寄せる契機を常に内在させたイベントだった。荒俣もこう書いている。

> そういうわけで、衛生博覧会は保健にまったく詳しくない市民に関心を持ってもらえるような、有意義な催事《イベント》でなければならなかった。まずは医学界や科学界の権威をもって市民を教化する場となったのだが、人々の実生活と直結する「衛生」には肉体と生理にかかわる事象が宿命的に付随していた。〔中略〕しかも、これらの実像は、あからさまな男女の裸体、性行為などの「見てはならない営み」を含んでいたのだ。〔中略〕
>
> つまり、〔衛生博覧会の歴史を語ることは——引用者〕高尚な衛生観念の進化史と、俗悪なエロ・

グロ・ナンセンスの盛衰史とを、同時に取りあつかう作業といえる。(103)

そうした二面性のうち、日本で初めて俗悪さの側面を前面に押し出したのが、東京大正博覧会の傍らで非公式に催された通俗衛生博覧会だった。特にこのように民間主導で行われる衛生展示のイベントは、市民的価値観《リスペクタビリティ》(良識)(104)を無効化しがちな民衆世界に近いためか、概して猟奇性を売りにしたセンセーショナリズムに傾きがちになるのである。

たとえば一九二二年(大正十年)に開催された「大正衛生博覧会」は、大日本私立衛生普及会(前出の大日本私立衛生会の後継団体)という社団法人が主催したものだが、その展示物にもセンセーショナリズムの傾向は顕著に見られた。たしかにこのイベントには官公庁も多数の展示物を出品しており、その意味で純然たる民間催事というわけではなかったが、それでも金杉英五郎所有の人間の生首や象皮病の睾丸など、右の通俗衛生博覧会で客寄せに使われたオブジェがこの博覧会でも再利用されていたのである。(105)その甲斐あってか、大正衛生博覧会はわずか一ヵ月半余りの開催期間で六九万三七七六人に上る来場者を迎えている。(106)

むろんこの種の民間博覧会と並んで、昭和期まで市町村など自治体の主催による衛生博覧会も各地で繰り返し実施されており、官庁主体のその会場では俗悪さよりも啓蒙教育の理念が支配的だったといえる。けれども名古屋市主催の名古屋衛生博覧会(昭和二年/一九二七年開催)のように、今やそうしたアポロ的(理性的)な官製の博覧会においてさえ、病理解剖模型に加えて南米のミイラが展示されるなど、(107)衛生啓蒙と直接関連しない客寄せのための出し物を完全に締め出すことはできなくなっていた（図4－30）。

日本ではこうした猟奇的な衛生展示の潮流が、昭和初期の「エロ・グロ・ナンセンス」の文化的風潮と結びつき、文学作品にも衛生博覧会の奇怪さが強調されて描かれた点に大きな特徴がある。特にこの風潮の代表的作家・江戸川乱歩の『悪魔の紋章』（一九三八年）における衛生博覧会の描写は、少女の死体が蠟人形と並べて陳列されるというショッキングなシーンとともによく知られている。それによれば、場内に展示された「恐ろしい病毒の吹出物、ニコチンやアルコールの中毒で、黄色くふくれ上った心臓の模型」等々は、「長く見つめていると吐き気を催す」ばかりか、「健康者を忽《たちま》ち病人にしてしまう程の、恐ろしい心理的効果」を発揮するものなのである(108)。

図4－30　名古屋衛生博覧会で展示されたミイラ（1927年）「其他参考品ノ部」として「縄付武士」「婦人」「武士」「小児」「妊婦」の五体のミイラが展示された。

終戦を迎える頃にはこうした俗悪のイメージが世間に定着したせいか、この時期の衛生博覧会といえばもっぱら香具師のような社会の周縁で生きる人間が営む、いかがわしい催事になり果ててしまった。そのため日本の衛生博覧会は公序良俗に反するものとして戦後のメインカルチャーから排斥され、その記憶も社会の深層へと抑圧されていく。同じく啓蒙と猟奇の二面性を有しながら、ドイツの衛生博物館が学校教育と両立可能な市民的価値観を失わなかったのに対し、日本の衛生博覧会が「いかがわしさ」に塗《まみ》れてしまったのは、このような歴史的経緯も背景にあったといえる。

注

（1）Der Cholerarummel in Budapest, in: *Das interessante Blatt*, XI. Jg. Nr. 41, Wien 13. Oktober 1892, S. 2.

（2）このハンブルク政治警察のスパイ活動については、Richard J. Evans (Hrsg.), *Kneipengespräche im Kaiserreich. Die Stimmungsberichte der Hamburger Politischen Polizei 1892-1914*, Hamburg 1989, S. 8-20.

（3）一九〇〇年十月二日付のホンメル酒場（ナーゲルス通り三〇番地）での会話記録（Evans [Hrsg.] 1989, S. 47）。

（4）当時のドイツ帝国保健庁が発行した啓蒙パンフレット『健康冊子』も、疫病撲滅の試みが成功するかどうかは住民の協力にかかっていると強調している（Vorwort zur ersten Ausgabe [Juli 1894], *Gesundheitsbüchlein. Gemeinfaßliche Anleitung zur Gesundheitspflege*, bearbeitet im Kaiserlichen Gesundheitsamte, 15. Ausgabe, Berlin 1912, S. I）。

（5）リングナーの書簡（一九〇六年八月一日付）からの引用（Cited from: Eike Reichardt, *Health, 'Race' and Empire: Popular-Scientific Spectacles and National Identity in Imperial Germany, 1871-1914*, Lulu.com 2008, p. 129）。

（6）吉見俊哉『博覧会の政治学——まなざしの近代』中公新書、一九九二年、二二頁。

（7）Werner Sombart, Die Ausstellung, in: *Morgen*, Nr. 9, 28. Feb. 1908, S. 249.

（8）この種の特別博覧会は枚挙にいとまがないが、そのうちたとえば一八九六年にベルリンで開催された勧業博覧会については、Bezirksamt Treptow von Berlin (Hrsg.), *Die Berliner Gewerbeausstellung 1896 in Bildern*, Berlin, 1997. 植民地博覧会については、パトリシア・モルトン（長谷川章訳）『パリ植民地博覧会——オリエンタリズムの欲望と表象』ブリュッケ、二〇〇二年。また一九〇三年には帝国創建（一八七一年）以降のドイツにおける都市生活の変遷を展示したドイツ都市博覧会がドレスデンで開催されている（後述）。この博覧会の報告書として、Robert Wuttke (Hrsg.), *Die deutschen Städte. Geschildert nach den Ergebnissen der ersten deutschen Städteausstellung zu Dresden 1903*, 2 Bde. Leipzig, 1904.

（9）ここでは規模の大きなものを博覧会（exposition）、小規模のものを展覧会（exhibition）として用語を使い分けるが、厳密な定義づけはしていない。

（10）Thomas Schlich, “Wichtiger als Gegenstand selbst” -Die Bedeutung des fotografischen Bildes in der Begründung der bakteriologischen Krankheitsauffassung durch Robert Koch, in: Martin Dinges, Thomas Schlich (Hrsg.), *Neue Wege in der Seuchengeschichte*, Stuttgart 1995, S. 155.

（11）Robert Koch, Zur Untersuchung der pathogenen Organismen [1881], in: ders., *Gesammelte Werke von Robert Koch*, herausgegeben von J. Schwalbe, I. Bd., Leipzig 1912, S. 122f.

（12）Schlich 1995, S. 164.

（13）Koch 1912 [1881], S. 123.

（14）Ulf-Norbert Funke, *Leben und Wirken von Karl August Lingner. Lingners Weg vom Handlungsgehilfen zum Großindustriellen*, Hamburg 2014, S. 13-27.

（15）Reichardt 2008, p. 109f.

（16）Reichardt 2008, p. 145f.

（17）K. A. Lingner, Einige Leitgedanken zu der Sonderausstellung: Volkskrankheiten und ihre Bekämpfung, in: Wuttke (Hrsg.) 1904, S. 532.

（18）Lingner 1904, S. 533f.

（19）Lingner 1904, S. 542.

（20）Lingner 1904, S. 540.

（21）Lingner 1904, S. 540.

（22）Ludwig Lange, Die Bekämpfung der Volkskrankheiten unter Hinweis auf den Lingnerschen Pavillon in der Dresdner Städteausstellung, in: *Blätter für Volksgesundheitspflege*, 3. Jg. 1903, S. 279.

（23）Lingner 1904, S. 542.

（24）Lingner 1904, S. 542.

（25）Lange 1903, S. 277.

（26）Stefan Poser, *Museum der Gefahren. Die gesellschaftliche Bedeutung der Sicherheitstechnik. Das Beispiel der Hygiene-Ausstellungen und Museen für Arbeitsschutz in Wien, Berlin und Dresden um die Jahrhundertwende*, Waxmann 1998, S. 141.

（27）K. A. Lingner, *Programm für die geplante Internationale Hygiene-Ausstellung zu Dresden, aufgestellt im Aufträge des Ausstellungs-Direktoriums für die Königlich Sächsische Staatsregierung und den Rat zu Dresden*, o. O. o. J. [1910?] S. 9f.

（28）Lingner [1910?], S. 19.

（29）Lingner [1910?], S. 20-24.

（30）Lingner [1910?], S. 28.

（31）Lingner [1910?], S. 27.

（32）リングナーの計算では、ザクセン王国内の主要都市における疾病・救貧保険の年間の支出総額は九〇七万一二六三マルクだが、民衆啓蒙によって感染症やほかの病気を予防できるようになれば、少なく見積もっても五％、つまり年間四五万マルク以上の支出が節約できるという（Lingner［1910?], S. 12f.）。

（33）Reichardt 2008, p. 174.

（34）Vogel (Hrsg.) 2003, S. 29.

（35）*Offizieller Führer durch die Internationale Hygiene-Ausstellung Dresden 1911 und durch Dresden und Umgebung*, Berlin [1911], S. 17f.; Klaus Vogel und Christoph Wingender, »..., deren Besuch sich daher unter allen Umständen lohnt.« Die I. Internationale Hygiene-Ausstellung 1911, in: *Dresdner Hefte*, 18. Jg. Nr. 63, 2000, S. 44.

（36）K. A. Lingner, *Denkschrift zur Errichtung eines National-Hygiene-Museums in Dresden*, Dresden 1912, S. 21.

（37）オリンピックが万博から独立するのは一九一二年の第五回ストックホルム大会以降のことである。オリンピックが規模の上で万博を凌駕したのはようやく一九三六年、つまりナチス統治下のベルリン・オリンピックの時であった（吉見〔一九九二〕二七三～二七五頁）。

（38）Henry G. Beyer, "The International Hygiene Exhibition at Dresden," *Popular Science Monthly*, Vol. 80, February 1912, pp. 105-128.

(39) Beyer 1912, p. 108.
(40) Beyer 1912, p. 109.
(41) *Offizieller Führer* [1911], S. 50.
(42) Beyer 1912, p. 110.
(43) Beyer 1912, p. 110.
(44) たとえば科学部門は、一二のメイングループ(①光・空気・土地・水、②都市建設・家屋と住宅・照明・換気と暖房・給水体制・都市清掃・埋葬方法、③栄養論・肉摂取・乳製品摂取・野菜類と嗜好品・食糧研究、④衣服・入浴・身体訓練、⑤生理学と労働の衛生学・業務用毒物・特殊な職業衛生・労働福祉、⑥微生物学と寄生虫学・免疫学と予防接種・感染症・動物疫病・疫病撲滅・消毒、⑦看護・救命、⑧乳児保護・学校衛生・青少年保護、⑨道路と鉄道・船舶交通・宿泊施設、⑩陸軍・海軍、⑪熱帯衛生、⑫統計)と五つの特別グループ(①結核、②癌、③性病、④アルコール中毒、⑤歯科疾患)から構成されていた(*Internationale Hygiene-Ausstellung Dresden 1911. Gruppen-Ausschüsse*, o. O. o. J. o. S. [Staatsbibliothek zu Berlin])。
(45) Lingner 1912, S. 19.
(46) *Offizieller Katalog der Internationalen Hygiene Ausstellung Dresden Mai bis Oktober 1911*, Berlin [1911], S. 366.
(47) *Offizieller Katalog* [1911], S. 372.
(48) *Offizieller Katalog* [1911], S. 383f. なお「国民病とその撲滅」特別展と同様、来場者が勝手に操作できないよう顕微鏡にロックをかける特殊な器具が取り付けられていた(Georg Seiring [Hrsg.], *10 Jahre Dresdner Ausstellungsarbeit. Jahresschauen deutscher Arbeit 1922–1929 und Internationale Hygiene-Ausstellung 1930/31*, Dresden, 1931, S. 176)。今もドレスデンにあるドイツ衛生博物館(国際衛生博覧会の展示物をもとに一九一二年に設立され、現在の建物は一九三〇年に完成した)でも、同じように顕微鏡プレパラートが展示されているが、そこでは水を入れた小型ケースにプレパラートを収納するという単純な措置で乾燥を防いでいた(写真撮影は禁止)。当時の国際衛生博覧会でも、乾燥防止には同じような手法が採られたものと推察される。
(49) 公式カタログにも次のような記載がある。「こうした[感染症に関する——引用者]迷信は今もなお残っています。それも未開民族に限った話ではなく、私たちのなかでさえあらゆる階層に見られるのです」（*Offizieller Katalog* [1911], S. 384）

（50）*Offizieller Katalog* [1911], S. 83-89.

（51）Seiring (Hrsg.) 1931, S. 176.

（52）Prof. Dr. Emmerich, Die Dresdner Hygieneausstellung, *in: Die Gartenlaube. Illustrirtes Familienblatt*, Jg. 1911, S. 620. ところでこの記事の執筆者であるエンメリヒとはペッテンコーファーの弟子にあたり、ペッテンコーファーとともにあのコレラ菌自飲実験を行った人物である（第3章参照）。それだけにこの記事は、国際衛生博覧会にコッホ学派（ベルリン学派）の細菌学説にもとづいた展示しかなく、ペッテンコーファー流の「局地論的なチフス・コレラ説」がまるで紹介されていないことを「非常に嘆かわしいこと」だと批判している（S. 622）。

（53）ガイドブックの次の記述は、展示物の視覚戦略に加えて、こうした体験型学習も念頭に置いて書かれたのだろう。「彼〔リングナー――引用者〕にとって特に大事だったのは、学問的な素養のない一般人に対しては、死んだ形式で材料を提供するのではなく、すぐに身につくような、自然を忠実に模倣した模型や標本で、それもできるだけ生き生きとした（lebendig）仕方ですべてを提示する、そしてそうすることによって来場者の方々を疲れさせず倦ませないようにする、ということなのです」（*Offizieller Führer* [1911], S. 43）

（54）十九世紀末のヨーロッパにおける万博と植民地主義の共犯性を論じたティモシー・ミッチェルの研究も、万博のなかで作られた「視線」が現実世界を秩序化したという面を強調している。「万国博覧会やオリエンタリスト〔東洋学者〕会議のようなスペクタクルは、世界を一枚の絵に組み立てた。それらによって世界は観客の前に置かれて、体験され調べられる対象物として秩序づけられた」（ティモシー・ミッチェル〔大塚和夫・赤堀雅幸訳〕『エジプトを植民地化する――博覧会世界と規律訓練的権力』法政大学出版局、二〇一四年、一一頁）

（55）Beyer 1912, p. 120.

（56）医療用ムラージュの歴史を概観したものとしては、Thomas Schnalke, Die medizinische Moulage - ein historischer Überblick, in: Susanne Hahn, Dimitrios Ambatielos (Hrsg.), “*Wachs - Moulagen und Modelle*” *Internationales Kolloquium*

26. und 27. Februar 1993, Dresden 1994, S. 13-28. また、皮膚科におけるムラージュの登場とドイツの詩人ゲーテとの接点、ならびにムラージュ研究の指針を示したものとして、石原あえか「皮膚科ムラージュをめぐって 医学と芸術の邂逅（一）——皮膚科ムラージュの起源とドイツ詩人ゲーテの接点」『西日本皮膚科』第七七巻第四号、二〇一五年、三四〇～三四四頁。

（57）Susanne Hahn, Moulagen in der Gesundheitsaufklärung, in: Hahn, Ambatielos (Hrsg.) 1994, S. 39.

（58）Hahn 1994, S. 40.

（59）Elfriede Walther, Susanne Hahn, Albrecht Scholz, *Moulagen. Krankheitsbilder in Wachs*, Dresden 1993, S. 11.

（60）なおこの性病ブースは、成人の付き添いなしで未成年が入室することを禁止していた（Walther, Hahn, Scholz 1993, S. 15）。

（61）*Offizieller Führer* [1911], S. 38f.; *Offizieller Katalog* [1911], S. 103.

（62）*Offizieller Führer* [1911] S. 39.

（63）Lutz Sauerteig, Lust und Abschreckung: Moulagen in der Geschlechtskrankheitenaufklärung, in: Hahn, Ambatielos (Hrsg.) 1994, S. 53.

（64）ベルトルト・ブレヒト（岩淵達治訳）「闇の光明」『ブレヒト戯曲全集』（第八巻）未來社、一九九九年、九八～九九頁。

（65）Schlesischer Zweigverein zu Breslau, in: *Mitteilungen der Deutschen Gesellschaft zur Bekämpfung der Geschlechtskrankheiten*, Bd. 9, 1911, S. 142.

（66）Ebd., S. 143.

（67）Ebd.

（68）飲用ミルクをはじめとする加工食品は、二十世紀初頭でもまだ殺菌の慣習が普及していなかったため、品質上大きな問題があった。しかも当時の食品産業のなかでミルク業界は最も偽装が横行していたといわれ、早くから公権力による規制を招くことになった。なお国際衛生博覧会直前の一九一〇年には、代用食品であるマーガリンで約一八〇人が食中毒を起こし、二歳半の幼児一人が死亡するという事件も起こっている。このミルク問題や加工食品の偽装をめぐる社会不安については、南直人『〈食〉から読み解くドイツ近代史』ミネルヴァ書房、二〇一五年、八三～一一七、二〇五～二四〇頁。

(69) Lingner [1910?], S. 14f.

(70) Lingner [1910?], S. 15. 強調原文。

(71) Philipp Sarasin, *Reizbare Maschinen. Eine Geschichte des Körpers 1765-1914*, Frankfurt a. M. 2001, S. 73-82, 173-176.

(72) 前出（序章参照）のメアリ・ダグラスは汚穢の観念をこう説明する。「汚れに関する我々の概念から病因研究と衛生学とを捨象することができれば、そこに残されるのは、汚物とは場違いのものであるという例の定義であろう。〔中略〕靴は本来汚《きたな》いものではないが、それを食卓の上に置くことは汚いことなのだ。食物はそれ自体では汚くないが、調理用具を寝室に置いたり、食物を衣服になすりつけたりすることは汚いことなのである。〔中略〕要するに、汚穢に関する我々の行動は、一般に尊重されてきた分類を混乱させる観念とか、それと矛盾しそうな一切の対象または観念を非とする反応にほかならないのだ」（メアリ・ダグラス（塚本利明訳）『汚穢と禁忌』ちくま学芸文庫、二〇〇九年、一〇三～一〇四頁）

(73) Venessa R. Schwartz, *Spectacular Realities. Early Mass Culture in Fin-de-Siècle Paris*, University of California Press 1998, pp. 1-12.

(74) ミッチェル（二〇一四）三～五〇頁。

(75) Sauerteig 1994, S. 57.

(76) ブレヒト（一九九九）八六頁。

(77) Lingner 1912, S. 6.

(78) Lingner 1912, S. 17.

(79) Vogel (Hrsg.) 2003, S. 48.

(80) 「中華街に甦る衛生展覧会」『Roadsider's weekly』二〇一七年十月二十五日配信号（https://roadsiders.com/backnumbers/article.php?a_id=1185）

(81) 手塚治虫『どついたれ②』講談社、一九九三年、八三頁。

(82)『文藝春秋臨時増刊号　戦後40年　日本を読む100の写真』第六三巻第九号、一九八五年、三六頁。
(83)田中聡『衛生展覧会の欲望』青弓社、一九九四年、一八頁。
(84)荒俣宏『衛生博覧会を求めて』角川文庫、二〇一一年（初版一九九七年）、二八頁。
(85)田中（一九九四）三一～三二頁。
(86)田中（一九九四）一二九～一三六頁。
(87)東京大正博覧会案内編輯局編纂『東京大正博覧会観覧案内　附・東京一日めぐり』文洋社、一九一四年、二～三頁。引用に際しては旧字体を新字体に変換している。以下同。
(88)『東京大正博覧会事務報告　下巻』東京府庁、一九一六年、七六九頁。
(89)『東京大正博覧会事務報告　下巻』（一九一六）七七一～七七二頁。
(90)『東京大正博覧会事務報告　下巻』（一九一六）六八三頁。
(91)吉見（一九九二）七六～九二頁。
(92)『東京大正博覧会事務報告　下巻』（一九一六）七七〇頁。
(93)『東京大正大博覧会観覧案内』（一九一四）六三～六七頁。
(94)『東京大正博覧会審査報告　第一巻』［非売品］一九一六年、八四～八五頁。
(95)『東京大正博覧会審査報告　第一巻』（一九一六）八二～八三頁。
(96)以下の衛生館の設立経緯については、中村舜二『呑牛撲稿――中村舜二八十年の歩み』私家版、一九六一年、六一～七〇頁。
(97)中村（一九六一）六二頁。
(98)中村（一九六一）六六頁。
(99)中村（一九六一）六七頁。
(100)中村（一九六一）六二頁。
(101)中村（一九六一）六三～六六頁。
(102)中村（一九六一）六二頁。

(103) 荒俣（二〇一一）二七～二八頁。
(104) リスペクタビリティとは、近代において市民層《ブルジョワ》が育んだ「礼儀にかなう」、または「正しい」とされる特定の作法および道徳を指す（ジョージ・L・モッセ〔佐藤卓己・佐藤八寿子訳〕『ナショナリズムとセクシュアリティ――市民道徳とナチズム』柏書房、一九九六年、九頁）。
(105) 大正衛生博覧会「出品目録」（大日本私立衛生普及会編纂『大正衛生博覧会報告書』〔非売品〕一九二一年所収）五、二三頁。
(106)『大正衛生博覧会報告書』（一九二一）五二頁。
(107) 名古屋総連合衛生会編『名古屋衛生博覧会会誌』〔非売品〕一九三三年、一一五頁。
(108) 江戸川乱歩『江戸川乱歩全集　第一二巻　悪魔の紋章』光文社文庫、二〇〇三年、四四八頁。

第5章

戦争と感染症

病気を運ぶ兵士の身体

捕虜収容所における発疹チフスの流行（1915年）

第一次世界大戦中、前線で戦う兵士は敵の銃砲弾や戦車、化学兵器だけでなく、さまざまな感染症にも苦しめられた。特にこの大戦では発疹チフスが致死率の高い病気として危険視され、その媒介となるシラミの効果的な駆除方法が模索された。

1　戦場の衛生問題

細菌学の覇権

衛生啓蒙運動が二十世紀前半のヨーロッパで大きな盛り上がりを見せたのは、先述のように当時の民衆世界でなお伝統的な反医学的心性が根強く残存していたからだった。けれどもその反面、行政のレベルではすでに十九世紀末頃から細菌学の感染論が正統な医学理論として受け入れられ、それにもとづく研究体制や法制度の整備が進められつつあった。

まずはパリでパストゥール研究所が設立されたことを受け、ドイツでも細菌学研究の拠点形成を求める声が上がったことから、プロイセン政府の主導下で感染症研究所がベルリンに設立される。その設立過程でツベルクリンをめぐるスキャンダル（第2章）が浮上し、コッホ細菌学の社会的信用に大きな傷がついたものの、計画は中断されることなく一八九一年七月一日に感染症研究所が完成するに至っている[1]。

この研究所は、臨床を司る病院と研究を司る実験室の二部門で構成され、後者はその建物の形状から「トライアングル」と称された、古い集合住宅（ベルリンのシャリテ病院の管理部が買い上げていた）の内部に置かれることになった[2]（図5－1）。こちらの実験室部門がのちにロベルト・コッホ研究所（ＲＫＩ）として独立し、今日に至るまでドイツの感染症対策を担う代表的な研究機関となるのである。

図５－１　感染症研究所が置かれた集合住宅「トライアングル」（1900年）

また、一八九二年のハンブルク・コレラのさなかで疫病対策をめぐる新法の構想が浮上した際、法案を検討する専門家委員会でペッテンコーファーが屈辱的敗北を喫したことも（第３章）、ドイツの医療行政における細菌学の勝利を象徴する出来事だったといってよい。事実、その構想から結実した帝国疫病法（一九〇〇年六月三十日施行）やプロイセン邦疫病法（一九〇五年八月二十八日施行）などは、指定感染症（ハンセン病・コレラ・発疹チフス・黄熱病・ペスト・天然痘）の申告義務のほか、血液・尿・糞便の細菌検査、患者の隔離、その排泄物や痰、さらに患者が触れた物品の消毒措置等々、明らかに細菌学の知見にもとづく疫病対策を志向したものだった[3]。

これら疫病法の制定を一つの大きな契機として、その後の十年間に細菌検査のための施設がドイツ全土にわたって相次いで設立されていく。プロイセンでは二十世紀に入ってから一九一一年までの間に、大学に所属する衛生学研究所と並んで、大学がない地区にも計一一ヵ所の検査施設が設置され、それぞれ感染症が疑われる近隣患者の検体（尿・糞便・咽頭ぬぐい液）の受理と検査を請け負っていた。そうしたきめの細かい検査施設のネットワークが全国各地に張りめぐらされたのは、いうまでもなく国内の感染症患者を可能な限り遺漏なく捕捉し、隔離や消毒などの措置を講じることで疫病の発生を押さえ込むという意図からであった[4](図5-2)。

　ほかにも一九〇一年にブレスラウで最初の消毒士養成学校が設立されたのを皮切りに、一九〇三年末までにプロイセンだけで計一二校が開校しているが、そこでも消毒剤の種類や効用と並んで、病原菌の生態や拡散の仕方、殺菌方法が教授されていた[5]。すでに第一次世界大戦(一九一四〜一八年)前夜には、細菌学の理論は医療行政だけでなく専門職の養成機関にも浸透しており、その知の実践化や再生産を保証する制度的枠組みが整えられていたのである。

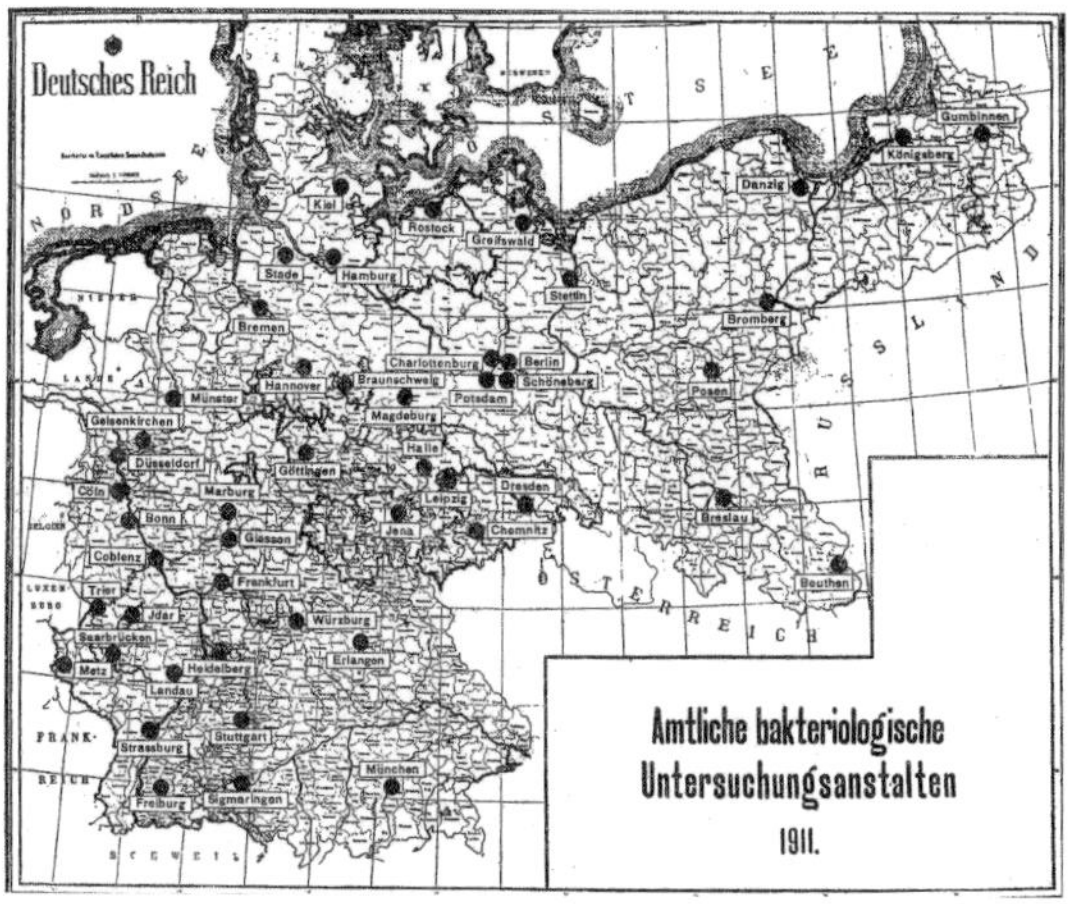

図5-2　ドイツ全土の細菌検査施設(1911年)

　まさしくこの点に、第一次世界大戦とそれ以前の戦争、たとえば最後に行われた普仏戦争(一八七〇/七一年)との大きな違いの一つがあった。つまりこの大戦は、細菌学の感染理論を前提にしたヨーロッパで最初の戦争、いいかえれば病原菌に対する感染不安が医学的に根拠づけられ、社会的にも広く共有されたなかで行われた初めての戦争だった。

　出征した兵士が戦場において未知の病原菌に感染するのではないか。それどころか異国の風土病が帰郷してくる兵士によって国内に持ち込まれ、それまで知られていなかった疫病が銃後社会で蔓延するのではないか。第一次世界大戦では、兵士の身体とともに移動する見えざる病原菌へのこうした不安感が、軍隊のみならずヨーロッパ社会全体に大きな影を落としたのである。

前線兵士の衛生対策

それだけにこの戦争では、出征兵士の感染症対策が喫緊の課題として浮上することになった。しかしいくら兵士の健康が兵力の維持に不可欠とはいえ、戦時においてはいうまでもなく軍事行動が最優先であり、衛生上の問題は二の次にならざるをえない。当時軍に随行して前線に赴いた軍医たちの報告記事を読むと、そうしたジレンマのなかで彼らがいかに兵士の健康維持に心を砕いていたかが分かる。ここではそれらの報告記事にもとづきながら、戦地における兵士の衛生状態や病気予防の諸実践を確認しておこう。

戦地においてまず何よりも配慮しなければならないのは、飲料水の確保である。その供給が一日でも滞れば兵士の健康に重大な影響が出かねないからだ。とはいえ兵士の行軍中は、水は基本的に現地調達でまかなわなければならず、都市や村落を通過するたびに軍は井戸から水を汲み上げていた。

ただその際に詳細な水質検査など望むべくもなく、たいていは見た目や臭いでその水が飲用可能かどうかを判断していた。加えて小都市や地方の村落では、堆肥の盛土や肥溜め、トイレのすぐ近くに井戸が掘られていたことから、その水に糞尿が含まれている可能性も高かった。それでも早朝からほとんど休みなく炎天下を行進し続けた兵士たちは、軍医の警告にもかかわらずそうした不潔な井戸水に殺到し、喉の渇きを癒やしたのである(6)。

そうはいっても国境を越えるまでは軍の衛生管理はまだ比較的容易だったが、それも敵の領内に入るとよりいっそう困難になる。

避難できずに置き去りにされた現地の女性や子どもからは、教育水準だけでなく言葉の壁もあって、感染症に関わる有益な情報はほとんど期待できない。また放置された家屋を宿舎として利用するにしても、屋内にはまだ中身の残った缶詰や鍋があちこちに置かれ、腐った残飯が床一面に散乱するなど、衛生上劣悪きわまる環境である。感染の危険のため立入禁止と書かれた紙が貼られた家も数多く見られた。

さらには住民側の敵意から、井戸に毒物が混入されることもあったため、部隊には飲料水を使用する前に現地の人間にその水を飲ませるよう厳命が下されていた。もっともこの毒物混入はかなりまれなケースで、報告者が目撃した限りでは住民はみずから進んで兵士の目の前で井戸水を飲んでみせたという(7)。

最前線の塹壕《ざんごう》では飲料水の確保はさらに困難をきわめた。近隣に井戸があれば、たとえ泥で濁った水でも掘り出して使用せざるをえないこともあった。もちろんそれも生水のまま使用することはできず、ごく簡易な検査を経たあと煮沸してコーヒーや紅茶、あるいは料理に用いるしかなかった(8)。

だが塹壕ではもう一つ、排泄物処理の問題がある。戦場では必ずしも下水道が整備されているわけではなく、むしろ塹壕を造営する過程で土地の排水管を破壊することもしばしばあったため、どの塹壕にも仮設トイレは必須だった。

図5－3　塹壕内の仮設トイレ（小用）

そうしたトイレとして使われたのが取っ手付きの容器で、小用・大用のものがそれぞれ設置されていた（図5－3）。ただ中身をそのままにしておくわけにはいかないため、兵士が用を足すたびに塩化石灰や石灰乳などの消毒剤、それらがなければ灰で糞尿を覆っていた。また排泄容器は定期的に後方地帯に運ばれて（取っ手を使って二人がかりで運搬された）中身が廃棄されていたが、その際も重ねて消毒剤が撒かれ、最後に土をかぶせて処理されていた。ただこのように限られた条件下でトイレの衛生状態に細心の注意を払っていても、腸チフスなどの感染症が塹壕内で蔓延することは避けられなかった。(9)

しかしいうまでもなく狭い塹壕生活のなかで身体の健康を維持するには、飲食や排泄など最低限の生理的欲求を満たす以外に定期的な運動も必要となる。ドイツ軍のある野戦病院では、「身体の機敏さと、潑溂《はつらつ》として明朗な気持ちとを保つために」、交替で後方へ下がった兵士に運動の一環としてトーナメントスポーツを行わせていたという。徒競走、障害物競走、リレー競走などで、優勝チームには賞品を用意するなど歓喜の情を掻《か》き立てる工夫も凝らされていた。それによってスポーツイベントが、「この神経戦において憩いの時間を食堂で漫然と過ごすよりも、よき助けになる」ことが期待されたのである。(10)

軍医の報告によると、イギリス軍でも同じように前線の背後でこうしたスポーツ行事が行われていたが、それに対してはドイツ軍の間で否定的な声も上がっていたらしい。だが軍医の立場から見れば、「兵士たちの身体能力の維持と精神的な気分転換に役立つというスポーツの価値」を鑑みて、そうした意見に正当性はないと映っていた。[11]

図5-4　クリスマス休戦でのサッカー試合（1914年）　軍帽をゴールに見立てて試合が行われた。ある証言では地面が凍ってボールコントロールが難しく、参加者がすぐに疲れたため、試合は1時間ほどで終了したという。

第一次世界大戦で最も有名なエピソードの一つとして、戦争で初めて迎えたクリスマスの日（一九一四年十二月二十四／二十五日）に西部戦線で対峙する英仏軍と独軍が非公式に停戦し、互いに交歓したという出来事がある。いわゆる「クリスマス休戦」（Christmas Truce）で、相互の戦死者の合同埋葬や記念撮影のほかに、サッカーの対抗試合まで行われた[12]（図5-4）。カナダの歴史学者モードリス・エクスタインズは、この一度きりのクリスマス休戦（その後はこうした非公式の停戦は二度と起こることはなかった）を、大戦前の古い文化的価値観が戦場で一時的に息を吹き返したものと見ている。[13]

いずれにせよこうした交歓が前線においてどれだけの規模で広まったのか、そもそも伝説的に語られるほど広範囲に及んだものだったのか、いまだ不明な点は多い。けれどもそうした出来事を招来するような試みが、衛生の名のもとに前線や後方基地で実践されていたことは事実である。軍医の報告にもあるように、最前線の塹壕の部隊は敵陣営で行われるスポーツ遊戯も見聞きしていたのであり、その限りでそれがクリスマス休戦でのサッカー試合を呼び込む土壌の一つになったと考えるのは、あながち突飛な見方でもないだろう。

捕虜収容所

戦場で捕らえられ、国内に移送されてきた外国人捕虜もまた、銃後に異国の風土病を持ち込んでくる存在と見なされた。とりわけ捕虜収容所の内部は人口密度が高く、居住空間も不衛生であるばかりか、収容人数に比して食糧の配給量が不十分であることから捕虜自身も低栄養状態にある。それゆえ国内で捕虜収容所ほど感染症の蔓延に好適な環境はないといえ、捕虜たちと密に接触する監視員や、食糧をはじめ生活必需品を収容所内に配給するスタッフを媒介して、周辺地域に病原菌が漏れ出る恐れもある(14)(図5－5)。

したがって、収容所内の環境と捕虜の身体をできる限り清潔に保たなければならないが、そのためにはやはり捕虜自身に衛生上適切な行動を取らせることが必要となる。そこで収容所内のバラックやキッチン、トイレのドアに衛生規則を記載したチラシを貼付し、捕虜に対する衛生啓蒙が図られると同時に、規則の違反者には見せしめとして厳しい処罰が科された。たとえばドイツ・バイエルンに置かれたレヒフェルト捕虜収容所でも、収容者向けのチラシが掲示されていたが、そこには各国の言語で以下の内容が記されていたという。

多くの人間が密集して生活している捕虜収容所内で感染症が発生すると、すべての捕虜仲間たちを甚大な生命の危機にさらすことになる。〔中略〕熱や疝痛《せんつう》、下痢（特に多い場合）、激しい嘔吐、咽喉の炎症、一般的な体調不良が認められれば、すぐに部隊の長あるいは衛生警察に知らせなければならない。〔中略〕

病気に対してはただ一つ、徹底した清潔さが身を守ってくれる。だからトイレは汚さずにきれいに保ち、トイレから出てくるときは必ず手を洗うこと。食事の前にも手を洗うこと。自分の食器は流水でしか洗浄しないこと。——腐った食事の残飯も病気を引き起こすことがある。特にキッチンのなかはきれいにしておくべきである。仕事を始める前には必ず手を洗わなければならないし、手を洗う前にトイレから出て仕事に行くことも決してあってはならない。[15]

図5－5　捕虜収容所でのスープ配給

ここでいわれる「衛生警察」（Sanitätspolizisten）とは、フランス人ないしロシア人捕虜から選抜され、ドイツ人に成り代わって感染症患者を見つけたり、規則違反者を取り締まったりするスタッフを指す。収容所でとりわけ恐れられたのは発見が困難な健康保菌者で、その存在を可能な限り完全に捕捉するには、捕虜の生活に密着して行われる正確な監視が不可欠となる。そこで、捕虜自身が別の捕虜たちを監視する衛生警察の制度が考案されたのである。(16)

衛生警察に選出された者は、健康の問題に関しては軍の階級にかかわらず戦争捕虜すべての上官と見なされる。しかも欲しい情報はすべて入手でき、どのバラックにも好きなように出入りできる。その任務は感染の疑いがある者を炙りだし、感染者用の隔離バラックに移すことにある。ほかにも細菌検査のための検体収集も担当したり、なかには衣服の消毒やトイレの清掃と消毒を監督する者もいる。基本的にはこうした任務に十分な理解があり、ドイツ語を話せる者が選ばれるが、不適任と判断されればすぐ罷免され、別の捕虜に替えられていた。(17)

これは捕虜収容所の間接統治であると同時に、いわば一種の分断統治ともいえる。「捕虜自身の自己管理」という名目で捕虜社会における軍の階級序列を否定し、収容所の管理当局が独自の位階秩序を設けて、衛生警察に任用された者をあからさまに優遇していたからだ。たとえば衛生警察には規則違反者に対する処罰権限が付与され、消毒や隔離の強制執行を可能にしていた。また「仕事の報酬」としてほかの捕虜とは違う独自の居住空間も与えられ、所内で快適な生活を送ることができたという。(18)

2　シラミ殲滅作戦

異国由来の疫病

帰郷兵士や戦争捕虜など前線で戦う兵士の身体が、異国の感染症を銃後に持ち込む媒体になっているという右の不安には、統計的な裏づけもあった。表5－1は、大戦中のドイツ国内における発疹チフスの新規感染者数の推移を表したものだが、これを見ると一九一四年末から一九一五年上半期にかけて突如として感染者が急増し、戦時期を通じて最大のピークに達していたことが分かる。感染者の内訳からその理由は明白で、一九一四年十二月に記録された一六七一人の感染者のうち実に一六六一人が戦争捕虜であり、また翌年の感染者数四万九〇三九人でも、戦争捕虜は四万六四五四人を占めていた。[19]

表5－1　ドイツにおける発疹チフスの新規感染者数（1914-1919）

	1914	1915	1916	1917	1918	1919
1月	—	7,339	39	50	85	326
2月	—	9,584	162	23	35	876
3月	1	9,709	18	44	61	873
4月	1	9,797	27	50	66	519
5月	—	9,648	34	35	158	447
6月	1	2,034	13	8	55	432
7月	1	836	2	9	13	227
8月	—	37	5	32	8	46
9月	—	25	2	7	5	69
10月	—	8	13	16	14	23
11月	—	5	23	37	1	12
12月	1,671	17	5	44	40	44
計	1,675	49,039	343	355	553	3,894

これよりもはるかに小さいが、もう一つのピークが見られるのは一九一九年上半期で、同年の感染者数三八九四人のうち、約九割の三四七三人が上半期に集中している。これは明らかに、一九一八年十一月の休戦協定締結に伴う軍の武装解除と前線兵士の復員、それにドイツ革命に伴う政治的混乱によるもので、国境でのシラミ駆除や感染者の隔離など必要な対策が十分に講じられないなかで、帰還者の身体とともに病原菌が国境を越えて

表5－2　ドイツ軍における発疹チフスの新規感染者数（1914-1918）

	野戦軍				占領軍				野戦・占領軍			
	部隊	‰	野戦病院	‰	部隊	‰	野戦病院	‰	部隊	‰	野戦病院	‰
1914/15	76	0.03	141	0.05	252	0.14	460	0.25	328	0.07	601	0.14
1915/16	442	0.11	615	0.15	28	0.01	177	0.07	470	0.07	792	0.12
1916/17	963	0.19	1,474	0.30	47	0.02	149	0.07	1,010	0.14	1,623	0.22
1917/18	1,415	0.28	2,287	0.45	71	0.03	127	0.06	1,486	0.21	2,414	0.34
1914/18	2,896	0.69	4,517	1.1	398	0.18	913	0.42	3,294	0.52	5,430	0.85
年平均	724	0.17	1,129	0.28	100	0.05	228	0.16	824	0.13	1,358	0.21

侵入し、そこから国内で拡散していったのである。[20]

軍隊内部の感染傾向を数字で見ても、そうした発疹チフスの持つ異国由来の性格が垣間見える。表5－2はドイツ軍における発疹チフスの新規感染者数の推移を示したものである（感染が確認された場所を部隊と野戦病院に区別している）。この表から国内外の駐屯地にある占領軍より、前線を担当する野戦軍のほうで罹患率が高くなる傾向がはっきり見て取れる。つまりドイツの軍隊にとって発疹チフスとは、異国の地にある最前線に近いほど感染リスクが高まる疾患だったのであり、それだけに戦地にいた兵士が故郷へ帰還する際には、この「エキゾチック」な病気の菌を持ち帰る確率も少なからずあったのである。

たしかに罹患率そのものは、野戦軍の一部を除いて一‰（兵員千人当たりの割合）を超えることはなく、その野戦軍もそれをかろうじて超過する程度（一・一‰）だった。その点で発疹チフスは、大戦下に観測された諸種の感染症のなかではそれほど大きなシェアを占めていたわけではない（後述）。とはいえこれら感染者のうち死に至った者の割合、つまり発疹チフスの致死率に関していえば、大戦期全体の平均で二二・五％に上っており、[21]コレラほどではないにしろ、罹患すると死亡するリスクはかなり高かったといってよい。

発疹チフスの特徴

この発疹チフスの病理学的特徴とはどのようなものだろうか。ここでは二十世紀前半の細菌学者ハンス・ジンサーの記述をもとに、[22] 発疹チフスに関するごく基本的な事柄だけを確認しておこう。まず発疹チフスの症状は急性の熱病を基本とするが、必ずしも厳密に決まったかたちがあるわけではない。典型的な経過としては、最初に重度のインフルエンザに似た症状が現れる。すなわち体温が急激に上昇し、三九・五〜四〇℃にまで達することもある。また悪寒、激しい頭痛、手足の疼《とう》痛《つう》を伴い、発症から四〜五日目には肩や胴で発疹が出現し、四肢や足の裏、さらには顔を除く全身に限なく広がっていく。なかでも特徴的なのが激しい頭痛で、ほかの急性病に比べてはるかに耐えがたく、患者を譫妄《せんもう》状態に陥らせる。チフス（「妄想」を意味するギリシア語 tûphos に由来する）の名を冠する理由はここにある。

その原因となるのは「リケッチア」と呼称される属の細菌で、おもにシラミやダニなど節足動物を媒介してヒトに感染する。戦場や監獄など不潔な環境で発生しやすく、「軍隊熱」とか「監獄熱」とも呼ばれていたが、[23] 実は二十世紀に入るまでは空気を介して感染するという見方が支配的だった。[24] それが大戦直前の一九〇九年にチュニスのパストゥール研究所長だったシャルル・ニコルによって、シラミが媒体となって広がることが突き止められたため（その功績でニコルは一九二八年にノーベル生理学・医学賞を受賞している）、大戦では発疹チフスの予防策としてシラミの効果的な駆除方法が模索されることになる。

しかしほかでもないこのシラミは、前線兵士にとっていわば塹壕生活の一部をなすもので、戦場の日常とは切っても切り離せない存在だった。第一次世界大戦の戦場体験を綴った自伝的小説として名高いエーリヒ・マリア・レマルクの『西部戦線異状なし』（一九二九年）にも[25]、次のようにシラミに悩まされる兵士の様子が語られている。


虱《しらみ》というものも無数にいると、これを一匹ずつ潰すのは実にむずかしい仕事だ。この動物はちょっと固いところがあるので、指の爪で丹念に潰しているのでは、いつまでかかるかわからない。そこでチャアデンは、蠟燭の燃えさしに火をつけて、靴磨きの油の蓋を、その上に針金でうまく縛りつけた。こうして小さい鍋を拵《こしら》えて、そのなかに虱をほうり込むと……ぱちんといってそれで片がついてしまった。

僕らはぐるりと輪を描いて坐って、膝の上にシャツをひろげ、上体を裸のまま温かい空気にさらし、両手で虱取りにかかったのである。ウェストフウスとくると、特別に立派な虱をしょっていた。頭の上に赤い十字のついている虱である。これはツウルウの野戦病院で、軍医長から直接にもらったものを持ってきたのだ、と言っていた。こうして靴墨の蓋のなかへ次第に集まってきた虱の脂を、長靴へ塗るのに使おうと言って、この自分の冗談を三十分あまりも一人で笑いこけていた。[26]

牧歌的に描写されているが、その帰結は深刻なものだった。衣服や頭髪に無数のシラミを抱える塹壕の兵士たちは、いつ何時発疹チフスに感染して死に至っても不思議ではなかったからだ。この点においても前線の塹壕は、疫病の発生にこれ以上ないほど好適な条件を取り揃えた場であった。

一時収容所

それゆえそうした前線から連行されてくる戦争捕虜が、捕虜収容所やその周辺地域に発疹チフスを蔓延させる主要な源泉となったのも自然な成り行きだった。たしかに彼らは入所前に検疫所で衣服や身体の消毒が施されていたが、それだけではとうてい抑止することはできず、各地の収容所では発疹チフスが流行し、多くの捕虜や所内のスタッフが死亡するというケースが相次いで起こっていた。

たとえばルーマニアのブザウに置かれた捕虜収容所では、一九一七年二月から同六月にかけて一五〇〇〇人が発疹チフスに感染し、うち一〇〇〇〇人以上が死に至ったという。こうした状況を目の当たりにしたあるドイツ人軍医は、「発疹チフスの突発的な流行に対して対抗措置が無力である以上、ドイツ人の衛生スタッフにとって戦争捕虜収容所への転属は死刑宣告に等しいものです」と上官に報告している。[27]

そのような捕虜収容所の感染リスクの高さから、検疫所と長期滞在収容所との間に「一時収容所」(Durchgangslager)が設置され、捕虜たちはそこで三週間の隔離措置を課されて徹底したシラミ駆除と消毒・予防接種を受けることになった。詳しく見てみよう。[28]

図5－6　第一次世界大戦中の入浴・シラミ駆除施設

まず隔離中の捕虜からの郵便物は、感染の危険があるため発送されてはならない。もちろん捕虜と市民との交流も認められないし、経過観察中の捕虜を所外での労働に従事させることもあってはならない。一つの収容所に一万～一・二万人の捕虜が入れられるが、所内は複数の居住ブロックに分割され、各ブロックにつき五〇〇～一〇〇〇人ずつ割り当てられている。これも感染対策の一環として行われた措置で、これによって仮に疫病が発生しても個々のブロックでの押さえ込みが可能になるというわけだ。事実、それぞれのブロックには自前のキッチン、給水設備、トイレ、病人用バラックが設けられ、相互に独立して生活が営めるよう設計されていた。

所内で実施されるシラミ駆除や消毒の手順は以下のようになる。まずシラミは衣服だけでなく毛髪にも巣食うことから、消毒施設（図5－6）の控え室で髪を短く刈られ、次いで脱衣室で衣服を脱いでそれを袋に入れる。それらの衣服は蒸気ないし熱風で消毒され、しかるのちに着衣室に送られる。その間捕虜たちは石鹸を手渡されてシャワールームで身体を洗浄し、陰毛やわき毛も剃り落としたうえで希釈したクレゾール石鹸液でさらに身体を洗い流す。シャワールームから出たあとは待機室で消毒済みの毛布で身体を拭い、着衣室で衣服を受け取って消毒は終了となる。この工程で一日に少なくとも二〇〇〇人を消毒でき、三週間の滞在期間中に捕虜は三回にわたって衣服の消毒を施されることになる。

一時収容所ではこのようにして発疹チフスの感染源の徹底した根絶が目指された。「やり過ぎることに損はない。少なすぎることこそ良からぬ逸失をもたらすものだ[29]」というのが、この収容所における消毒措置のモットーだった。

前線におけるシラミ駆除

こうした消毒の手順はいうまでもなく、最前線で戦う野戦軍にも共通して実施されていた。前線の近くに設置された軍用入浴施設には、控え室、脱衣室、蒸気室、入浴室、衣類洗濯室、乾燥室、治療者談話室、治療者寝室、着衣室等々が用意され、疥癬《かいせん》やシラミに悩まされる前線兵士は基本的に右に記した手順に沿って消毒された（図5－7）。ただしその際は前線における兵力維持という観点から、できるだけ同日中に部隊に戻ることが求められたため、消毒施設のスタッフは早朝七時から夕方遅くまで休憩なく働き続けることを余儀なくされていたという[30]。

ただし西部戦線だけでもベルギー南部からフランス北東部に及ぶ長大な塹壕地帯に、このような施設を万遍なく建設するなど望むべくもない。そこでまず馬車で移動可能な、次いで自動車で運搬される可動式の消毒車が前線に投入され（図5－8）、近隣に施設がない戦場の兵士もシラミ駆除を兼ねた消毒装置を利用できる体制が整えられることになった[31]。

これは具体的には、車に取り付けた大樽に衣服を入れて内部を真空化し、ホルマリン水蒸気にさ

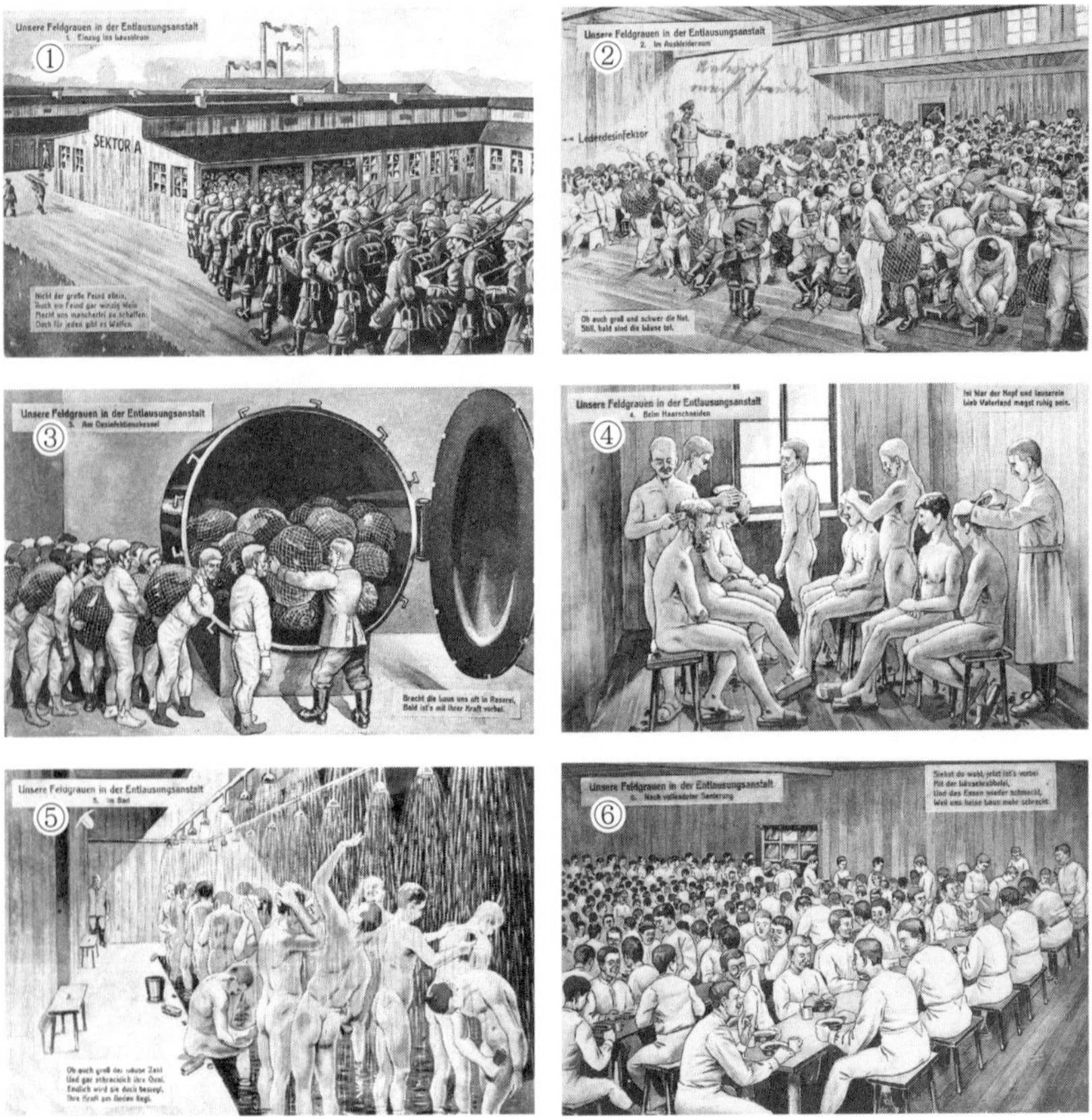

図5-7　前線兵士の消毒手順　（左上から）①シラミ駆除施設への入所。「大きな敵だけでなく、ほんの小さな敵も我々に色々なことをしでかしてきます。しかしどちらに対しても武器があるのです」②脱衣室の兵士たち。「どれほど難儀していてもまだ大丈夫。入浴がシラミを殺してくれます」③消毒釜。「シラミに狂いそうになっても、その力はすぐに消え去ります」④頭髪の刈り込み。「頭がきれいになってシラミがいなくなれば、愛する祖国よ、もう安心です」⑤シャワールームにて。「シラミがどれだけ数多く、その苦悩がひどいものでも、ここでついにシラミは打ちのめされ、その力は地に落ちるでしょう」⑥治療完遂後。「ご覧ください。今やシラミの痒みは消え去って煩わされなくなったので、食事も美味しく堪能できています」

図5－8　可動式消毒車（左：馬車タイプ。右：自動車タイプ）

らして消毒するというものだった。「ドッペル・ディオゲネス」と呼ばれた自動車タイプの消毒車（図5－8・右。名称は「二人のディオゲネス」という意味で、古代ギリシアの哲学者ディオゲネスが樽を住処にしたという故事にちなむ）では、後部の低圧蒸気製造装置から蒸気が噴出され、湾曲した送気管を伝って片方の樽に流し込まれて消毒が行われる。二つの樽が装備されているのは、一方の樽で消毒が行われている間に、別の樽で消毒済みの衣服を汚れた衣服に取り替えることで、作業の効率化を図ろうとしたからである。[32]

ところで前線の消毒車であれ後方の消毒施設であれ、大戦で軍部が採用した蒸気による衣服の消毒というこの方式は、古来の燻蒸の伝統をそのまま受け継いだものと見てよい。もちろん大幅に機械化され、ホルマリンのような化学物質も使用して殺虫効果を上げている点で著しく近代化されてはいるものの、蒸気（煙のアナロジー）による病毒の除去という基本的な形式そのものは、昔ながらの呪術的風習を踏襲したものにほかならない。軍服に取りついたシラミを効率的に排除する方法が模索されたとき、燻蒸という伝統的な疫病対策が、当時の軍部にも有力かつ自然な方式の一つと映ったのは想像にかたくない。

その一方で感染者の死体の焼却は、第一次世界大戦の戦場では実践された形跡がない。感染者に限らず戦死者の死体は衛生の観点からも由々しい問題となっていたが、「作戦地域における火葬は得策でない」ばかりか、土葬に比べて「衛生上のメリットもほとんどない」と見られていた。それに火葬には「特別な燃焼炉」が必要となるが、「互いに遠く離れた戦闘地帯ではごく稀にしか利用できない」。そのため土葬がほぼ唯一の選択肢となるが、当時は街道・草原・水源・水流の近辺に墓を設けなければ、軍隊や近隣住民への健康上の危険はないと考えられていた(33)。

ここで土葬の無害さが強調されているのは、地中の死体の感染力に関する観念がこのとき後退していたことを推測させる。ハンブルク・コレラでは火葬に殺菌効果が期待され、また二十世紀初頭では、結核による死者を教会墓地へ埋葬するのを自治体が拒否した事例もあったように（第3章）、大戦前の社会においてはなお死体に残る感染作用への不安感がはっきりと息づいていたのだが。

こうした観念が大戦期に希薄化していた理由は定かではない。火葬に必要な燃焼炉を戦場で運搬するのは非現実的だという、プラグマティックな事情もあずかって力があったのかもしれない。しかし燻蒸が感染症対策として有効な方式と見なされ、そのための大がかりな装置や施設がつくられたことを考え合わせると、火葬と燻蒸の対照性はいっそう鮮明に映る。いずれにせよ少なくとも第一次世界大戦では、燻蒸と違って火葬には取り立てて衛生上の意義が認められることはなかった。

両者がふたたび邂逅するのは、第二次世界大戦下にナチス・ドイツが建設した絶滅収容所においてであった。

3　前線兵士の性感染症

銃後社会の性病不安

前線兵士が銃後にもたらす病気として当時の人びとに怖れられたのは、何も発疹チフスだけではなかった。一九一八年十一月に休戦協定が締結され、戦場から大量の兵士が復員してくる段になったとき、銃後社会で恐怖の的になったのはおもに性病＝性感染症(34)（梅毒・淋病・軟性下疳《げかん》）の病原菌だった。休戦成立からまもない十一月十五日の日付を持つある記事には、次のようにその不安を煽る文言が並べられている。

しかしながら特に国民の健康上の理由から、この慌ただしい復員には大きな不安が伴うといわざるをえない。戦場から銃後への疫病の伝播を防ぐべく、これまで念入りに練られた諸計画が立てられてきたが、今日の状況でもそれらを実行に移すことはまだ可能だろうか。とりわけ感染性の性病を治癒するまで〔国境付近に――引用者〕押しとどめるということは、今でも想定されていることなのか、またそもそも可能なことなのか。これらの問いの意義を医師の側で改めて力説し、彼らの注意を向けさせることが必要であろう。この点でドイツの将来に恐るべき危機が迫っている。私たちに降りかかってくるありとあらゆる悲惨に加えて、淋病や梅毒を含む大規模な疫病まで発生するなどあってはならない(35)。

特に都市に比べて地方は平時には性病罹患率が低かったことから、地方出身の出征兵士が性病の病原菌を郷里に持ち帰ると、それまでその災禍を免れていた非大都市住民（ドイツの人口の八割弱を占めた）[36]の間にも性病が蔓延しかねないと危惧する声もあった[37]。

しかし先述の一九〇〇年帝国疫病法では指定感染症に性病が含まれておらず、性病兵士の通報義務や隔離措置には法的裏づけがなかった。その一方で性病は早くも一八七〇年代から細菌学研究の対象となり、一八七九年には淋病の、一九〇五年には梅毒の病原菌が発見されたことで、細菌学的には「感染症」の一種として定義しなおされていた[38]。

そこで帝国内務省は、終戦直前に「感染症を理由とした軍の停止に関する法案」を上院に提出し、性病をはじめ疫病法がカバーしない感染症に罹った軍関係者にも、行動の制限を課す措置（医師の鑑定で感染の危険が消えたと判断されるまで除隊を認めないなど）を法制化しようと試みたこともあった。ただしこの動きは革命の勃発によって、日の目を見ないまま立ち消えになってしまう[39]。

とはいえなぜ大戦末期の銃後社会で、性病に対する不安感がこれほど強く見られたのだろうか。たしかに梅毒は症状が進行すると身体的損壊を引き起こし、死に至ることもある病気として当時から知られていたが、発疹チフスのように急性ではなく、数年にわたって緩慢に身体をむしばむ慢性疾患である。またその致死率も約一〇％と、決して低くはないがコレラや発疹チフスほど高いわけでもない。ましてや淋病や軟性下疳は梅毒ほど深刻な症状を呈さず、死に直結することはほとんどない[40]。

そうした性病が銃後で恐怖の的になり、右の法案をはじめとして休戦前後にその抑制を目指す動きが各所で顕在化したことは[41]、やはりそれなりの説明を要する。

もちろん性病は長い間「娼婦の病」として知られ、すでに十七世紀から放蕩《ほうとう》の罪に対する自然の罰と見なされてきた[42]。この性病に伴うスティグマ（社会的烙印）は二十世紀になっても根強く残存し、性病専用病棟では被収容者は「第三級の患者」として犯罪者のように扱われていた。すなわち散歩も面会も禁止され、部屋の窓には鉄格子が付けられて換気もままならないという、監獄の囚人と同等の屈辱的かつ不衛生な状態に置かれたのである[43]。

たしかにこうした性病患者の差別は、十九世紀末から性病の専門家の間で批判されるようになり、一八九三年には専門家の呼びかけでシャリテ病院での治療費支払いを拒否するボイコット運動が起こっている（シャリテ・ボイコット）。けれども一九二〇年代になってもなお、性病棟の「監獄じみた」環境の改善を求める声が上がっていたように、性病患者に対する差別的処遇がなくなったわけではなかった[44]。

大戦末期の性病不安の背景には、このような性病につきまとう伝統的スティグマへの怖れが横たわっていたと思われる。

ただしこれらはあくまで中長期的スパンで見た一般的な諸動向であって、休戦期の銃後社会で特に性病への恐怖心が刺激され、各種対策が方々で講じられたという、短期的な出来事を説明するには不十分である。そうした出来事が生じた理由を突き止めるには、やはり大戦期における性病の感染状況や、人びとが性病に抱いた不安の具体的な内容に目を向ける必要がある。

戦場の性感染症

大戦期における性病の感染状況は、右の発疹チフスとはあらゆる点で正反対だったといってよい。まず第一に、先述のように発疹チフスに比べて性病の致死率は低く、それも深刻なのは罹患率がそれほど高くない梅毒だけである。表5－3は一九二七年における各種性病の感染状況を示したものだが、これを見ても淋病が性病患者の七五・四％を占めるのに対し、梅毒は（先天性のものを除けば）わずか五・二～八・一％であり、性病患者のなかでは少数派だった。梅毒の致死率を一〇％とすると、性病全体の致死率は多く見積もって〇・八％程度ということになる。

むろんこの数字は、あくまで統計調査で捕捉可能な医師の診察を受けた者に限られる。実際の年間新規感染者数、つまり病気を隠して受診しなかった者まで含めた人数は、一九二七年当時でもこの十倍以上の三七・二万人に達すると推定されている。(45) しかし全体的な感染傾向は、この表で示された割合と大きく異なることはないはずだ。性病に感染した者は、多くの場合死に至るほど深刻な事態には陥らなかったため、後述のように戦時中では兵力維持の観点から治療の優先順位が低くならざるをえなかった。

第二に、致死率だけでなく罹患率でも性病は発疹チフスと好対照をなす。軍隊内部での発疹チフスの罹患率はさほど高くはなかったが、性病の罹患率は群を抜いていた。表5－4は戦時中のドイツ軍における主要な感染症一二種の新規感染者数とその比率を表したものだが、ここで見られるように性病（⑫）は兵士の間で蔓延していた感染症のうち、インフルエンザ（⑧）に次いで最も高い

表5－3　ドイツにおける各種性病の感染者数および性病患者全体に対する割合（1927年）

性別	淋病（%）	梅毒（%）				軟性下疳（%）	合計（%）
		第一期	第二期（顕在）	第二期（潜在）	先天性		
男性	16,561 (80.6)	1,268 (6.1)	1,035 (5.0)	881 (4.2)	277 (1.3)	535 (2.6)	20,557 (68.1)
女性	6,221 (64.5)	330 (3.4)	1,430 (14.8)	1,271 (13.1)	317 (3.2)	79 (0.1)	9,648 (31.9)
合計	22,782 (75.4)	1,598 (5.2)	2,465 (8.1)	2,152 (7.1)	594 (2.0)	614 (2.0)	30,205 (100.0)

表5－4　ドイツの野戦軍・占領軍における主要感染症の新規感染者数（1914－1918年）

	野戦軍	兵員千人当たり(‰)	占領軍	兵員千人当たり(‰)	合計	兵員千人当たり(‰)
平均兵員数（1914.8.2-1918.7.31）	4,183,099		2,189,410		6,372,509	
①天然痘	173	0.04	69	0.03	242	0.04
②猩紅熱	1,943	0.46	6,084	2.78	8,027	1.26
③麻疹	991	0.24	2,146	0.98	3,137	0.49
④ジフテリア	9,526	2.27	16,514	7.54	26,040	4.09
⑤腸チフス	25,559	6.11	3,146	1.43	28,705	4.50
⑥発疹チフス	2,896	0.69	398	0.18	3,294	0.52
⑦マラリア	78,675	18.80	11,955	5.46	90,630	14.22
⑧インフルエンザ	1,233,142	294.79	310,470	141.81	1,543,612	242.22
⑨結核	23,508	5.62	32,043	14.64	55,551	8.72
⑩赤痢	47,651	11.39	15,881	7.25	63,532	9.97
⑪コレラ	2,027	0.48	378	0.17	2,405	0.38
⑫性病	283,486	67.77	240,858	110.01	524,344	82.28

罹患率を示している(このインフルエンザの圧倒的な罹患率には、大戦末期に流行が始まった通称「スペイン風邪」も、少なからず影響している)。

それもほかと比べて圧倒的な規模といってよく、性病の感染者数が大戦の四年間で五二万四三四四人(兵員の約八二・三‰)だったのに対し、猩紅熱(②)は八〇二七人(一・二六‰)、ジフテリア(④)は二万六〇四〇人(四・〇九‰)、腸チフス(⑤)は二万八七〇五人(四・五‰)、マラリア(⑦)は九万六三〇人(一四・二二‰)、結核(⑨)は五万五五五一人(八・七二‰)、赤痢(⑩)は六万三五三二人(九・九七‰)であった。つまり性病はその他の感染症を少なくとも六倍弱、ごくわずかな天然痘を除いても最大で二〇〇倍以上も凌駕《りょうが》する感染者を出していたのである。

それに対して発疹チフス(⑥)は、天然痘(①)、コレラ(⑪)、麻疹《はしか》(③)に次いで最も罹患率が低く、四年間で確認された感染者数は三二九四人、兵員全体のわずか〇・五二‰を占めていたにすぎない。前節で見たように、戦時中は大がかりなシラミ対策が実施された一方、前線兵士における発疹チフスの新規感染者数は大戦を通じて上昇傾向にあった(表5－2)。しかしそれでもこの数字を見ると、発疹チフスは軍内で確認された諸種の感染症のなかでは決して大きなシェアを占めたわけではなく、それだけに当時の感染不安の強さに比して、前線におけるその実態が相応に危機的なものだったとはいいがたい。

第三に、感染場所にも対照的な傾向が見られる。発疹チフスは前線に近づくほど罹患率が上昇したのに対し、性病は逆に戦闘地帯から遠ざかるほど感染リスクが高まるという特徴があった。表5－4でも前線の野戦軍(六七・七七‰)より、国内駐屯地や国外占領地にある占領軍(一一〇・〇一‰）で性病の蔓延状況が深刻だったことが分かる。

たしかに野戦軍でも大戦末期には感染者数が急増し、最終年度（一九一七／一八年）で戦前の平均（二〇・四‰）を上回ったが、占領軍は大戦中常に平時を超える感染率を示していた[46]（一九一四／一五年は二九・二‰、一九一五／一六年は二八・三‰、一九一六／一七年は二五・三‰、一九一七／一八年は二七・二‰）。

すでに当時からその原因の一端は、進駐先の兵站《へいたん》基地で活動していた公娼や私娼に帰せられていた。特にドイツ軍占領下のベルギーは、トルコやバルカンに次いで性病罹患率が突出していた地域だが[47]、この地域では経済的に困窮した女性が「女子挺身補佐隊員」と称して、ドイツ人将校や下士官を相手に身を売って糊口をしのいでいたことは、詩や小説の主題になるほど広く知られていた[48]。

また兵站基地では部隊専用の娼家も公式に置かれていた一方（図5－9）、居酒屋や私宅での密淫も公然の秘密として横行していた[49]。たしかに前線にも移動式の娼家が投入され、野戦軍の将校たちの性的な捌け口を提供していたが（図5－10）、量的には前者の兵站基地には及ぶべくもなかった。これらのことから兵站基地は、当時の衛生学者の目には「性病の真の孵化場[50]」と映っていたのである。

戦場の恋

ただ、「私娼」や「密淫」の定義はむずかしい。右の女子挺身補佐隊員のほかにも、戦時下にあっては被占領地域の女性住民が窮乏に迫られて、占領軍兵士との「軍用パン一個のための恋の逢

図5-9　第一次世界大戦におけるドイツ軍専用娼家　左：将校専用娼家。右：兵卒向けの娼家。右の絵には次の文言が見える。「フランドル〔ベルギー西部とフランス北部にまたがる地域〕の兵站基地にて（アルム広場）／アリネ・ヘルマント夫人待ち／アリネ夫人『次の方どうぞ！』」

図5-10　前線に投入された移動式の将校専用娼家

瀬[51]」に走ることは珍しくなかったが、そうした事例も含めれば私娼や密淫のカテゴリーは際限なく広がってしまうからだ。

ここでふたたびレマルクの『西部戦線異状なし』を引き合いに出すと、この小説にも前線で出会った現地女性との色事が記されている。主人公たちが営舎近くの掘割で泳ぎながら束の間の休息を楽しんでいると、岸辺に三人の現地女性が姿を現す。若い兵士たちは彼女らが立ち去らないように、軍用パンを持ってきてそれを頭上に高く上げて見せる。これが大いに功を奏して、女たちは手招きして兵士を呼び寄せ、夜の逢瀬を約束する。

それから主人公たちは営舎を抜け出し、手土産にありったけの軍用パンと配給されたばかりの肝腸詰（ソーセージ）を抱えながら、女性たちが案内してくれた家に首尾よく忍び込む。「僕らはまず包みをといて、それを女たちに渡した。女の眼は輝やいた。明らかにこの三人は、腹をへらしているのであった」[52]。こうして若い兵士たちは、パンと引き換えに得た一夜限りの恋の逢瀬に身をゆだねるのである。

けれどもそのとき僕は、この体の細い、髪の黒い女の唇を感じた。僕は自分の躰を、女のほうへ押しつけていった。そうして眼を閉じて、戦争も不安も野卑もことごとく捨ててしまって、ただ若く幸福な心持を呼び起そうとした。僕はあのポスタアの上に描いてあった娘の絵を頭に浮べ、僕の一生には、あの娘を手に入れることが最も大事なのだと、一瞬の間信じてみた。……僕は自分を抱いてくれる腕の中に、いよいよ深く躰を押しつけていった。あるいは何か奇蹟でも起りや

図5-11　絵葉書に描かれた占領軍兵士と現地女性のロマンス　左:「信号手」。兵士が現地女性に求愛の視線（信号）を送っている。右:「防諜」。列車内でコートに隠れて女性を口説く兵士。同乗する老婆をスパイに見立てたもので、防諜啓発ポスターのパロディである。

しないかと思いながら……[53]

当時の衛生学者が断じているように、このような逢瀬を「国境を越えた恋」などと美談として語るのは「安っぽいセンチメンタリズム」にすぎない[54]。「戦場花嫁《フェルトブロイテ》」と呼ばれた、兵士と現地女性との恋物語はどこの戦線でも見られ、絵葉書でも面白おかしく描かれるほど知られた主題ではあったが（図5-11）、これはあくまで強者としての占領軍の男性兵士と弱者としての被占領地の女性住民という、あからさまに非対称的な力関係を前提とした関係性だった。

つまりこれらの色事でも戦争の暴力が間接的に作動しているのであり、その限りで「この関係の中純粋な愛の感情から出たものはごくわずかであった[55]」という同時代人の認識も肯ける。だからこそ戦場の性をめぐる近年の研究では、性暴力の概念を強姦や性奴隷制だけでなく、売買春から恋愛に至るまで、性に関する多種多様な諸相を包括するものとして用いる傾向が強まっているのである。[56]

ともあれ個々の兵士による現地女性とのこうした私的交流は、性病を蔓延させる主要な源泉の一つとして当時の衛生学者たちを深く怖れさせた。軍当局も性病感染を防ぐべく兵士の性の統制に腐心せざるをえず、当初は兵士の性行為の完全禁止、次いで密淫の巣窟となっていた居酒屋の強制閉鎖が断行された。しかしそれはかえって性のさらなる潜伏を促して当局の目からますます逃れるようになり、性病の激増という逆説的結果をもたらすことになる。[57] そこで考案されたのは、部隊ごとに軍公認の娼家を置くことで、性行為の抑圧ではなくその適正な管理を目指すシステムであった。

4　性生活調査と治療の実態

性的禁欲の有害性？

公設の娼家が軍隊の内部に置かれたのは、性的欲求があくまで自然なものであり、それを人為的に抑圧すれば右のように地下に潜伏してより先鋭化するか、心身に何らかの有害な影響を及ぼしかねないと考えられたからである。この考えからすれば、その捌け口を用意して性欲を発散させることは、兵士の健康管理という衛生上の観点からも不可欠の措置ということになる。[58]

もちろんこうした性的禁欲の有害性という考えは、何もこの大戦期に特有のものではなかった。むしろその歴史は古く、すでに一八三〇年代には医師の間で過剰な性的禁欲の危険を警告する声が上がっていた。

フランスの歴史学者アラン・コルバンによると、当時の医師たちは女性が過剰な性的節制を続けると、月経のリズムが乱れ、さまざまな生殖器の病気が現れ、それが癌になることさえ頻繁にあると見ていた。男性も有痛性持続勃起症や、動物の発情期に近い男子色情症、さらに病的色情亢進を患う恐れがある。そのため、たとえば性的禁欲の状態に置かれる監獄では、男性模範囚のために警察が認めた若い女性を週に一度、監獄内に入れることを許可するよう求める医師もいたという[59]。

こうした性的禁欲有害論は、二十世紀に入ってもなお衛生学者の間で真剣に議論される主題だったようで、一九一一年には性病問題に取り組むドイツ最大の組織だったドイツ性病撲滅協会[60]の年次大会でも、人間の健康に対する性的禁欲の影響が議題として取り上げられている[61]。

この点において第一次世界大戦は、医師や衛生学者の目には千載一遇の好機と映ったらしい。総力戦の様相を呈したこの大戦では多くの男性が軍に召集され、戦場での性的禁欲を余儀なくされていたため、この問題に関するサンプルをこれまでにないほど大量に収集できると見込まれたからだ。

そうしたサンプル採取の試みの一つとして、淋菌（淋病の病原菌）の発見者として名高いブレスラウの皮膚科医アルベルト・ナイサー（図5－12）が、一九一五年下半期に兵士に対するアンケート調査を実施している。質問用紙に付された調査の意図は次のようなものだった。

　性病撲滅問題ならびに多くの討論、特にドイツ性病撲滅協会の大会でなされた討論によって、すでに数年来性的節制の可能性や、ことによるとその有害性に関する問題に関心が向けられるようになってきています。この問題について確かな見解を得ることがいかに大事であるかは、誰の目にも明らかでしょう。そこでは個々のケースにとってのみ大事とされる決定が問題となっているのではなく、一般に性病に対する闘いにおいて、純潔と貞節のメッセージを私たちの啓蒙・教育活動に組み込むべきか否か、組み込むとすればいかにすべきか、ということが問題であるからです。従来この問題に対する各人の見解は、ほとんど単に個人的であるか、あるいは少数の、多かれ少なかれ主観に彩られた経験に発するものでしかありませんでした。しかしながら自然科学のあらゆる問題と同じく、できるだけ大量の観察資料、それも能う限りの客観性でもって得られた観察資料にもとづくことが大切になるのです。

そうした観察資料を私たちは収集したいと考え、あなたに真摯な共同作業をお願いしたく存じます。一部はご自身について、一部はあなたの周辺で見られた観察をお手元の質問用紙にご記入ください。もちろん補足説明や詳細な報告はどんなものでも歓迎いたします。(62)

図5-12　A・ナイサー

ここでわざわざ「真摯さ」を求めていることからも窺えるように、事の性質上、このアンケートでは回答の正確さを期すのに特有の困難があった。それは質問内容を見れば一目瞭然である。アンケートには合計二七個の質問項目が記載されているが、年齢、職業、配偶関係など形式的属性が問われたあと、以下のように性生活に関する立ち入った質問が続いている〔［　］

内は質問項目の番号)。


［6］性病のような過去の病気が性欲や性交能力に影響したことはありますか。

［10］禁欲を通じて、間違いなく禁欲のせいだと思われる苦痛が生じたことはありますか。

［11］平時よりも頻繁に淫猥な考えや会話をしますか。淫猥な夢を見ますか。

［12］夢精をしますか。どのくらいの頻度ですか。

［13］自慰行為をしますか。

［14］射精にまで(usque ad ejaculationem)至りますか。

［16］自慰のあと苦痛は緩和しますか。それは平時の性行為と同程度ですか。それとも自慰は全身の苛立ちや別の苦痛をもたらしますか。

［19］戦地や休暇中の実家で婚内ないし婚外性行為を行いますか。

［21］過去に生じた苦痛、おそらく禁欲によるものと思われる心身の苦痛(倦怠、無気力、興奮、腰痛等々)は性行為後に消失しましたか。

［26］禁欲を強いられた兵士が男色行為をする現場を目撃したことはありますか。(63)

アンケートへの反発

とはいえ私的領域の最深部に根を張る病気という性病に特有の性質から、こうしたアンケートはその内奥に土足で踏み込むものと見なされ、予想にたがわず強い反発を招くことになった。

すなわち出征兵士に対して自慰の頻度、婚外性行為の有無、男色行為について露骨に問うのは「侮辱」以外の何物でもない。それどころかこのアンケートは、「道徳の領域」にあるはずの性の問題を「単なる身体機能」の問題にすり替えてしまう。「科学と道徳は相互に交わらない二つの領域」なのだから、この調査のように「他者の権利や利害を損ねる恐れがある」ものは、科学研究のためといえども制限されるべきである。このような抗議の投書が調査報告を掲載した『ミュンヘン医学週報』の編集部に届いていたのである。(64)

これを契機として別の読者からも調査への疑義が出されている。アンケートには禁欲有害説に有利な「誘導質問」が目立つが、実際には「性行為がトラウマとなった神経衰弱者」も見られるため、禁欲は「有害というよりむしろ有益」ともいえるのではないか。(65)また戦地での危険な軍務や、物資不足に起因する不便・不潔な生活のなかで兵士は性欲を減退させ、結果的に性行為の欠如による健康への悪影響が中和されるということもありうる。したがって戦時下の兵士の状態を調べたところで、それによって平時の状況まで説明できるわけではない等々。(66)

調査を実施したナイサーもこれらの疑義に対する反論を掲載したものの、(67)時を同じくしてバイエルン戦争省が兵士の性的禁欲に関してそれ以上の議論は控えるよう要請したため、『ミュンヘン医学週報』もナイサーに対する再反論を待たないまま、この論争を中途で打ち切らざるをえなかった。(68)これによって性的禁欲と兵士の健康問題は、この時点ではほとんど進展を見ないままに棚上げされてしまったのである。

行政権力がこの論争に介入した理由は定かではない。アンケートのあからさまな質問が公序良俗に反すると見なされたか、あるいは兵士の性生活の実態が銃後に知れ渡るのを懼《おそ》れたのかもしれない。とはいえこの出来事によって、戦場の性に関わる問題そのものまでタブー化されたわけではなかった。むしろそれ以降もこの問題は衛生学者の間で繰り返し取り上げられ、重心を性的禁欲の有害性という個体中心の視点から、性病感染の拡大という集合的な視点へとシフトさせながら、その対策をめぐって引き続き議論が重ねられていったのである。

性病兵士の治療

先述のように兵士の性行為の適正管理という目的から、部隊ごとの公設娼家が置かれることになったものの、早くも大戦二年目には、そのような戦地の「慰安所」や密淫によって兵士の間で性病のリスクが高まりかねないと警告する声が上がっていた[69]。それによれば、もし感染した兵士の身体に症状が現れていなければ、彼らは無自覚に郷里へ病原菌を持ち帰り、潔白の妻にも性病を感染させる懼れがあるという。何より性病感染によって妻たちが不妊に陥れば、国力を低下させる少子化にもつながるため[70]、当時の衛生学者にとって銃後での性病蔓延は家族の領域を超えて民族全体に関わる問題であった[71]。

帰郷兵士が性病を持ち込むことへのこうした不安には、相応の現実的根拠もあった。性病に感染した兵士はたしかに野戦病院に送られはしたものの、そこでは戦闘の負傷者やほかの病者の対応に人手が割かれていたばかりか、兵力維持という戦時の要請もあって性病の完治はとうてい望むべくもなく、症状が緩和して戦闘能力に支障がなければ早急に軍務に復するよう求められたのである[72]。

それゆえ野戦病院では、たとえワッセルマン反応（梅毒の病原菌であるトレポネーマ・パリダムの感染を検出する血清診断）が陽性であろうと、身体に梅毒の症状が出ていなければ治療の対象にはならなかった。また梅毒に比べて症状が軽い淋病ではなおさら、任務の遂行が可能と判断されれば、膿の滲出等が見られても治療が打ち切られ、軍務に戻るよう促されていた[73]。

もしこれらの兵士たちが休暇で国内に戻ってくれば、彼らの身体を介して性病が銃後に蔓延しかねない。これが、右の警告を発した者たちが抱いていた不安の内容であり、だからこそ近い将来戦争が終わりを迎えたとき、戦地から復員してくる兵士には例外なくワッセルマン反応の検査や尿道分泌物の採取を行うべきとの声も上がっていたのである[74]。

図5－13　P・エールリヒ（左）と秦佐八郎（1913年）

ところで性病治療に関しては、当時すでに化学療法が普及していたことから、戦地でもそれにもとづく施術が一般的だったといえる。とりわけ一九一〇年に、ドイツのパウル・エールリヒと日本の秦《はた》佐《さ》八郎《はちろう》（図5－13）によって梅毒治療薬「サルバルサン」（救世主の意）が開発されたことは、梅毒の長い歴史のなかでも画期的な出来事であり[75]、大戦時にもこの砒素化合物の薬剤が兵士に積極的に投与されていた。

しかし他方で、古くから梅毒治療の中心だった水銀療法（水銀軟膏を皮膚に塗布する、酸化水銀〔赤降汞《せきこうこう》〕や塩化水銀〔甘汞《かんこう》・昇汞《しょうこう》〕を経口摂取する等々）[76]も、その有毒性にもかかわらず完全に廃れたわけではない。むしろ当時の性病治療はいわば水銀療法と化学療法の融合型であり、ときに外科的療法まで併用されていたのである。

大戦下の野戦病院で実施されていた梅毒治療も、「水銀療法とサルバルサン療法の組み合わせ」という点において、「専門医の間で意見の相違はほとんどなかった」という。

すなわち、まず「サリチル酸水銀」ないし「灰色軟膏」の水銀を患部に塗布し、次いで改良型のネオ・サルバルサンを静脈に注射する。併せて病状が第一期の下疳のみで、まだ第二期の症状が見られなければ、この下疳を外科手術で切除するという処置も施す。症状が収まれば野戦病院を退院となるが、所属の部隊が許せば患者は週に一、二回程度通院して治療を継続することもできる。だが先述のように、野戦病院の医師はこれらの治療で患者の完治を目指したわけではない。あくまで「兵士をすみやかに部隊に復帰させ、病院の負担を軽減させる」ことを最優先にしていたのである。[77]

5　性道徳と性病予防具

感染者の性行為の刑事罰化

野戦病院での性病兵士のこうした処遇には、戦時の要請に加えて伝統的な差別意識もあったのだろう。いずれにせよ兵士はいったん性病に感染すれば、戦争が続く限り医療行為による快癒はまず期待できなかったわけだ。

それだけに兵士の性病対策では、感染をあらかじめ回避させることが肝要となる。そこで基本となるのがいうまでもなく売春管理だが、それをめぐって当時議論された諸々の論点のうち、特に性病問題に直結していたのが、（一）他者への性病感染行為の刑事罰化と、（二）性病予防具の規制緩和をめぐるものであった。

　この二点を論じるにあたり、先に触れたドイツ性病撲滅協会の有識者委員会を取り上げたい。この委員会は売春対策を検討する場として一九一三年に設置され、大戦の勃発でしばらく無聊《ぶりょう》を託《かこ》っていたが、「戦時売買春」問題の浮上を受けて一九一六年初頭に再開されたものである。

　ただ留意すべきは、ここでいわれる戦時売買春が、多くの場合「内地」における兵士の買春を意味していたことである。すなわち兵士が国外から性病を持ち込むという見方は誤謬であり、全感染の半分以上は内地で生じたものだという(78)。それに対して真の感染源は国外の兵站基地や前線にあるとの異論も出ていたが(79)、主流は帰郷の際に兵士が娼婦を買って性病に感染するものと想定していた。

図5－14　K・シェーフェン
（1913年）

　ともあれこの委員会の席上で、性病感染の抑制を目的とした罰則の新設を帝国議会に陳情することが議決されている。発端は、当時の代表的な廃娼論者（公設娼家の廃止を求める運動家）の一人カタリーナ・シェーフェン（図5－14）が、故意に性病を他者に感染させることを違法とするよう提案したことにある。

処罰の威嚇効果によって民衆教育と性病予防を同時に期待できる、というのがシェーフェンの主張だったが[80]、この提案で彼女が標的にしていたのはおもに男性であった。「この法律は男性たちに対して、若くて経験の浅い、健康な少女に故意に性病を感染させることは犯罪であると知らしめるでしょう。しかし少女のほうは、その悪しき教育と立場の弱さで〔情状酌量の余地が大きいことから――引用者〕ある程度は免罪されなければなりません[81]」というのがその言い分だった。

ちなみにこの有識者委員会では右の廃娼論者の主張とは反対に、伝統的な性的禁欲有害論に立脚しつつ女性側の性的誘惑、特に男性不在で性的抑圧を強いられた女性たちが、帰郷兵士に「吸血鬼のように」群がることを危惧する声が多く聞かれた[82]。だが罰則の新設については、そうした見解の相違を越えて大方の賛同が得られていたといえる。

いわく、他者への性病感染行為は刑法にある暴行罪〔刑法第二二三・二三〇条〕でも理論的には処罰可能だが、「性行為と感染の間の因果関係はほぼ証明できない」ため、「実地での適用はほとんど失敗に終わっている」。それゆえ処罰の威嚇効果を期すならば、既存の刑法では取りこぼしてしまう性行為をも処罰可能にすること、すなわち実際に感染が帰結せずとも、性病者が感染の危険を承知で性行為を行うこと自体を違法とする「危険行為罪」(Gefährdungsparagraph)の新設が必須となる[83]。

この新たな罰則の適用対象が、もっぱら男性になるか娼婦になるかは意見の分かれるところだったが、いずれにせよ娼婦のみならず男性も「病気でありながら性交するのはまったく珍しいことではない」だけに、「この条文〔危険行為罪――引用者〕があるという事実だけで数多くの男性を性行

為から遠ざける」ことが期待されていた。(84)

つまり戦地から戻ってきた兵士であろうと、帰郷兵士を標的にする公娼や私娼であろうと、みずからが性病に感染している事実を知りつつ性行為に及ぶことは犯罪となり、それがひいては国内の性病蔓延を抑制することにつながることになる。そうした期待から有識者委員会は、一九一六年二月に正式に帝国議会に対して刑法典への危険行為罪の導入を陳情したのである。(85)

ただ結局この陳情は当時の議会に容れられることはなかったようである。そこで刑法の改正は断念され、代わって一九一八年二月に性病撲滅に関わる新法の草案が起草されたが、そこに改めて危険行為罪の条項が盛り込まれることになった。(86) 同時代の衛生学者たちに歓迎されたこの草案を叩き台として、(87) のちに有名な性病撲滅法（一九二七年）が結実したことで、性病感染者の危険行為罪もこのときついに法制化されるに至ったのである。以下にその該当する条文（性病撲滅法第五条）を記載しておこう。

感染性の性病に罹患していることを自覚しているか、または諸状況から推定できる者が性行為に及んだ場合、三年以下の禁固刑に処す。ただし刑法の規定によってそれ以上の刑罰が執行されている場合を除く。

訴追は親告によるものとする。行為者が告訴人の親族である場合、親告を取り下げることもできる。

公訴時効期間は六ヵ月とする。(88)

性病予防具の規制緩和

次に性病予防具の規制緩和の是非をめぐる議論である。この性病予防具の問題は大戦で初めて脚光を浴びたわけではない。すでに十九世紀半ばには樹脂や動物の腸から作られたコンドームが存在し、二十世紀初頭には「ヴィロ」という名で知られた化学製品（性行為の直後に性器を洗浄するか尿道に注入する溶液）[89]も性病予防の消毒剤として使用されていた。

それだけにそれらの予防具が、性病への恐怖に立脚してきた旧来の性道徳を掘り崩しかねないと憂慮する声も大きく、刑法第一八四条、特に「不道徳な」文化作品に厳しい検閲を課したことで悪名高い一九〇〇年改正法（ハインツェ法）を根拠に、戦前にはもう予防具の広告・展示が違法化されていた（図5-15）。すなわち予防具は性病への不安を取り除くことで、生殖目的以外の性行為を促してしまうという性道徳論の見解にしたがって、刑法第一八四条で広告が禁止されていた「猥褻目的で使用される物品」に該当すると見なされたのである。[90]

そうしたなかでも軍隊は、いち早く性病予防具の使用を推奨していた組織であった。バイエルンの駐屯地では一九〇九年からヴィロやコンドームが販売されていたし、一九一一年には自動販売機も設置されている。海軍でも巡洋艦内のトイレにヴィロの販売機が置かれていたように、陸海軍とともに大戦前から性病予防具が広く行き渡っていた。たしかに一九一二年には皇帝が兵舎での予防具販売機設置を禁じる詔勅を出したものの、禁止の対象は匿名で購入できる自動販売機に限られ、予防具の配布は現場の指揮官に一任されたため、軍隊内でその流通が途絶えることはなかった。[91]

こうした性病予防具をめぐる問題は有識者委員会でも取り上げられたが、ここでは総じて道徳論的憂慮が後退していたように見える。いいかえれば性病予防具を通じた性道徳の崩壊如何ではなく、もっぱら少子化と性病という二つのリスクを天秤にかけてその是非が論じられた点に、この戦時の有識者委員会の最たる特徴があったといってよい。

この問題で口火を切った前出のナイサーは、コンドームはあらゆる避妊法のなかで最も無害であるうえに、性病感染の予防にも効果が期待できるとし、コンドーム規制の法的根拠である刑法第一八四条の改正を要求している[92]。続く発話者もナイサーに賛同し、予防具の規制緩和を支持していた。いわく少子化の元凶となる避妊に供されうるコンドームは、兵力の確保が最優先課題となる戦時下ではいつ何時禁止されるか分からない。それでも「コンドームは性病感染に対する大切な予防具なのだから、絶対に避妊用具禁止の対象外でなければなりません[93]」。つまりこの有識者委員会は右の二つのリスクのうち、コンドームの普及による少子化の促進よりも、その規制による性病感染率の上昇のほうをより深刻な事態として捉えてい

図5-15　ハインツェ法を批判した風刺画（1900年）「うへえ！　こんな毛がないまま出歩くなんてどうかしてるよ！」と、体毛の生えた豚が驚いている。当初ハインツェ法は演劇や文学などの芸術作品も検閲しようとしたことから、芸術家や識者から猛烈な批判を浴びた。「ハインツェ法へ」と題されたこの風刺画は、ミロのヴィーナスも検閲対象になるのかと皮肉っている。

たのである。

　そもそもドイツ性病撲滅協会が戦前から性病予防具の普及に努め、そのつど検閲権力による規制に阻まれてきたことから(94)、そのメンバーが主流を占める有識者委員会でこうした意見が大勢を占めるのは自然なことであった。だが委員のなかでただ一人、コンドームの規制撤廃に声高に反対する有識者がいた。ドイツ福音主義女性同盟の議長パウラ・ミュラーである（図5－16）。ただその議論もやはり人口論的憂慮に立脚しており、「少子化の危険はもう十分大きいというのに、あなた方はそれをさらに大きくしようというのですか！(95)」と、激しい口調で予防具支持者を論難している。

図5-16　P・ミュラー＝オトフリート

　このミュラーの主張によれば、性病予防具の自由化が達成されたあかつきには、婚姻における出生制限がさらに加速することが懸念される。コンドームがあれば、夫は多子による家計の圧迫への不安を免れつつ、妻を性的に搾取できるからである。「私は婚姻関係において、妻の意思に反して夫がコンドームを使いたがっているのをよく承知しています。これは単純に妻に対する侮辱であり、妻の名誉に関わることです。それゆえこの場で強く反対を表明することは私の義務だと考えています(96)」。

　しかし規制緩和に対するこうした反対論は、有識者委員会では孤立したものであった。規制緩和で煽情的な広告が跋扈することを危惧する声はあったものの、それも性病予防具の自由化そのものに「それほど厳しく反対しているわけではない」し、何より淋病を原因とする不妊化の事例を持ち出して、予防具ではなく性病のほうこそ少子化をもたらす元凶だと主張する意見もあった。[97]

結局この委員会の全体意思として総括された立場は、「避妊具の全面禁止を求めるが、そこから性病の予防に役立ち、かつ健康を害さないツールは除外されるべき」[98]とされ、それにもとづいて作成された刑法第一八四条の改正案が（右の危険行為罪と並んで）帝国議会に対する陳情書に盛り込まれたのである。[99]

ただ危険行為罪とは違い、この性病予防具の規制緩和に対しては社会的な抵抗も根強くあった。先述のように戦時下の有識者委員会では道徳論が後退したとはいえ、社会全体ではカトリック教会をはじめとして、旧来の性規範を重んじる勢力がなお一定の強さを誇っていた。そればかりか国立保健庁のような行政機関ですら、戦後になっても性道徳に依拠した予防キャンペーンのほうを重視し、性病予防具の宣伝に対しては道徳意識を希薄化させるとして否定的なままであった。[100]

しかし大戦後に成立したヴァイマル共和国時代を通じて変化は着実に進む。性病予防具が徐々に「より小さな悪」として認知され、全国各地に予防具の販売機が設置されていったのである。そうしたなかで共和国議会でも、一九二七年に刑法第一八四条が改正され、まがりなりにも性病予防具の陳列・告知・推奨が法的に認められることになった。[101] 大戦中、ドイツ性病撲滅協会の有識者委員会で検討された予防具普及の試みは、戦後の合理化に向かう時代の趨勢のなかで、ようやくその実を結ぶに至ったのである。

雑多な不安の結晶

ところで革命と敗戦という政治的激動は、同時代人に迅速な性病対策を迫ることになった。休戦協定が締結され、いよいよ戦地から兵士が復員してくる段になったとき、彼らが国内に病原菌を持ち込むという怖れがにわかに現実味を帯びてきたからである。とりわけ敗戦による軍部の権威失墜と革命による混乱のために、次のように風紀の乱れた兵士が発疹チフスとともに性病の病原菌をばらまくのではないか、という不安が社会を覆っていた。

もっと恐るべきものは疫病蔓延の危険性であり、これは幾百万の兵が突如大挙して戻ってくることで、私たち国民がさらされるものである。数ヵ月にわたると見られた兵役解除に向けて計画されていた綿密な衛生措置は、今や完全にご破算にされてしまった。少なくとも軍隊は、徹底したシラミ駆除や正確な感染症検査を受けずして疫病が蔓延する地帯、特に東部戦線全域から故郷に戻ってきているのであり、私たちは、あらゆる設備が改善されているにもかかわらず、遺憾ながら市民の間で病気が侵入し拡散するだろうと見込んでおかなければならない。この可能性がとりわけ抜きん出て高いのが性病である。（数多の個人の報告によれば）革命後に箍《たが》の外れた一部の部隊が――特にアルコールのせいで――何の用心もせずに性行為に耽っているため、確実に通常の場合よりも多くが〔性病に――引用者〕感染している、という状況がここでも強く影響しているのである。(102)

ドイツ性病撲滅協会もこうした復員兵による性病リスクの上昇に対処するため、一九一八年十一月三十日から同十二月一日にかけてベルリンで急遽会合を開き、性病の蔓延に対して講じられるべき対策について検討が行われた。その結果この会合では、性病兵士は地域保険局に通報されるべきこと、疾病保険の適用対象を本人だけでなくその家族にも拡大すること、各地に治療所や相談所をできる限り増設し、兵士が無料で治療を受けられるよう手配すること、大都市の病院で性病科を新設することなど、性病感染拡大の防止策として計七つの提案を全国の関係諸機関に勧告することが決議された(103)。

この勧告に加え、戦争省から「性病の兵員は完治するか感染の危険がなくなってから除隊させるという当初の意図は、現下の状況では実行困難になっている」との報告も受けて、プロイセン内務省は十二月二十三日の布告で、性病に感染した除隊者向けに無料の相談所や治療所の暫定的設置を認可し、併せて以下の規定も定めることになった。

すなわち一九一八年十一月一日以降に除隊した性病感染者は、翌三月三十一日まで無料で治療を受けられること、その財源は各自治体の関連団体や保険局が賄うこと、施設の増加に伴う人手不足を避けるため各医師の担当区域を居住地区以外にも拡張すること、その際医師が居住地区外で治療を行う場合は月額一〇〇〇マルクを支給すること等々である(104)。

これらの矢継ぎ早の対応からも、行政府を含めて休戦期のドイツ社会が、いかに性病に感染した復員兵に深い恐怖を覚えていたかを見て取ることができるだろう。当時の政府はそうした恐怖に駆られて多くのヒトとカネを動員し、戦場から持ち込まれた病原菌が国内で拡散するのを阻止しようとしたのである。

けれどもほかならぬ性病が、休戦期にそうした措置の対象としてこれほどまでに脚光を浴びたのは、それが単に感染率の高い疫病だったからだけではない。この節で見てきたように、性病そのものに強いスティグマが伴っていたことに加えて、道徳や健康、家族や人口など多様な問題領域をまたぐ疫病として、大戦期を通じてさまざまな観点から性病が不安視されてきたからである。

つまり、心身の健康に関わる医学的問題と併せて、売買春や性的快楽など性規範に関わる道徳的問題としても、また避妊具の使用に起因する少子化という人口動態上の問題としても、大戦下の性病は常に懸念の的にされてきたのであり、そうした雑多な不安の蓄積が出征兵士の帰還とともに社会的な恐慌へと結晶化していったといえる。

注

（1）The Robert Koch Institute, *A Historical Perspective*, Berlin 2016, p. 7, 12f.

（2）トーマス・D・ブロック（長木大三・添川正夫訳）『ローベルト・コッホ――医学の原野を切り拓いた忍耐と信念の人』シュプリンガー・フェアラーク東京、一九九一年、一八九～一九四頁。

（3）Silvia Berger, *Bakterien in Krieg und Frieden. Eine Geschichte der medizinischen Bakteriologie in Deutschland 1890-1933*, Göttingen 2009, S. 164. 帝国疫病法の条文については、Gesetz, betreffend die Bekämpfung gemeingefährlicher Krankheiten, in: *Deutsches Reichsgesetzblatt*, Nr. 24, 1900, S. 306-317.

（4）Berger 2009, S. 165f.

（5）Berger 2009, S. 167.

（6）Stabsarzt Dr. Haehner, Beobachtungen und Erfahrungen eines Truppenarztes, in: *Münchener Medizinische Wochenschrift*

[MMW], 62. Jg. Nr. 41, 1915, S. 1376; Philalethes Kuhn, Bernhard Möllers, *Hygienische Erfahrungen im Felde*, Berlin/Wien 1915, S. 5.

(7) Haehner 1915, S. 1376.

(8) Haehner 1915, S. 1376.

(9) Kuhn, Möllers 1915, S. 33; Haehner 1915, S. 1377.

(10) Kuhn, Möllers 1915, S. 10.

(11) Kuhn, Möllers 1915, S. 10.

(12) David Boyle, *Peace on Earth. The Story of the 1914 Christmas Truce*, The Real Press 2014, pp. 61-68.

(13) モードリス・エクスタインズ（金利光訳）『春の祭典——第一次世界大戦とモダン・エイジの誕生』ＴＢＳブリタニカ、一九九一年、一四二～一四五頁。

(14) G. Seiffert, Hygienische Erfahrungen bei Kriegsgefangenen, in: *MMW*, 62. Jg. Nr. 1, 1915, S. 35.

(15) Seiffert 1915, S. 36.

(16) Seiffert 1915, S. 68.

(17) Seiffert 1915, S. 68f.

(18) Seiffert, MMW, 62. Jg. Nr. 43, 1915, S. 1461.

(19) Johannes Breger, Krankheitsverhältnisse. A. Cholera, Fleckfieber, Pocken, in: F. Bumm (Hrsg.), *Deutschlands Gesundheitsverhältnisse unter dem Einfluss des Weltkrieges* I. Halbband, Deutsche Verlags-Anstalt (Stuttgart, Berlin, Leipzig) 1928, S. 165.

(20) Breger 1928, S. 169.

(21) *Sanitätsbericht über das Deutsche Heer (Deutsches Feld- und Besatzungsheer) im Weltkriege 1914/1918, III. Bd. Die Krankenbewegung bei dem Deutschen- und Besatzungsheer im Weltkriege 1914/1918*, Berlin 1934 *[Krankenbewegung]*, S. 113.

(22) 以下の発疹チフスの説明については、ハンス・ジンサー（橋本雅一訳）『ネズミ・シラミ・文明——伝染病の歴史的伝記』みすず書房、二〇二〇年〔新装版〕（原著一九三五年）、二三三～二三六頁。

(23) ジンサー（一九六六＝一九三五）二三八頁。
(24) Breger 1928, S. 173.
(25) もっとも当時から、レマルクが小説で描写した内容は実際の体験から大きく乖離しているという声も囁かれていた。さらに、一九一六年八月に徴集され、一九一七年六月に戦闘を初体験したレマルクは、すでに一九一七年八月三日から一九一八年十月三十一日まで入院していたという。つまり戦闘の初体験から入院までは二ヵ月程度で、しかもその負傷は本国へ送還されるためにレマルク自身が傷つけたものだという証言もある（村上宏昭『世代の歴史社会学――近代ドイツの教養・福祉・戦争』昭和堂、二〇一二年、二七六頁）。
(26) レマルク（秦豊吉訳）『西部戦線異状なし』新潮文庫、一九五五年（原著一九二九年）、八八頁。
(27) *Krankenbewegung* 1934, S. 116. 実際、捕虜収容所に限らずドイツ人の医師や衛生士、監視員における発疹チフスの罹患率は、軍隊内部のほかのスタッフに比べて相対的に高いものだった。発疹チフスに感染した全兵員のうち、医師・衛生士・看護師の割合は二〇～二五％で、軍隊内部でこれらのスタッフが占める割合よりはるかに高いものだった。また致死率も三五～四〇％に達しており、感染者の平均を大きく上回っていた（*Krankenbewegung* 1934, S. 117）。
(28) 以下の一時収容所の説明については、Seiffert, *MMW*, 62. Jg. Nr. 43, 1915, S. 1460-1462.
(29) Ebd. S. 1461.
(30) Kuhn, Möllers 1915, S. 12.
(31) Breger 1928, S. 175.
(32) Wilhelm Hoffmann (Hrsg.), *Handbuch der Ärztlichen Erfahrungen im Weltkriege 1914/1918. Bd. VII. Hygiene*, Leipzig 1922, S. 303; Berger 2008, S. 208f.
(33) Kuhn, Möllers 1915, S. 20f.
(34) ここでは性病（venereal disease = VD）と性感染症（sexually transmitted disease = STD）は同義語として使用する。
(35) Tagespolitische Notizen, München, den 15. November 1918, in: *MMW* 65. Jg. Nr. 47, 1918, S. 1333.

（36）一九一〇年現在で、一〇万人以上の大都市に居住する人口は全体の二一・三%だった（Jörg Vögele, *Sozialgeschichte städtischer Gesundheitsverhältnisse während der Urbanisierung*, Berlin 2001, S. 19）。

（37）Vereins- und Kongressberichte. Ausschusssitzung der Deutschen Gesellschaft zur Bekämpfung der Geschlechtskrankheiten, am 30. November und 1. Dezember 1918, in: *MMW* 65 Jg. Nr. 52, S. 1470.

（38）クロード・ケテル（寺田光徳訳）『梅毒の歴史』藤原書店、一九九六年、二〇九〜二一二頁。

（39）Tilman Kratzsch, Die Gesundheitspolitik des “Rates der Volksbeauftragten”: Die Deutsche Revolution 1918/1919 aus medizinhistorischer Sicht. Teil II: Die Gesundheitspolitik als Kontinuitäts- und Stabilitätsfaktor, in: *Medizinhistorisches Journal*, 40 Jg. 2005, S. 23.

（40）Lutz Sauerteig, *Krankheit, Sexualität, Gesellschaft. Geschlechtskrankheiten und Gesundheitspolitik in Deutschland im 19. und frühen 20. Jahrhundert*, Stuttgart 1999, S. 29f.

（41）ドイツ革命で政権を担った人民委員評議会も、最初期に出した指令の一つ「疫病予防に関する指令」（一九一八年十一月二十一日付）で、すべての兵士に対して除隊前に医師の検査を受ける義務を課したが、ここでも特に性病の治療が念頭に置かれていた。また十二月九日には、内務省次官のフーゴー・プロイスが大戦中に構想された性病撲滅法案を採決するよう内閣官房に懇願している（Kratzsch 2005, S. 25f.）。

（42）ケテル（一九九六）一〇五〜一一二頁。

（43）Sauerteig 1999, S. 126-129.

（44）Sauerteig 1999, S. 130-133.

（45）Sauerteig 1999, S. 76.

（46）*Krankenbewegung* [I. Teil. Bericht über die Verwundeten und Erkrankten des Deutschen Feld- und Besatzungsheeres während der vier Kriegsjahre vom 2. August 1914 bis 31. Juli 1918] 1934, S. 163.

（47）大戦期におけるドイツ人兵士の平均性病感染率はトルコが八七・四‰、バルカン半島が三八・一‰、ベルギーが三五・八‰で、新規感染者数の合計はそれぞれ二〇四〇人（トルコ）、一万一五四五人（バルカン）、一万三八〇七人（ベルギー）であった（*Krankenbewegung* [II. Teil] 1934, Tafel 48, S. 66f.）。ただしトルコとバルカン半島は初年度（一九一四年八月〜一九一五年七月）を除く三年間の数値である。
（48）マグヌス・ヒルシュフェルト（高山洋吉訳）『戦争と性』明月堂書店、二〇一四年（原著一九三〇年）、一九一〜二一六頁。
（49）ヒルシュフェルト（二〇一四＝一九三〇）一七〇〜一九〇頁。
（50）ヒルシュフェルト（二〇一四＝一九三〇）一三七頁。
（51）ヒルシュフェルト（二〇一四＝一九三〇）一八二頁。
（52）レマルク（一九五五＝一九二九）一七〇頁。
（53）レマルク（一九五五＝一九二九）一七三頁。
（54）ヒルシュフェルト（二〇一四＝一九三〇）一八五頁。
（55）ヒルシュフェルト（二〇一四＝一九三〇）一八一頁。
（56）上野千鶴子・蘭信三・平井和子編『戦争と性暴力の比較史へ向けて』岩波書店、二〇一八年。レギーナ・ミュールホイザー（姫岡とし子監訳）『戦場の性——独ソ戦下のドイツ兵と女性たち』岩波書店、二〇一五年。メアリー・ルイーズ・ロバーツ（佐藤文香監訳・西川美樹訳）『兵士とセックス——第二次世界大戦下のフランスで米兵は何をしたのか？』明石書店、二〇一五年。
（57）ヒルシュフェルト（二〇一四＝一九三〇）一八七〜一八八頁。
（58）ただしそこには性別による周知のダブルスタンダードがあった。性の捌け口を与えられた男性兵士とは対照的に、夫の兵役中に妻が姦通した場合、夫の俸給として国から支給される別居手当が取り消されることになっていた（Lutz Sauerteig, Militär, Medizin und Moral: Sexualität im Ersten Weltkrieg, in: Wolfgang U. Eckart, Christoph Gradmann (Hrsg.), *Die Medizin und der Erste Weltkrieg*, Herbolzheim 2003, S. 200）。また捕虜と文通しただけの女性にも、その住所氏名が公表されるなどの私刑が加えられていたし、捕虜と性的関係を持った女性に至っては、訴追のうえ罰金刑や禁固刑が科されるケースも見られたらしい（Ute Daniel, *Arbeiterfrauen in der Kriegsgesellschaft. Beruf, Familie und Politik im Ersten Weltkrieg*, Göttingen 1989, S. 145f.）。
（59）アラン・コルバン（尾河直哉訳）『快楽の歴史』藤原書店、二〇一一年、一三七〜一五二頁。

(60) この組織は一八九九年に国際性病撲滅会議の呼びかけを受けて、ドイツの皮膚科医学会が国内の反性病運動を束ねるべく一九〇二年に創設したものであった。当初その活動は性病に関する民衆啓蒙や相談所の設置に重点を置いていたが、徐々に専門家集団の圧力団体として政府の衛生対策や法制改革にも関与していった。このドイツ性病撲滅協会については、Sauerteig 1999, S. 89-125; A. Blaschko, Die Deutsche Gesellschaft zur Bekämpfung der Geschlechtskrankheiten, in: Anna Pappritz (Hrsg.), *Einführung in das Studium der Prostitutionsfrage*, Leipzig 1919, S. 261-271.

(61) I. Die sexuelle Abstinenz und ihre Einwirkung auf die Gesundheit, in: *Verhandlungen der Achten Jahresversammlung der Deutschen Gesellschaft zur Bekämpfung der Geschlechtskrankheiten in Dresden am 10. und 11. Juni 1911 (Zeitschrift für Bekämpfung der Geschlechtskrankheiten [ZBG]*, Bd. 13) 1911, S. 7-159.

(62) [Albert] Neisser, Sammelforschung der Deutschen Gesellschaft zur Bekämpfung der Geschlechtskrankheiten über die Frage der sexuellen Abstinenz, in: *MMW* 62. Jg. Nr. 41, 1915, S. 1414.

(63) Ebd.

(64) R. Schaeffer, Zuschrift, in: *MMW*, 62. Jg. Nr. 41, 1915, S. 1415.

(65) Vorberg, Zur Rundfrage über die Folgen der geschlechtlichen Enthaltsamkeit, in: *MMW*, 62. Jg. Nr. 43, 1915, S. 1486.

(66) L. Löwenfeld, Bemerkungen über die von der Deutschen Gesellschaft zur Bekämpfung der Geschlechtskrankheiten unternommene Sammelforschung in betreff der sexuellen Abstinenz, in: *MMW*, 62. Jg. Nr. 44, 1915, S. 1522.

(67) A. Neisser, Sammelforschung der Deutschen Gesellschaft zur Bekämpfung der Geschlechtskrankheiten über die Frage der sexuellen Abstinenz. Offener Brief an Herrn Dr. R. Schaeffer im Berlin, in: *MMW*, 62. Jg. Nr. 45, 1915, S. 1552-1553.

(68) Schriftleitung, Korrespondenz, in: *MMW*, 62. Jg. Nr. 47, 1915, S. 1632.

(69) ただ一方では、戦時の性病感染率が平時と比べて特別に高いわけではないという主張も見られた(W. Scholz, Verbreitung, Bekämpfung und Behandlung der Haut- und Geschlechtskrankheiten im Kriege, in: *Deutsche Medizinische Wochenschrift [DMW]*, 41. Jg. Nr. 25, 1915, S. 728-730)。

(70) 大戦前から大戦間期におけるドイツの少子化問題については、村上宏昭「近代ドイツの人口問題に見る継承

と変革――少子高齢化と民族の持続可能性」『史境』第七九・八〇号、二〇二〇年、九五～一一六頁。

（71）A. Neisser, Die Gefahren der Geschlechtskrankheiten nach dem Kriege, in: *Berliner Tageblatt und Handels-Zeitung*, Nr. 120, 6.3.1915. [o. S.]

（72）Carl Stern, Die Behandlung geschlechtskranker Soldaten im Kriege, in: *DMW*, 41. Jg. Nr. 16, 1915, S. 472.

（73）Zweig, Die Lazarettbehandlung der Geschlechtskrankheiten, in: *DMW*, 42. Jg. Nr. 47, 1916, S. 1453-1454.

（74）Zeissl, Die Syphilisbehandlung zur Kriegszeit, und was soll nach Friedensschluss geschehen, die Zivilbevölkerung vor der Infektion durch venerisch krank Heimkehrende zu schützen, in: *Berliner Klinische Wochenschrift*, 53. Jg. Nr. 2, 1916, S. 87.

（75）ただし開発当初のサルバルサンには副作用や合併症、死亡事故の報告が相次いだ。のちにネオ・サルバルサンとして改良型が出されたが、それでも治療は複雑かつ長期に及び、一〇～一二週間以上にわたって週一回の投与を行い、約一ヵ月の間を置いてそれを二、三セット反復する必要があった。そのため第一期梅毒でも一年以上の治療期間を要した（Sauerteig 1999, S. 34）。

（76）こうした水銀療法は十六世紀にはすでに広く行われており、その弊害が認識されながらも、ほかのさまざまな療法と併せて使用され続けた。この梅毒治療の歴史における「水銀の絶対的な帝国主義」については、ケテル（一九九六）九五～一〇一、一三四～一四六頁。

（77）Zweig 1916, S. 1453.

（78）II. Sitzung der Sachverständigenkommission am Sonnabend, den 29. Januar und Sonntag, den 30. Januar 1916, in: *ZBG*, Bd. 17 Nr. 1/2 1916, S. 7-76, [Fortsetzung] Bd. 17 Nr. 3/4 1916, S. 77-144, hier S. 36f.

（79）II. Sitzung 1916, S. 48f.

（80）II. Sitzung 1916, S. 100-103.

（81）II. Sitzung 1916, S. 103.

（82）II. Sitzung 1916, S. 63, 83.

（83）II. Sitzung 1916, S. 106f., zitiert nach: S. 119; 委員会でシェーフェン案に疑義が出されたのは、彼女が自分の提案を既存の罰則に組み込もうとした点だった。

（84）Zitiert nach: II. Sitzung 1916, S. 116, 120.

（85）II. Sitzung 1916, S. 142.

（86）V. Sitzung der Sachverständigenkommission der D.G.B.G. [Deutschen Gesellschaft zur Bekämpfung der Geschlechtskrankheiten] am 24. Februar 1918, in: *ZBG*, Bd. 18 Nr. 8 1917/1918, S. 173. ただその際も、この条項が実際に適用されることはほとんどないと想定されており、むしろ「性病をうつすことが処罰されるべき犯罪であることを民衆の意識に叩き込む」という予防効果が期待されていた（S. 200）。

（87）人種衛生学者フリッツ・レンツも性病撲滅法案の危険行為罪を好意的に評していた（Fritz Lenz, Der Gesetzentwurf zur Bekämpfung der Geschlechtskrankheiten, in: *MMW*, 65. Jg. Nr. 30 1918, S. 820）。

（88）Gesetz zur Bekämpfung der Geschlechtskrankheiten (18. Februar 1927), in: *Zeitschrift für ausländisches öffentliches Recht und Völkerrecht*, Bd. 1 1929, S. 536-541, hier S. 537(§5).

（89）Alfred Blaschko, *Die Geschlechts-Krankheiten, ihre Gefahren, Verhütung und Bekämpfung. Volkstümlich dargestellt*, Berlin, 1904, S. 14f.

（90）Sauerteig 1999, S. 280-293.

（91）Sauerteig 1999, S. 293-302.

（92）II. Sitzung 1916, S. 127-132.

（93）II. Sitzung 1916, S. 132.

（94）ドレスデン国際衛生博覧会（第4章）でも性病撲滅協会の出展会場では検閲の危険を回避するため、性器の患部を映した画像や蠟模型の展示は青少年の立ち入りを禁じた特別室に限定されていた。またコンドームや化学薬剤などの性病予防具に至っては、刑法第一八四条の規定により特別室での展示さえも断念せざるをえなかった（Sauerteig 1999, S. 209f.）。

（95）II. Sitzung 1916, S. 133.

（96）II. Sitzung 1916, S. 134.

（97）II. Sitzung 1916, S. 136f., zitiert nach S. 137.

（98）II. Sitzung 1916, S. 139.

（99）その改正案は、刑法第一八四条三項（「猥褻目的で使用される物品を公開の場で陳列するか、公然と告知または推奨する」行為を処罰対象として規定したもの）に以下の文言を追加するというものであった。「第一節第三款の処罰規定には、性病の拡散を予防するのに役立つ物品は、それが健康を害さず、巡業においてか、または嫌悪感を催す仕方において公然と告知または陳列されない限り含まれないものとする」（II. Sitzung 1916, S. 141）。刑法第一八四条（一九〇〇年改正法）の条文については、Thomas Fuchs (Hrsg.), *Strafgesetzbuch für das Deutsche Reich vom 15. Mai 1871. Historisch-synoptische Edition 1871-2009*, Mannheim 2010, S. 892.

（100）Sauerteig 1999, S. 306.

（101）大戦後における性病予防具への抵抗勢力や共和国議会での各政党の見解、また予防具の社会的浸透については、Sauerteig 1999, S. 302-318.

（102）Kleine Mitteilungen, in: *DMW*, 44. Jg. Nr. 48 1918, S. 1335.

（103）この会合については、[1] Neue Maßnahmen zur Einschränkung der Geschlechtskrankheiten, [2] Ausschußsitzung der Deutschen Gesellschaft zur Bekämpfung der Geschlechtskrankheiten am 30. November und 1. Dezember 1918, in: *Mitteilungen der Deutschen Gesellschaft zur Bekämpfung der Geschlechtskrankheiten [MDGBG]*, Bd. 16 Nr. 5/6 1918, S. 81-90.

（104）Erlaß des Preußischen Ministeriums des Inneren vom 23. Dezember 1918, betr. vorübergehende Einrichtung einer kostenlosen Beratung und Behandlung geschlechtskranker Heeresentlassener und ihrer Angehörigen, in: *MDGBG*, Bd. 17 1919, S. 7-12, zitiert nach S. 11.

終章

「感染」のホロコースト

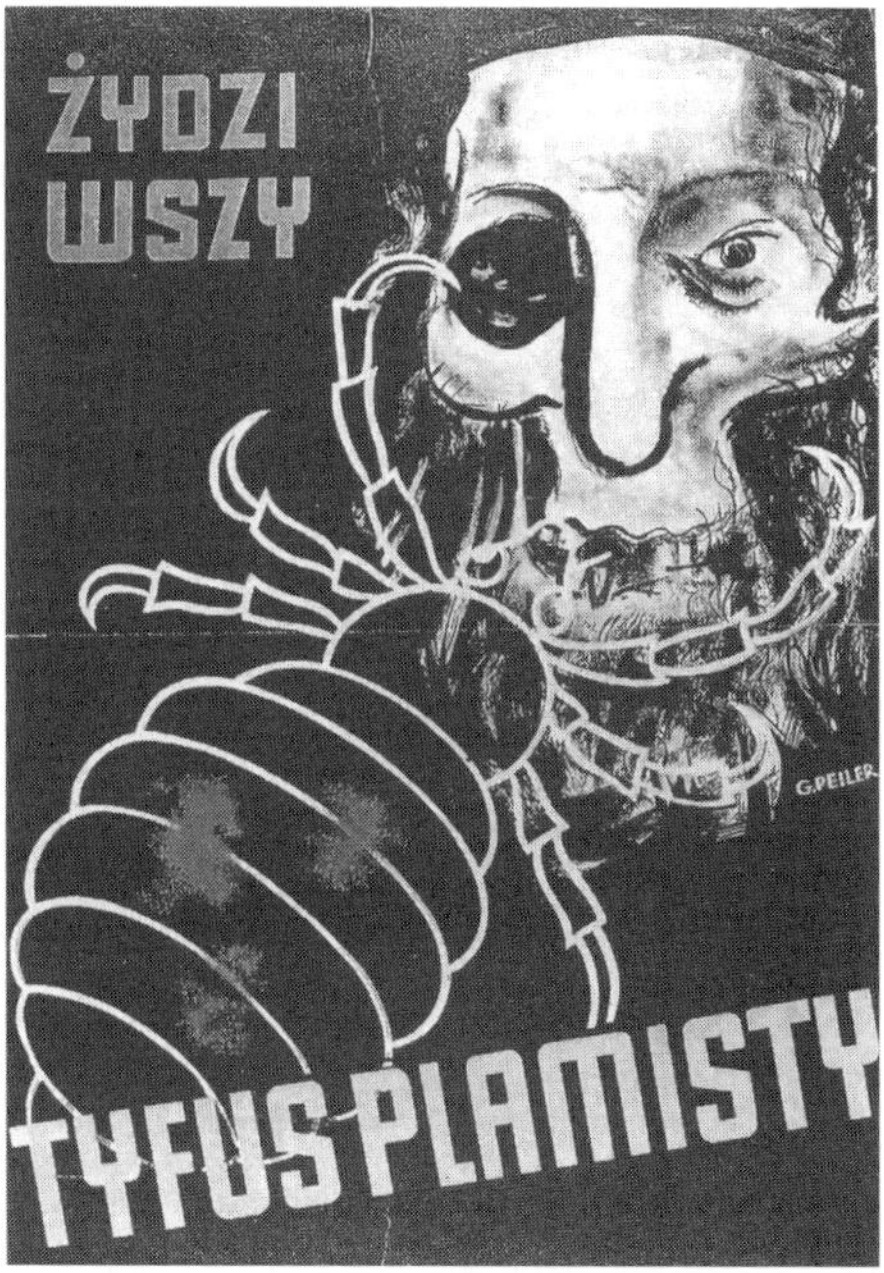

ナチス・ドイツのポーランド総督府が
作成したポスター（1941年）

ポーランド語で「ユダヤ人／シラミ／発疹チフス」と書かれている。「見えざる病原体の侵入」という感染のメタファーは、有機的統一体としての「民族身体」（Volkskörper）の内部に潜む異分子（病原民族）を連想させることで、反ユダヤ主義にも格好の語彙を提供することになった。

1 感染の政治的隠喩

コッホ映画

一九三九年九月二十六日、ナチス・ドイツがポーランドに侵攻し、第二次世界大戦の幕が開いたばかりのこの時期に、ベルリンで一本の映画が封切られた。映画のタイトルは『ロベルト・コッホ死に抗う者』(*Robert Koch, der Bekämpfer des Todes*)。原案は作家にして医師だったヘルムート・ウンガー、主演は当代きっての俳優エミール・ヤニングスで、当時一〇〇万マルクが相場だった製作費に二〇〇万マルクもの予算をつぎ込んだ大作映画だった(1)(図6-1)。

映画で扱われる時期は、ヴォルシュタインでの郡医時代からベルリンで結核菌を発見する一八八二年までで、フィルヒョウら旧医学の権威に冷笑されながらも、コッホがコンタギオン説の革命的な復権を実現していく過程を描く。それゆえこの映画では基本的にコッホとフィルヒョウの対決を軸に物語が展開されるが、他方で迷信に囚われたヴォルシュタインの住民の医療行為に対する無理解も描かれるなど、十九世紀末における近代医学と呪術的伝統との対立の構図も織り込まれている。

その反面この映画では、ツベルクリン騒動やコッホの私生活の醜聞(名声を得てから糟糠《そうこう》の妻と離縁し、二九歳年下の若手女優と再婚した)についてはほとんど触れられていない。かろうじて多忙な

図 6-1　映画『ロベルト・コッホ』（1939年）

夫に不満を抱く妻の姿が映されるのみで、コッホ自身は科学上の功績だけでなく人格面でも非の打ちどころのない人物として描かれている（患者に井戸水を浴びせかけることはあるが）。しかしそれらの醜聞は同時代の科学者の間ではよく知られていたことで、彼らの目にはこの映画の描写が一面的で偏ったものと映っていただろう。映画が製作されるかなり前のことだが、食細胞説で有名なロシア出身の微生物学者イリヤ・メチニコフも一九一五年にこう書き記している。

私の知っているすべての伝記は、コッホの家庭生活に関してはわざと沈黙を守っている。このことは、それが偉大な科学者の記録にふさわしくないということを思わせる。それゆえに、私が読者に私の知っていることをお伝えするのもまた一つの義務であると信ずる。〔中略〕

コッホによって企てられた結核に対する闘争は、彼に強い智的努力を傾倒させた。それでこの毎日の仕事の疲労を癒すために、彼は実験室の近くにあった「レッシング劇場」に足繁く出入した。そこに二流の役をつとめていた若い才智ある一人の女優が彼を魅惑した。ここからロマンスが起こって、コッホはその最初の妻と別れ、この若い婦人と結婚した。この出来事は、いうまでもなく、物議の嵐をまき起こした。一八九二年に私も出席したドイツ医学会では、コッホの結婚は終始彼の同僚間の話題の種となり、彼の科学における優秀なことも何も容赦なく、由々しい誹謗の的となった。そのロマンスは確かに学会の総ての報告演説よりも、教授たちに興味をおこさせた。(2)

メチニコフ自身は、こうした「ロマンスの基《もと》となったような感情が、天才の活動の力強い展開に重要な意義をもっている」(3)として、コッホの科学的功績を説明するときでも言及する必要があると釈明している。とはいえ当時この種の釈明が共有されることは滅多になく、右の映画のようにコッホの伝記を綴る際には、科学的に偉大かつ人格的にも高潔な「聖ロベルト」像を堅持する語り口調が支配的だった。

また、少なくともコッホの祖国ドイツでは、その伝記物語を消費する側にもこのようなコッホ・イメージが強く求められていたらしい。映画のレビューとして書かれた次の文章を見ると、そうしたイメージが当時いかに堅牢だったかが窺える。

この麗しい共同作業の詳細にわたる評価のなかで、我々は脚本家や演出家たちの貢献を改めて認め、主演のエミール・ヤニングスにも称賛を送りたい。彼は、平静さと粘り強さでもって、偉大な医師の信頼に足る像を描き出すことに成功したのだ。それは結核菌の発見をなぞり、本能的な確信を抱きながら敵意の大河を進み、最後に勝利を収めたときでも慎み深いままでいる。なぜなら事象こそがすべてであって、個人は何ものでもないからだ。(4)

病原菌としての「民族の敵」

ところで、この映画レビューを掲載した媒体が、『フェルキッシャー・ベオバハター』というナチス党最大の中央機関誌だったことは注意しておきたい。実のところコッホは、アドルフ・ヒトラーをはじめナチスが一貫して英雄視していた数少ない科学者の一人であった。だからこそ国家の厳しい検閲下で製作された伝記映画も、(5)コッホのイメージを損ないかねない醜聞には一切言及しなかったものと思われる。しかし、なぜコッホはナチスの間でそれほど高い人気を博したのだろうか。

しばしば指摘されるところだが、初期の細菌学が病気現象を細菌の感染とほとんど同義とし、また感染症のコントロールではなく病原菌の根絶を目標にしていたことは、一九〇〇年前後の社会である種の政治的含意を帯びることになった。すなわち、病原菌が体内に侵入して病気を発症させるという感染の現象は、近代の人種主義や反ユダヤ主義に擬似科学的な語彙を提供し、異人種との混血（感染）がもたらす「民族身体《フォルクスケルパー》」の腐敗という恐怖のイメージを形成したばかりか、それがひいては異人種（病原菌）の根絶という発想へと飛躍していく素地も作ることになったのである。(6)

もちろんナチスの人種主義イデオロギーもその例外ではなく、むしろそれはこうした当時の社会的風潮から形づくられたものだった。実際ヒトラーは一九四一年七月十日、総統大本営でみずからをコッホになぞらえてこう発言したという。

私は自分を政治におけるロベルト・コッホであると思っている。コッホは細菌を見つけ、それによって医療科学に新たな道を指し示した。私はユダヤ人を細菌として、また社会的腐敗の酵素として発見したのだ(7)。

みずからをコッホになぞらえたり、ユダヤ人を「病原菌」と同列に置くヒトラーやナチス党機関の表現は枚挙にいとまがない(8)。ほかにも独ソ戦のさなかの一九四二年二月二十二日に、ヒトラーは親衛隊全国指導者ハインリヒ・ヒムラーらとの懇談で次のように述べている。

「ユダヤ菌」の発見は世界の一大革命だ。今日我々が戦っている戦争は、実は前世紀のパスツー《ママ》ルやコッホの闘いと同種のものなのだ。いったいどれほどの病気がユダヤ菌によって引き起こされていることやら。

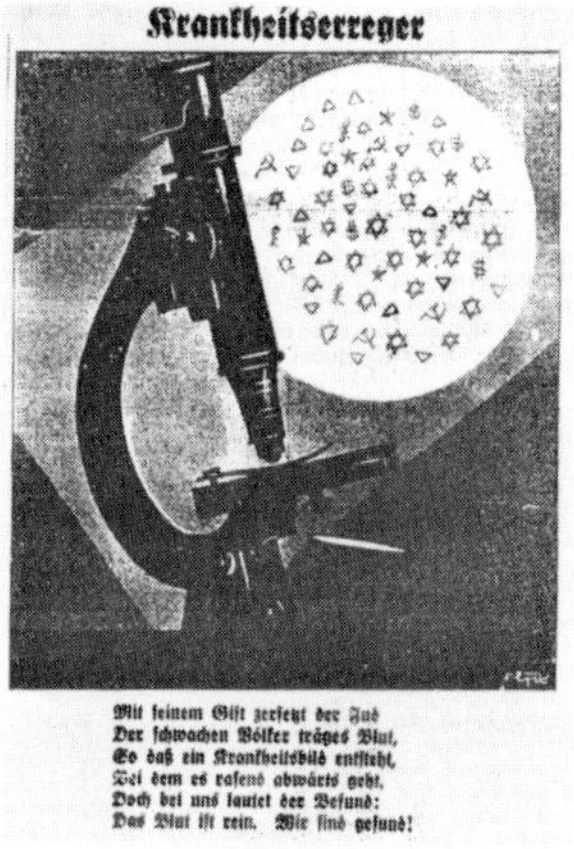

図6-2　「病原菌」(1943年)

日本はユダヤ人を受け入れなかったので、菌に汚染されずにすんだのだ。

ユダヤ人を排除すれば、我々は健康を取り戻せる。すべての病気には原因がある。偶然などない(9)。

なかでも象徴的なのが、ナチス党の反ユダヤ主義イデオロギーを発信するメディアだった週刊誌『デア・シュテュルマー』である。図6-2は一九四三年四月十五日付の同誌に掲載されたカリカチュアだが、これはいわば二十世紀の細菌学と反ユダヤ主義との融合形態の一つといえる。「病原菌」というタイトルを持つその絵には、細菌学のシンボルである顕微鏡の背後に、それが映し出す微小世界の病原菌が描かれている。

だがその病原菌としてここで描き込まれているのは、ユダヤ人を意味する六芒星（ダヴィデの星）であり、ほかに資本主義を象徴するアメリカ・ドルやイギリス・ポンドの記号、それに共産主義国家ソヴィエト連邦の国旗のシンボル「鎌と槌」も見える。いうまでもなくこれらはすべて、ナチ・イデオロギーにとっては排除すべき「民族の敵」であり、細菌学が病原菌を斥けようとするのと同じく、ドイツ国家もまたこれらの敵から民族身体を守ることが肝要というわけだ。絵の下には次の文章が見える。

その毒でユダヤ人は
弱小民族の澱《よど》んだ血液を腐敗させる
そうして病気を引き起こし
あっという間に悪化させる
しかし我々はこう診断されるだろう
我々は純血であり、健康であると！(10)

このように、ナチ・イデオロギーによる反ユダヤ主義の語り口には細菌学のメタファーが少なからず含まれていた。いいかえればコッホの細菌学的感染論は、ナチスに対して「民族の敵」の脅威と排除のあり方に具体的なイメージを付与していたといってよい。

もちろんこういったからといって、コッホの細菌学がナチスのユダヤ人絶滅政策（ホロコースト）を帰結させた、などと主張したいわけではない。独ソ戦やホロコーストに至るまでの過程、あるいはそれを担った本国のテクノクラートや前線の指揮官たちの行動をつぶさに解明してきたこれまでの分厚い研究は、いずれもそうした短絡的な説明図式や単線的な因果関係の設定を許すものではない。

それでもナチスが好んで用いた「感染」や「病原菌」のメタファーは、ホロコーストに限らず、二十世紀の世界で生じた多くの民族虐殺を考えるための一つの視座を与えてくれる。初期細菌学が夢想した「無菌社会」の理想郷は、異民族ないし異人種を排斥した「純血民族」のユートピアと大きく重なり合うからだ。

細菌学が近代人に植えつけた細菌恐怖症、すなわち見えざる病原菌を過剰に怖れ、その根絶に駆り立てられる急進化した衛生観念は、「有害」と見なされた存在を文字どおり根こそぎ抹殺しようとする危うい強迫症的側面を持っている。そうした近代に特有の潔癖症的強迫観念は、今や私たちの日常生活に限なく浸透しているものだが、それはまたホロコーストをはじめとした近現代のジェノサイドにも通底する心性にほかならないのである。

2　発疹チフスと反ユダヤ主義

東方の発疹チフス

とはいえ当時の反ユダヤ主義は、単にメタファーの次元でのみ細菌学的感染論を援用していたわけではない。統計数字で表される現実の病気感染の傾向もまた、反ユダヤ主義の養分として機能していた面がある。そのような面がとりわけ露骨に見られたのが、第一次世界大戦でにわかに注目を集めた発疹チフスであった。

「戦争病」として知られたこの疫病が大戦中の銃後社会で大いに怖れられたことは、第5章で論じたとおりである。その際、この病気には（ドイツ軍にとって）前線に近いほど罹患率が高まる傾向があったことを指摘したが、そのほかに大戦末期にはもう一つ見過ごせない特徴が見られた。それが図6－3で示したドイツ野戦軍における罹患率の推移で、これを見ると大戦を通じて東部戦線に配属された部隊が常時全軍の平均を上回っていたことが分かる。それどころか大戦の後半になると東部での罹患率上昇がより顕著となり、最終年度の一九一八年には前年度のピークをさらに二倍も凌駕している。

大戦末期に発疹チフスの罹患率がこれほど急上昇した背景には、一九一七年のルーマニア占領と、ロシア十月革命による帝政の崩壊で実現した大ロシアの占領（一九一八年春）があったといわれる。元来ルーマニアでも発疹チフスはほとんど見られなかったが、大戦でロシアの軍隊が支援のために

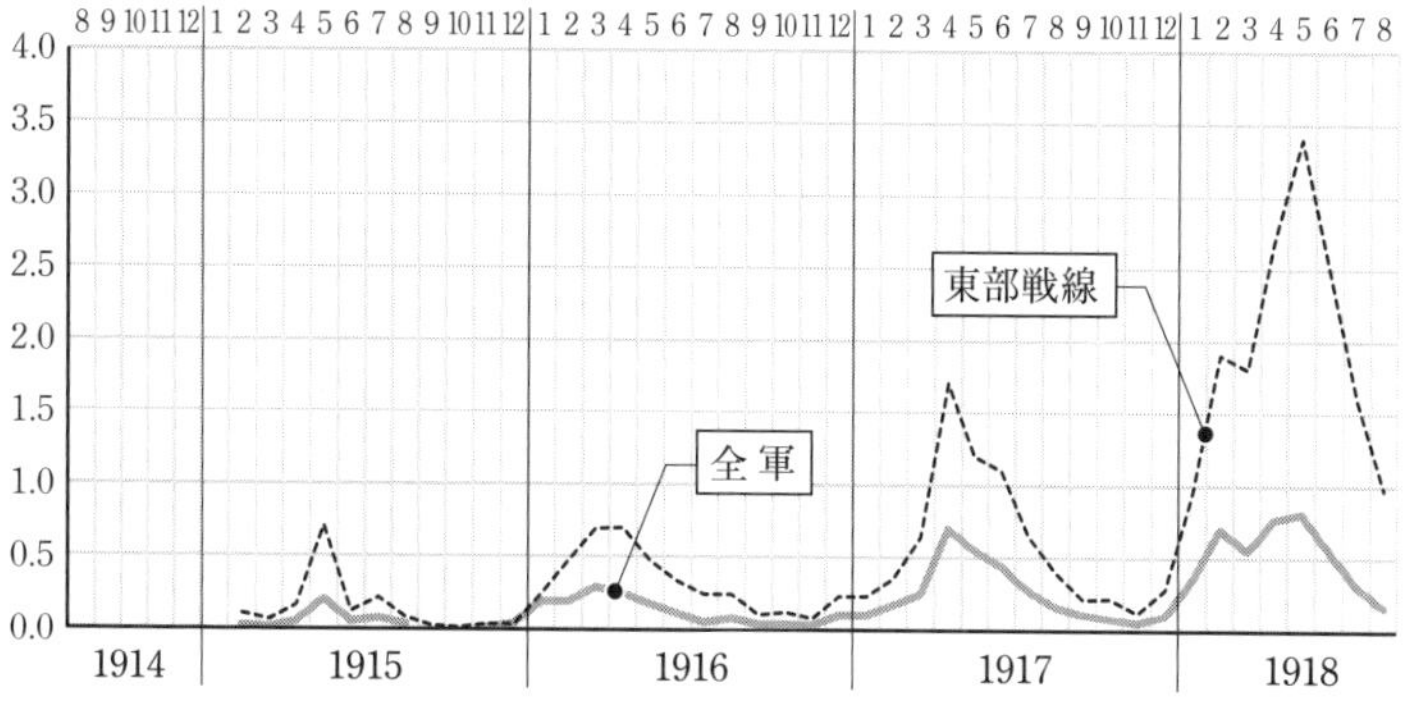

図 6-3 ドイツ野戦軍における発疹チフスの罹患率の推移（1914-1918年。兵員千人当たり・‰）

国内に進駐したとき、兵士とともに発疹チフスの病原菌も一緒に流入してきたらしい。[11] そのルーマニアと病原地であるロシアを占領したことで、ドイツ軍の東方部隊にも発疹チフスが蔓延したのである。

いずれにせよ、このように東部戦線で発疹チフスの罹患率が突出していた事実は、東方からの病原菌の流入に対してドイツ社会で強い警戒心を引き起こすことになった。

ドイツにはもともと十九世紀以来、ロシアをはじめとする東方のスラヴ諸民族に対して、文化の水準が低く、労働や衛生の観念に著しく乏しいという偏見が根強くあった。[12] たとえば二十世紀初頭のドイツを代表する知識人だったマックス・ヴェーバーも、『国民国家と経済政策』と題された大学教授就任講演（一八九五年）で、「スラヴ人種」の文化的かつ器質的な劣等性（極端に劣悪な条件にも満足しうる生活要求の低さ）をあからさまに嘲弄していた。[13]

大戦中の東部戦線に偏向した発疹チフスの感染傾向は、そのような東方地域に対する伝統的な偏見をさらに強化したに違いない。当時販売された絵葉書にも、不潔なロシア

図6－4　「ロシア文化」
「親父も子供も主人も女中も、みんなシラミを取っている。客の私も真ん中で、気づけばシラミを取っている」

人を嘲笑するイラストが描かれることは珍しくなかったし（図6－4）、またドイツ東部に「帰郷収容所」を設置し、ロシア革命を逃れてきたドイツ系難民に対して二十一日間に及ぶ検疫と予防接種（その間に三回のシラミ駆除を実施）を課すという措置[14]にも、そうした偏見にもとづいた当時の人びとの感染不安を見て取ることができる。

反ユダヤ主義との結合

だが当時において何より特徴的だったのは、この不安感情が反ユダヤ主義と結合し、東方ユダヤ人に対する恐怖へと結晶化したことだった。

東方ユダヤ人とは、中世以来ロシアや東欧地域に居住し、イディッシュ語という独自の言語や伝統的なユダヤ教の戒律に従う生活習慣を保持していたユダヤ人を指す。ロシア皇帝アレクサンドル二世が暗殺された一八八一年を境にロシア各地で苛烈な迫害《ポグロム》が起き、この東方ユダヤ人が難民となってドイツをはじめとする欧米諸国に大挙して押し寄せていた。ところがこれらの窮乏化した大量のユダヤ系難民に直面したヨーロッパは、独特の風習を持つ彼らをみずからの文化に同化しようとしない異質な存在と見なして怖れ、その排除を希求する反ユダヤ主義を活性化させたのである[15]。

東方からもたらされる発疹チフスの脅威は、このような反ユダヤ主義の文脈のなかで、いつしか同じ東からやってくるユダヤ人のイメージと重ね合わされることになった[16]。とりわけ大戦末期から終戦直後にかけて、復員してくる兵士や革命を逃れた難民など、東方からの大量の人口流入が見込まれる段になると、発疹チフスへの感染不安に依拠した反ユダヤ主義がますます跋扈するようになる。

一九一九年一月の『ドイツ医学週報』に掲載された「東方から迫りくる発疹チフス」と題する記事は、医学の言葉で粉飾しながらも、そうした反ユダヤ主義的な感染不安を赤裸々に表現している。大戦中のポーランドにおける発疹チフスの流行を追ったこの記事の見立てによれば、ユダヤ人こそポーランド全土に発疹チフスを拡散させた主要な感染源にほかならない。

　ほかのヨーロッパ系住民には滅多に見られないほど大量のコロモジラミに取りつかれたユダヤ人たちは、発疹チフスの菌を運ぶシラミによって、また多くは自身も発疹チフスに罹患しつつ、疫病が蔓延するウッチから病気を持ち込んできたのである。それによってこの病気が甚だしく拡散し、多くの人命が、それも働き盛りの年代の命が失われることになった。〔中略〕
　ふたたび——このたびは夏だったが——発疹チフスの大流行が発生した。方々に移動しつつ、一部はワルシャワで商売をしているユダヤ人の闇商人たちが今回も邪魔となって、疫病を消滅させることができなかった。その間にシラミ駆除の施設を増設したり疫病患者を受け入れるために診療所が利用されたにもかかわらず、である。〔中略〕

それまでほとんどシラミに取りつかれなかったキリスト教徒の移民も、ここではシラミだらけのユダヤ人移民と同じ避難所に身を置かなければならなかった。発疹チフスの菌を孕むコロモジラミが彼らにも取りつき、そして病気を感染させた。[17]

ツィクロンB

ともあれ第5章で見たように、このような発疹チフスの脅威に対して戦時中は軍を主体にシラミ駆除や患者の治療に向けたさまざまな試みが実践されていた。なかには戦争捕虜の身体を実験台にして新たな血清・化学療法の開発に取り組まれたこともあったが[18]、そうした試行錯誤のなかで浮上してきたのが、シアン化水素酸、俗に「青酸」と呼ばれる猛毒の液体を気化させてシラミを駆除する燻蒸措置だった。

この青酸はもともと一七八〇年代のプロイセンで発明された化学物質で、早くから猛毒のガスを発生させることが知られていた。だがそれを害虫の駆除に初めて応用したのは十九世紀末のアメリカで、製粉機や船舶、住居の屋内空間、さらに一九〇四年以降は南アフリカで鉄道車両を燻蒸するのに用いられるようになった。[19]

とはいえその使用には特有の困難があった。青酸の沸点が二五・七℃であったことから、液状のままでは常温でもたやすく気化し、燻蒸の実施者がそのガスを吸い込んでしまうリスクがきわめて高かったからだ。実際その極端に高い揮発性のために、当時の青酸を用いたシラミ駆除作業での死亡事故は珍しいものではなかった。[20]

そうした困難を排して青酸の安全な取り扱いを可能にするための方策は、戦時中からドイツの研究機関であるカイザー・ヴィルヘルム協会を中心に開発が進められていたが、その成功はようやく大戦終結後の一九二二年に実現することになった。

すなわち珪藻土《けいそうど》という、藻類の化石からなる堆積岩に青酸を吸着させるという方式で、これによって青酸を、その殺虫効果を維持したまま携帯可能な固形物に変えることができたのである。この方式は一九二六年十二月に特許が認められ、それによって青酸をしみ込ませた珪藻土が缶に密封され、長期間保存可能な商品として一般に販売されるようになった。[21] 商品名は「ツィクロンB」（図6－5）。のちにナチスが絶滅収容所のユダヤ人を「燻蒸毒殺」するのに用いたことで、歴史にその名を刻んだ化学製品である。

図6－5　ツィクロンB

こうして見ると、ナチスの絶滅収容所の「ガス室」の背景には長大な歴史の流れが存在していたことが分かる。人間の大量殺戮に青酸ガスを投入するという行為は、殺害作業の効率化という説明だけで汲み尽くせるものではない。それは直接的には発疹チフスの感染予防のための燻蒸処理という、細菌学的発想から借用されたノウハウであり、さらにさかのぼればこの燻蒸それ自体も前近代的な悪疫祓いの習俗に行き着くからだ。

むろんそうはいっても、ツィクロンBの開発研究が雄弁に物語るように、二十世紀の燻蒸技術は高度な専門知の賜物でもあり、その限りでホロコーストを科学的合理性と反ユダヤ的人種主義の融合の産物と見なすことにもそれなりの正当性はある。[22] とはいえそうした技術で効率化が図られた実践形式そのものが、科学的合理性よりはるかに古い呪術的心性に由来するものだったことは、やはりもっと強調されてしかるべきだろう。

注

(1) Lutz Schmökel, *Der Spielfilm "Robert Koch - Der Bekämpfer des Todes" im Kontext antisemitischer Propaganda im Dritten Reich*, Grin Verlag GmbH, Norderstedt 1992, S. 60.

(2) メチニコフ(宮村定男訳)『近代医学の建設者』岩波文庫、一九六八年(原著一九一五年)、一二二～一二三頁。

(3) メチニコフ(一九六八＝一九一五)、一二三頁。

(4) Hans Hömberg, "Robert Koch", der Bekämpfer des Todes. Festaufführung im Berliner Ufa-Palast am Zoo, in: *Völkischer Beobachter*, 28. Sep. 1939. (Schmöckel 1992, S. 86 に当該記事の画像が掲載されている)

(5) 一九三四年三月一日に施行された帝国映画法によって、ドイツ国内で製作されるすべての映画は、宣伝相ヨーゼフ・ゲッベルス麾下の帝国映画文芸顧問や映画審査局による事前検閲が義務づけられた。これによって何らかのかたちでナチ・イデオロギーに反すると見なされた映画は上映が禁止されることとなったが、その基準は曖昧で恣意的判断の入り込む余地が大きくあった(Schmöckel 1992, S. 28)。

(6) Christoph Gradmann, Unsichtbare Feinde. Bakteriologie und politische Sprache im deutschen Kaiserreich, in: Philipp Sarasin et al. (Hrsg.), *Bakteriologie und Moderne. Studien zur Biopolitik des Unsichtbaren 1870-1920*, Frankfurt am Main 2007, S. 327-353.

(7) Martin Broszat, Hitler und die Genesis der "Endlösung". Aus Anlaß der Thesen von David Irving, in: *Vierteljahrshefte für*

Zeitgeschichte, 25. Jg. Heft 4, 1977, S. 749 [Anm. 20] より引用。

（8）この点については、Alexander Bein, "Der jüdische Parasit." Bemerkungen zur Semantik der Judenfrage, in: *Vierteljahrshefte für Zeitgeschichte*, 13. Jg. 2. Heft 1965, S. 121-149.

（9）ヒュー・トレヴァー＝ローパー解説・吉田八岑監訳『ヒトラーのテーブル・トーク　1941-1944』（上）三交社、一九九四年、四五一頁。

（10）*Der Stürmer. Deutsches Wochenblatt zum Kampfe um die Wahrheit*, 21. Jahr, Nr. 16, 15. April 1943, Titelseite.

（11）*Sanitätsbericht über das Deutsche Heer (Deutsches Feld- und Besatzungsheer) im Weltkriege 1914/1918, III. Bd. Die Krankenbewegung bei dem Deutschen- und Besatzungsheer im Weltkriege* 1914/1918, Berlin 1934, S. 115f.

（12）とはいえその一方で、ドイツでは東方のスラヴ地域を「豊穣の地」と捉える傾向も強く、侮蔑と憧憬を同時に持つという両義的な心性が存在していた。これについては、村上宏昭「ドイツの過少人口恐怖とスラヴの洪水――大戦間期の不安と憧憬」『社会文化史学』第六〇号、二〇一七年、四八〜六四頁。

（13）ヴェーバーいわく、「自然がスラヴ人種に授けたか、歴史がスラヴ人種に仕込んだかしたその生活要求の低さ」のせいで、東エルベの農業地帯で働いていたドイツ人労働者は、ポーランド人季節労働者によって駆逐されてしまった。この敗北は、「発達の程度の劣る人間類型が勝を占め、精神面や情操面で抜きんでた種族の方が死に絶える」という、人類史上幾度か繰り返された悲劇の一例にほかならないという（マックス・ヴェーバー〔中村貞二ほか訳〕『政治論集１』みすず書房、一九八二年、三七〜六三頁）。

（14）Johannes Breger, Krankheitsverhältnisse. A. Cholera, Fleckfieber, Pocken, in: F. Bumm (Hrsg.), *Deutschlands Gesundheitsverhältnisse unter dem Einfluss des Weltkrieges*, I. Halbband, Deutsche Verlags-Anstalt (Stuttgart, Berlin, Leipzig) 1928, S. 176f.

（15）十九世紀末の東欧におけるユダヤ人の実態や、迫害《ポグロム》をきっかけにした東方ユダヤ人の集団的脱出の問題については、野村真理『西欧とユダヤのはざま――近代ドイツ・ユダヤ人問題』南窓社、一九九二年、一〇六〜一三三頁。

（16）この東方ユダヤ人と発疹チフスの融合は、すでに一九一六年一月に作成された、ドイツ内務省のポーランド調査の報告書にもはっきりと認められる。この報告書にいわく、「発疹チフスの患者や感染容疑者の大半」は、「間違いなくウッチ〔ポーランド第二の都市――引用者〕のユダヤ系住民」であり、「住民の最貧層に属するユダヤ人がまったく尋常でない不衛生な環境で生活しているために、彼らの間で先述の二つの病気〔発疹チフスと腸チフス〕が容易に蔓延することになるのだ」という（Wolfgang U. Eckart, *Medizin und Krieg. Deutschland 1914-1924*, Paderborn 2014, S. 182-184）。

（17）Erich Martini, Das von Osten drohende Fleckfieber, in: *Deutsche Medizinische Wochenschrift*, 45. Jg. Nr. 1, 2. Januar 1919, S. 17.

（18）Eckart 2014, S. 186.

（19）Paul Julian Weindling, *Epidemics and Genocide in Eastern Europe, 1890-1945*, Oxford University Press 2000, p. 46.

（20）Eckart 2014, S. 186.

（21）Eckart 2014, S. 187.

（22）Weindling 2000, pp. 261-263.

あとがき

本書は新型コロナウイルス感染症のパンデミックを受けて執筆したものですが、その基《もと》となる研究の出発点はずいぶん前にさかのぼります。十年ほど前、ポスドク・フェローをしていた時期にアラン・コルバンの『においの歴史』を読み、「感性の歴史」というものに大きな魅力を感じたのが直接のきっかけです。

ご存じの方も多いでしょうが、コルバンのこの本はヨーロッパ世界の「嗅覚文化」の変容を歴史的に跡づけたもので、人間の五感にも歴史があるという事実を大々的に宣言した書といえます。それなりに重厚な研究書でありながら大きな話題を呼んだ本で、映画化もされたパトリック・ジュースキントの小説『香水　ある人殺しの物語』の原案になったともいわれています（ジュースキント自身がそう明言しているわけではありませんが）。

とはいえ歴史研究の醍醐味が詰まったこの本にも、不満がなかったわけではありません。コルバンの本が対象としていたのは基本的に瘴気説が席巻した時代であり、パストゥールの微生物学

（細菌学）が登場して以降の時代は、嗅覚が衛生観念のなかで何の役割も果たさなくなったとして、考察の外に置いています。私にはこれがどうにも物足りなく思え、病原の認識に際して五感が無用の長物となった時代に、衛生観念がどのような歴史的展開を遂げたのかを見ることも必要ではないかと感じていました。そこで、『においの歴史』の続編となるような研究をしてみたいと考えるようになったのです。

とはいえ言うは易しというもので、いざ取り掛かってみるとその研究も思うように進まず、試行錯誤どころか袋小路に入り込んで研究が停滞することも一再ならずありました。今でもこの研究が完成したわけではありませんが、コロナ禍という状況にも後押しされて、現時点での「中間報告」として何とか本書のようなかたちで仕上げることができました。こうして見ると、当初の構想と変わらない部分は残っているものの、多くはそこからずいぶん遠のいてしまったなと実感します。

ところで、感染症の歴史において重要でありながら、本書で触れられなかった点も多々あります。手洗い法を励行した不遇の医師ゼンメルワイスや、二十世紀最悪のインフルエンザ・パンデミックとなった通称「スペイン風邪」（一九一八～二〇年）などです。これらを叙述に組み入れられればもっと立体的な議論もできたと思いますが、その反面本書の分量がさらに膨らむことになったでしょう。執筆を進めるうちに原稿の枚数が当初の予定を越えてどんどん膨張し、その分脱稿が遅れていたこともあり、これらの点は本書では割愛せざるをえませんでした。他日を期したいと思います。

＊

本書を執筆するにあたり、中央公論新社学芸編集部の吉田大作さんには大変お世話になりました。文章を書いていると、自分ではそれを客観視するのがどうにも難しく、仕上がったかたちがベストかどうか判断できなくなる瞬間があります。そんなとき、吉田さんが物足りない箇所に的確な指摘を入れてくださり、内容の向上に大いに手を貸してくださいました。

また、文中に引用した日本語原典のチェックをはじめ校正作業も非常にしっかりとしたお仕事ぶりで、このような信頼に足る編集者や校正者の方々とお会いできたことは、著者としてこの上なく幸運なことでした。記して感謝申し上げます。

二〇二一年九月

村上　宏昭

図5-15　*Simplicissimus. Illustrierte Wochenschrift*, 4. Jg. Nr. 49, 1900, S. 396.

図5-16　https://www.digitales-deutsches-frauenarchiv.de/akteurinnen/paula-mueller-otfried

終章扉　Paul Julian Weindling, *Epidemics and Genocide in Eastern Europe 1890-1945*, Oxford University Press 2000, p. 2.

図6-1　*Robert Koch. Der Bekämpfer des Todes*, Koch Media 2014. [DVD Jacket]

図6-2　*Der Stürmer. Deutsches Wochenblatt zum Kampfe um die Wahrheit,* 21. Jahr, Nr. 16, 15. April 1943. [Titelseite]

図6-3　*Sanitätsbericht über das Deutsche Heer (Deutsches Feld- und Besatzungsheer) im Weltkriege 1914/1918, III. Bd. Die Krankenbewegung bei dem Deutschen- und Besatzungsheer im Weltkriege 1914/1918*, Berlin 1934, S. 114 より筆者作成。

図6-4　Ansichtskarte Russische Kultur.（個人所蔵）

図6-5　Jean-Claude Pressac, *Auschwitz. Technique and Operation of the Gas Chambers*, New York 1989, p. 15.

Museum]

図5-5 Jean-Pierre Laurens, *Prisonniers de Guerre*, sans lieu, 1918, sans page.

表5-1 Johannes Breger, Krankheitsverhältnisse. A. Cholera, Fleckfieber, Pocken, in: F. Bumm (Hrsg.), *Deutschlands Gesundheitsverhältnisse unter dem Einfluss des Weltkrieges*, I. Halbband, Deutsche Verlags-Anstalt (Stuttgart, Berlin, Leipzig) 1928, S. 172 より筆者作成。

表5-2 *Sanitätsbericht über das Deutsche Heer (Deutsches Feld- und Besatzungsheer) im Weltkriege 1914/1918, III. Bd. Die Krankenbewegung bei dem Deutschen- und Besatzungsheer im Weltkriege 1914/1918*, Berlin 1934, S. 113 より筆者作成。

図5-6 Ansichtskarte Bade- und Entlausungs-Anstalt im Osten, dicht hinter der Front（個人所蔵）

図5-7 Ansichtskarten Unsere Feldgrauen in der Entlausungsanstalt 1-6.（個人所蔵）

図5-8 Wilhelm Hoffmann (Hrsg.), *Handbuch der Ärztlichen Erfahrungen im Weltkriege 1914/1918. Bd. VII. Hygiene*, Leipzig 1922, S. 303.（右）

Otto Lentz, *Die Seuchenbekämpfung und ihre technischen Hilfsmittel. Ein Wegweiser für praktische und beamtete Ärzte, Verwaltungsbeamte, Krankenhausleiter, Desinfektoren, Gesundheitsaufseher, Krankenpfleger und -pflegerinnen*, Berlin 1917, S. 43.（左）

表5-3 Lutz Sauerteig, *Krankheit, Sexualität, Gesellschaft. Geschlechtskrankheiten und Gesundheitspolitik in Deutschland im 19. und frühen 20. Jahrhundert*, Stuttgart 1999, S. 500より筆者作成。

表5-4 *Sanitätsbericht über das Deutsche Heer (Deutsches Feld- und Besatzungsheer) im Weltkriege 1914/1918, III. Bd. Die Krankenbewegung bei dem Deutschen- und Besatzungsheer im Weltkriege 1914/1918*, Berlin 1934, Tafel 17 [o. S.]より筆者作成。

図5-9 Magnus Hirschfeld (Hrsg.), *Sittengeschichte des Weltkrieges*, I. Bd. Leipzig/Wien 1930, S. 319.（左）

Heinrich Zille, *Für Alle! Ernstes und Heiteres*, 2007 [1929], o. S.（右）

図5-10 Magnus Hirschfeld (Hrsg.), *Sittengeschichte des Weltkrieges*, I. Bd. Leipzig/Wien 1930, S. 309.

図5-11 Deutsches Historisches Museum (Hrsg.), *Der Erste Weltkrieg in deutschen Bildpostkarten*, Berlin 2002, 10.1.6. Soldaten flirten mit einer Magd.（左）

Deutsches Historisches Museum (Hrsg.), *Der Erste Weltkrieg in deutschen Bildpostkarten*, Berlin 2002, 10.1.8. Soldat mit Dienstmädchen im Zugabteil hinter einem Mantel.（右）

図5-12 https://en.wikipedia.org/wiki/File:AlbertNeisser.jpg

図5-13 *Popular Science Monthly*, Vol. 83, 1913, p. 414.

図5-14 https://commons.wikimedia.org/wiki/File:Katharina_Scheven_(1861-1922)_in_1902.jpg

Oktober 1911, Berlin [1911], S. 368a.

図4-17　Georg Seiring (Hg.), *10 Jahre Dresdner Ausstellungsarbeit. Jahresschauen deutscher Arbeit 1922-1929 und Internationale Hygiene-Ausstellung 1930/31*, Dresden 1931, S. 177.

図4-18　Georg Seiring (Hg.), *10 Jahre Dresdner Ausstellungsarbeit. Jahresschauen deutscher Arbeit 1922-1929 und Internationale Hygiene-Ausstellung 1930/31*, Dresden 1931, S. 177.

図4-19　https://lingner-archiv.jimdofree.com/gemeinnütziges-wirken/hygiene-ausstellungen/

図4-20　Elfriede Walther, Susanne Hahn, Albrecht Scholz, *Moulagen. Krankheitsbilder in Wachs*, Dresden 1993, S. 11.（右）
Elfriede Walther, Susanne Hahn, Albrecht Scholz, *Moulagen. Krankheitsbilder in Wachs*, Dresden 1993, S. 10.（左）

図4-21　Robert Wuttke (Hg.), *Die deutschen Städte. Geschildert nach den Ergebnissen der ersten deutschen Städteausstellung zu Dresden 1903*, Bd. II, Leipzig 1904, S. 318 Nr. 544.

図4-22　筆者撮影。

図4-23　手塚治虫『どついたれ』第2巻、講談社、1993年、80頁。

図4-24　『通俗教育東京大正博覧会記念帖』警眼社、1914年。［ページ数なし］

図4-25　網島亀吉『東京大正博覧会エスカレーター之図』（1914年3月）跡見学園女子大学新座図書館所蔵。

図4-26　『大正博覧会写真帖』青雲堂、1914年。［ページ数なし］

図4-27　『東京大正博覧会審査報告　第一巻』［非売品］1916年。［ページ数なし］

図4-28　『東京大正博覧会審査報告　第一巻』［非売品］1916年。［ページ数なし］

図4-29　『大正博覧会写真帖』青雲堂、一九一四年。［ページ数なし］

図4-30　名古屋総連合衛生会編『名古屋衛生博覧会会誌』［非売品］1933年。［ページ数なし］

第5章扉　Jean-Pierre Laurens, *Prisonniers de Guerre*, sans lieu, 1918, sans page.

図5-1　https://wellcomecollection.org/works/cwcgytdb?wellcomeImagesUrl=/indexplus/image/M0013262.html [Wellcome Collection]

図5-2　Otto Lentz, *Die Seuchenbekämpfung und ihre technischen Hilfsmittel. Ein Wegweiser für praktische und beamtete Ärzte, Verwaltungsbeamte, Krankenhausleiter, Desinfektoren, Gesundheitsaufseher, Krankenpfleger und -pflegerinnen*, Berlin 1917, S. 7.

図5-3　Maximilian Riemer, II. Die Hygiene der militärischen Unterkünfte einschließlich der Beseitigung der Abfallstoffe. 2. Wasserversorgung, in: Wilhelm Hoffmann (Hrsg.), *Handbuch der Ärztlichen Erfahrungen im Weltkriege 1914/1918. Bd. VII. Hygiene*, Leipzig 1922, S. 63.

図5-4　https://www.iwm.org.uk/collections/item/object/205195297 [Imperial War

https://de.wikipedia.org/wiki/Datei:Berlin,_Mitte,_Luisenstrasse_57,_Miets-haus.jpg（左）、ただしどちらもトリミングしている。

図2-8　https://commons.wikimedia.org/wiki/File:Rudolf_Virchow_NLM4.jpg

図2-9　*Kladderadatsch*, XLIII. Jg. Nr. 49, 23. November 1890. [Titelseite]（右）
Ulk, Nr. 46, 14. November 1890, S. 8.（左）

図2-10　Paul de Kruif, *Mikrobenjäger*, Zürich 1927, o. S.

図2-11　*The Graphic*, Vol. XXVIII, No. 717, August 25, 1883.

第３章扉　*Le Grelot*, 14e Année, No. 691, 6 Juillet 1884.

図3-1　*The Illustrated London News*, No. 2787, September 17, 1892, p. 356.

図3-2　*The Illustrated London News*, No. 2786, September 10, 1892, p. 326.（右）
The Illustrated London News, No. 2786, September 10, 1892, p. 321.（左）

表3-1　Richard J. Evans, *Death in Hamburg. Society and Politics in the Cholera Years*, Penguin Books 2005 [first published from: Oxford University Press 1987], p. 295 [Table 4] より筆者作成。

図3-3　https://commons.wikimedia.org/wiki/File:Hamburg.Hafen.1882.jpg

図3-4　*Kikeriki. Humoristisches Volksblatt*, 32. Jg. Nr. 71, 4. September 1892, o. S.

図3-5　Richard J. Evans, *Death in Hamburg. Society and Politics in the Cholera Years*, Penguin Books 2005 [first published from: Oxford University Press 1987], p. 296 [Fig. 11] より筆者作成。

図3-6　Richard J. Evans, *Death in Hamburg. Society and Politics in the Cholera Years*, Penguin Books 2005 [first published from: Oxford University Press 1987], p. 408 [Fig. 18] より筆者作成。

図3-7　*L'Illustration*, 50e Année No. 2586, 17 Septembre 1892, p. 233.

図3-8　akg-images（個人所蔵）

図3-9　*The Illustrated London News*, No. 2360, July 12, 1884, p. 28.

図3-10　*The Illustrated London News*, No. 2787, September 17, 1884, p. 353.

図3-11　Frank S. Buonaiuto Jr., Henry J. Bokuniewicz, Duncan M. FitzGerald, "Principal Component Analysis of Morphology Change at a Tidal Inlet: Shinnecock Inlet, New York," *Journal of Coastal Research*, Vol. 24, No. 4, 2008, p. 868 より筆者作成。

図3-12　*Harper's Weekly. A Journal of Civilization*, Vol. 36, No. 1866, September 24, 1892, title page.

図3-13　https://commons.wikimedia.org/wiki/File:Viele_Map_1865.jpg

図3-14　"Max von Pettenkofer," *Popular Science Monthly*, vol. 23, 1883, no page.

図3-15　E. Vollmer-Simmern, *Die Tuberkulose als Volkskrankheit und deren Bekämpfung. Eine kurze Belehrung für Alle*, Berlin 1909, S. 23.（右）
S. A. Knopf, *Die Tuberkulose als Volkskrankheit und deren Bekämpfung*, Berlin 1900, S. 11.（左）

図3-16　S. A. Knopf, *Die Tuberkulose als Volkskrankheit und deren Bekämpfung*, Berlin 1900, Titelseite.

図3-17　Adolf Thiele, *Die Schwindsucht. Ihre Ursachen und Bekämpfung gemeinverständlich dargestellt*, Berlin 1915, S. 14.

und den preußischen Provinzen Posen, Preußen und Schlesien, Walter de Gruyter 1995, S. 234 より筆者作成。

図1-6　Thomas Shapter, *The History of the Cholera in Exeter in 1832*, London 1849, p. 178.

図1-7　Thomas Shapter, *The History of the Cholera in Exeter in 1832*, London 1849, p. 183.

図1-8　Björn Rosenau, Briefe in den Zeiten der Cholera. Über die Desinfektion von Briefen im Königreich Hannover und im Herzogtum Braunschweig während der Cholera-Epidemie 1831/32 (Teil 1), in: *Das Arichiv. Magazin für Post- und Telekommunikationsgeschichte*, 1/2007, S. 81.（右）
K. F. Meyer, *Disinfected Mail*, Holton, Kansas 1962, p. 152.（左）

図1-9　K. F. Meyer, *Disinfected Mail*, Holton, Kansas 1962, p. 165.

図1-10　https://lucascranach.org/DE_smbGG_593 [Staatliche Museen zu Berlin]

図1-11　F. M. Ascherson (Hrsg.), *Beschreibung tragbarer Dampfbad-Apparate. Im Auftrage der Königl. Immediat-Kommission zur Abwehrung der Cholera*, Berlin 1831, o. S. [Tafel I]

図1-12　F. M. Ascherson (Hrsg.), *Beschreibung tragbarer Dampfbad-Apparate. Im Auftrage der Königl. Immediat-Kommission zur Abwehrung der Cholera*, Berlin 1831, o. S. [Tafel II]

図1-13　https://commons.wikimedia.org/wiki/File:Heinrich_Heine-Oppenheim.jpg

図1-14　*Punch, or the London Charivari*, April 17, 1869, pp. 158-159.

図1-15　Howard W. Haggard, *Devils, Drugs, and Doctors: The Story of the Science of Healing from Medicine-Man to Docto*r, London 1913, p. 215.

第2章扉　Robert Koch, *Gesammelte Werke von Robert Koch*, herausgegeben von J. Schwalbe, Bd.1, Leipzig 1912, o. S.（右）
https://commons.wikimedia.org/wiki/File:Louis_Pasteur,_foto_av_Paul_Nadar.jpg（左）

図2-1　https://commons.wikimedia.org/wiki/File:Justus_von_Liebig_NIH.jpg

図2-2　https://commons.wikimedia.org/wiki/File:Barnacle_Geese_Fac_simile_of_an_Engraving_on_Wood_from_the_Cosmographie_Universelle_of_Munster_folio_Basle_1552.png

図2-3　https://commons.wikimedia.org/wiki/File:Felix-Archimede_Pouchet.png

図2-4　パストゥール（山口清三郎訳）『自然発生説の検討』岩波文庫、1970年、105、107頁。

図2-5　Ernst Hallier, *Das Cholera-Contagium. Botanische Untersuchungen, Aerzten und Naturforschern*, Leipzig 1867, o. S.

図2-6　https://upload.wikimedia.org/wikipedia/commons/7/73/Ecoli_colonies.png?1619236366825

表2-1　Jörg Vögele, *Sozialgeschichte städtischer Gesundheitsverhältnisse während der Urbanisierung*, Berlin 2001, S. 112 より筆者作成。

図2-7　https://de.wikipedia.org/wiki/Datei:Gedenktafel_Luisenstr_57_Robert_Koch.JPG（右）

図表出典一覧

序章扉　https://wellcomecollection.org/works/d7994mnn [Wellcome Collection]
図0-1　https://commons.wikimedia.org/wiki/File:Mallon-Mary_01.jpg
図0-2　*Harper's Weekly. A Journal of Civilization*, Vol. IX. No. 464, November 18, 1865, p. 724.
図0-3　Marion Maria Ruisinger, Die Pestarztmaske im Deutschen Medizinhistorischen Museum Ingolstadt, in: *NTM Zeitschrift für Geschichte der Wissenschaften, Technik und Medizin*, Bd. 28 2020, S. 249.
図0-4　https://wellcomecollection.org/works/r65ag3ux [Wellcome Collection]
図0-5　https://en.wikipedia.org/wiki/File:Charnier_at_Saints_Innocents_Cemetery.jpg
図0-6　https://commons.wikimedia.org/wiki/File:Louis-Sébastien_Mercier_by_Bonneville.png?uselang=fr
図0-7　Gary N. Clarke, "A.R.T. and history, 1678-1978," *Human Reproduction*, Vol.21 No.7, 2006, p. 1646.（右）
https://en.wikipedia.org/wiki/File:Anthonie_van_Leeuwenhoek_(1632図0-1723)._Natuurkundige_te_Delft_Rijksmuseum_SK-A-957.jpeg（左）
図0-8　https://wellcomecollection.org/works/qqcx38hr?wellcomeImagesUrl=/indexplus/image/V0011218.html [Wellcome Collection]
第1章扉　https://wellcomecollection.org/works/qzf28tm4 [Wellcome Collection]
図1-1　https://commons.wikimedia.org/wiki/File:Hegel_portrait_by_Schlesinger_1831.jpg
図1-2　*The Illustrated London News*, No. 2786, September 10, 1892, p. 321.
表1-1　筆者作成。
表1-2　Barbara Dettke, *Die asiatische Hydra. Die Cholera von 1830/31 in Berlin und den preußischen Provinzen Posen, Preußen und Schlesien*, Walter de Gruyter 1995, S. 209 より筆者作成。
図1-3　https://wellcomecollection.org/works/vt5g3jxf [Wellcome Collection]
表1-3　Günter Liebchen, Zu den Lebensbedingungen der unteren Schichten im Berlin des Vormärz. Eine Betrachtung an Hand von Mietspreisentwicklung und Wohnverhältnissen, in: Otto Büsch (Hrsg.), *Untersuchungen zur Geschichte der frühen Industrialisierung vornehmlich im Wirtschaftsraum Berlin/Brandenburg*, Berlin 1971, S. 278 より筆者作成。
図1-4　https://commons.wikimedia.org/wiki/File:Christoph_Wilhelm_Hufeland_-_Portrait.jpg
図1-5　https://commons.wikimedia.org/wiki/File:Friedrich_Engels-1840-cropped.jpg
表1-4　Barbara Dettke, *Die asiatische Hydra. Die Cholera von 1830/31 in Berlin*

村上宏昭

1977年山口県生まれ。2009年関西大学大学院文学研究科史学専攻修了。博士（文学）。日本学術振興会特別研究員（PD）、ベルリン自由大学フリードリヒ・マイネッケ研究所招聘研究員を経て、2013年より筑波大学人文社会系助教（専攻・ドイツ現代史）。著書に『世代の歴史社会学――近代ドイツの教養・福祉・戦争』（昭和堂、2012年、日本ドイツ学会奨励賞受賞）。共著に『教養のドイツ現代史』（ミネルヴァ書房、2016年）ほかがある。

「感染《かんせん》」の社会史《しゃかいし》
――科学《かがく》と呪術《じゅじゅつ》のヨーロッパ近代《きんだい》

〈中公選書 121〉

著 者 村上宏昭《むらかみひろあき》

2021年11月10日 初版発行

発行者 松田陽三

発行所 中央公論新社
〒100-8152 東京都千代田区大手町 1-7-1
電話 03-5299-1730（販売）
03-5299-1740（編集）
URL http://www.chuko.co.jp/

DTP 今井明子

印刷・製本 大日本印刷

Published by CHUOKORON-SHINSHA, INC.
Printed in Japan ISBN978-4-12-110121-1 C1322
定価はカバーに表示してあります。

中公選書　好評既刊

102
建国神話の社会史
——史実と虚偽の境界

古川隆久著

天照大神の孫が地上に降りて日本を統治し始めた——。『古事記』『日本書紀』の記述が「歴史的事実」とされた時、普通の人々は科学や民主主義との矛盾をどう乗り越えようとしたのか。

111
新版「生きるに値しない命」とは誰のことか
——ナチス安楽死思想の原典からの考察

森下直貴
佐野　誠編著

障碍者施設殺傷事件、安楽死論争、パンデミック・トリアージ。「役に立つ／立たない」で命を選別できるのか。ナチス安楽死政策を支えた著作に批判的考察を加え、超高齢社会の命を問う。

116
大航海時代の日本人奴隷　増補新版
——アジア・新大陸・ヨーロッパ

ルシオ・デ・ソウザ
岡　美穂子著

異端審問記録に残された奴隷本人の証言。歴史のダークサイドとして省みられることのなかった日本人奴隷の実相を広い視野から紹介し、アジアにおける人身売買を新たな視角で検討する。

119
ストックホルムの旭日
——文明としてのオリンピックと明治日本

牛村　圭著

明治日本はスポーツという「洋学」をどう受容したのか。漱石『三四郎』から競技指導書まであらゆるテクストを精読、「文明の頂点」とされたオリンピックに二選手が挑むまでを描く。